Theory and Practice in Teaching Primary English

小学校英語教育の理論と実践

編著　萬谷隆一／志村昭暢／内野駿介

Theory and Practice in Teaching Primary English

開隆堂

巻 頭 言

　小学校外国語・外国語活動は，指導方法，評価，指導体制，教科書が整備され，教科としての整えが進んでまいりました。さまざまなインフラが整えられてゆく中，最も大切なものは常に変わりません。それは教員の研修とスキルアップです。とりわけ小学校外国語・外国語活動は，これまでの中高の英語教育の伝統的な指導観とは異なった考え方が必要であり，小学校の先生は意識的に新しい指導方法の考え方，子どもの発達段階にあった指導のありようを学ぶ必要があります。

　その意味で，本書はそうした小学校外国語・外国語活動に必要とされる指導観，さらには具体的な授業実践のあり方を，書籍の形で，さらには講義・授業動画の形で学ぶことができるユニークな出版コンセプトを採用し，読者にリアリティを伴った学びを提供します。本書においては，理論編・実践編のすべての論考が，オンライン講座にアップロードされた講義動画・授業動画に二次元コードによりリンクされており，文章を読んでから動画を見る，あるいは動画を見てから文章を読むことができ，その点は類書にない特長です。また授業動画は，最近 Web 上でよく見られる短く断片的なビデオクリップと異なり，1 時間の授業をまるごと視聴でき，本書の実践の解説と相まって，授業「全体」の意図や流れを理解できる仕組みになっています。

　本書をまとめるきっかけとなったのは，文部科学省委託事業である北海道教育大学「小学校英語オンライン講座」（令和 2 〜 5 年度）です。その講座に収録したオンデマンド講義や授業の動画を基にして書籍の形でまとめました。この「小学校英語オンライン講座」は外国語・外国語活動の専科教員及

び担任教師の人材育成を目的とし，中学校教員2種免許取得のための認定講習も提供してきました。この事業の背景には，令和2年からのコロナ禍によって教員のための研修機会が激減し，遠隔研修の必要性が高まったことがあります。加えて遠隔地の多い北海道では，そもそも対面研修は困難で，時間と場所に制限されない新しい形の研修システムにはかねてより高いニーズもありました。本書は，この講座でのオンデマンド資産の蓄積を活かして，書籍の形で皆様のお手元にもお届けしようという意図で作成いたしました。

　なお，本書のベースとなっている「小学校英語オンライン講座」の開発・運営にあたっては，北海道教育委員会および札幌市教育委員会に多大なるご支援をいただき，記して感謝の意をお伝えしたいと存じます。また，何よりも4年間にわたり毎年受講していただいた先生方には，小学校英語の指導力を高めるべく，多忙な日々の中，毎日夜遅くまで，あるいは休日返上で，オンデマンド講義や授業動画を見ながら学んでくださり，心から感謝したいと思います。

　本書の読者の方々には，これからの小学校外国語・外国語活動を高めてゆく立役者として，本書から多くを学んでいただき，次世代を担う子どもたちが英語という大切なコミュニケーション・ツールを身につけられるよう，日々の授業を創っていかれることを，著者一同心から願っております。

目次

巻頭言 ———————————————————————— 2

理論編

第 1 章　小学校英語教育の現在と課題 ———————————— 8

第 2 章　児童の第二言語習得の仕組みと
　　　　　教師に求められる指導技術 ———————————— 18

第 3 章　第二言語習得論と小学校英語 ————————————— 35

第 4 章　4 つの「話せるはず」を問い直す ———————————— 52

第 5 章　子どもと英語をつなぐ授業中の教師のふるまい ———— 68

第 6 章　「わかるように」「できるように」するための指導 ——— 85

第 7 章　新しい学習指導要領が求める指導と評価 ——————— 94

第 8 章　言語活動と読み書きの指導 ————————————— 110

第 9 章　小学校外国語教育における指導と評価の一体化と
　　　　　音声を中心とした指導の大切さ ———————————— 125

第 10 章　コミュニケーションストラテジー ———————————— 140

第 11 章　CLIL と小学校英語 ———————————————— 155

実践編

第1章　3年生　Hello. How are you? ———————— 178

第2章　3，4年生複式授業　アルファベット ———————— 192

第3章　4年生　What do you want? ———————— 202

第4章　5年生　My Hero ———————— 213

第5章　5年生　Where do you want to go? ———————— 227

第6章　5年生　Welcome to Japan. ———————— 243

第7章　6年生　I want to be a vet. ———————— 259

第8章　6年生　My Best Memory ———————— 280

第9章　6年生　I want to join the brass band. ———————— 302

著者略歴 ———————— 319

本書対応講義・授業動画について

　本書に掲載されている理論編・実践編の各章に連動した動画を北海道教育大学小学校英語オンライン講座webページ内に掲載しています。本書と合わせてご視聴いただけます。なお，本書の内容と一部異なる場合があります。また，誌面の都合により，本書に掲載できなかった講義・授業が多数公開されているほか，小学校英語教育に関する教材や情報も多数掲載されています。

　理論編は「アーカイブ講座 理論編」に，実践編は「アーカイブ講座 実践編」に掲載しています。講義については著者，授業動画については当該学校の学校長及び児童の保護者に一般公開することの許可を得ていますが，許可のない転載や複製，動画への直リンクを禁止させていただきます。また，目的外での動画の使用は肖像権や著作権法により罰せられる可能性がありますので，ご注意いただければと思います。

　また，予告なく，webサイトの閉鎖やURLを変更する場合がありますので，ご了承ください。

北海道教育大学小学校英語オンライン講座
https://www.hokkyodai-english.org/

小学校英語オンライン講座　🔍

Theory and Practice in Teaching Primary English

理論編

Theory and Practice in Teaching Primary English

1 小学校英語教育の現在と課題

萬谷隆一・志村昭暢・内野駿介

1．はじめに

　本章では小学校英語教育の現在と課題について，言語活動中心の指導と外国語科の教科化への対応という2つのテーマを設け，本書で取り上げている内容を基に考えていきます。

2．言語活動中心の指導

2.1　言語活動を通した習得のポイント

　新学習指導要領が導入された大きな変化として，言語活動を通した習得の重視があります。これはこれまでの英語指導方法の主流であった，PPP（Presentation-Practice-Production）型，つまり提示して説明して，最後に発表するという3段階の英語指導の流れを変えることが求められると思います。このことについては，本書の中でも多くの先生方が触れていますが，理論編第9章で扱っているように，練習してから，最後にやっとそれを使って話をするという考えではなく，実際にコミュニケーションをしながら，その中で教師が目標となる表現をそれとなく使わせながら，気づいたら学んでいるという形が理想です。場面があり，かつ目的を持った中でそれらを使い，使う中で習得していくという流れが大切です。理論編第3章，第4章ではそれらの背景について解説しています。

　一方で，言語活動だけで習得が進むかというとそうとも言えません。例えば，表現を学習者に印象づけたり，意識化したりするためには，教師が中心となって指導する必要もあります。ですので，言語活動と表現を習得させる指導のバランスが重要で，どのように授業を組み立てていくのかを考える必要があります。日本のような授業外での英語使用が望めない環境では，授業の中で言語活動を通して子どもたちに英語に触れさせる必要があります。その限られた時間の中でやり取りをしながら，表現の習得を目指す指導が今後のポイントになるでしょう。

2.2　言語活動を通した知識・技能の指導

　言語活動が重要であることは多くの先生方の頭の中にあると思いますが，言語活動の捉え方が他教科と外国語活動・外国語科は異なるということを知っておく必要があります。日々の授業の中で言語活動を通して知識・技能を身に付けさせることが最も重要であり，単元末の大きな言語活動に向けて練習ばかりを行うことは想定されていません。教師に求められるのは子どもたちとのやり取り，つまり言語活動をしている中で，そこで出てきている新しい言語材料である表現や単語等を身につけさせたいので，ただやり取りをしているだけではなく，その中で求められる指導技術が重要になってきます。例えば，子どもたちに気づかせたい部分を教師が音声的に強調したり，何回も繰り返し聞かせるような工夫をしたりすることは重要です。教師が「こういうふうに言うんだよ」と教えてあげるのではなく，子どもたちに気づかせることが大切です。また，子どもたちの発話に対して，教師が反応してあげることで表現に気づかせてくこともできます。

2.3　言語活動によるやり取り

　言語活動といえば「やり取り」を思い浮かべる人も多いと思います。第二言語習得論におけるインタラクション仮説によれば，教師やほかの学習者とのやり取りを通して生まれる気づきが言語習得上，非常に重要です。またヴィゴッキーの発達の最近接領域を活性化させるためにもやり取りが重要と言われています。このように，やり取りは理論に裏づけられた指導法であると言えます。

　ですが，言語活動をいきなり子どもたちにさせるのは大変です。言語活動をさせるためにはそれなりの練習が必要です。ただし，練習のさせ方に注意が必要です。多くの先生方が中学校や高校で経験してきたような，文法規則を説明して繰り返し練習させることや，単語を何回も書いて暗記させるような指導は，小学校では行うべきではありません。これらの活動は苦労する割に学習効果が乏しいですし，何より面白くないので，英語嫌いを生み出す元凶であると思います。特に小学校では楽しく練習させることが大切です。本書には多くの実践例が収録されています。例えば，実践編第5章の新海先生の5年生の授業では先生と子どもとのやり取りの中で，"Where do you want to go?" という表現を何回も言わせています。その中で，子どもたちに

飽きさせないように，すべての子どもに反応し，コメントすることで子どもたちに気づきを促しています。

　やり取りというと，子どもたち同士のやり取りを思い浮かべる人が多いかも知れませんが，教員と子どもとのやり取りも当然含まれます。小学生の場合は英語によるペア・グループワークがうまくいかず，日本語のやり取りになってしまう場面をよく目にします。また，十分なインプットや練習をしないで，いきなりペア・グループ活動をさせて子どもたちが戸惑っている場面を見ることもあります。言語活動を行うためにはそこに至るまでのプロセスが大切です。まずは十分なインプットを与えること，そしてアウトプットの機会を設けて子どもたち自身が言えない表現に気づくことが重要です。このようなプロセスを経てようやくやり取りができるようになり，言語活動が成功するのです。小学校でもこのプロセスを大切にしていただけるとよいと思います。

2.4　言語活動と疑似言語活動

　言語活動を行う際には，子どもの関心にあったトピックを選ぶことが重要です。また，子どもたちの発話に対して教師がフィードバックを与えたり，子どもが言いやすいように表現を引き出してあげたりすることも大切です。その中で，血の通ったおしゃべりをすることで本当のコミュニケーションに近づきます。一方で，理論編第7章では，表現のパターンを決めてそこに子どもたちの言いたいことを入れてやり取りをする形式の活動を疑似言語活動と呼んで区別しています。実際には，このレベルの活動で留まっている授業も多いのではないでしょうか。言語活動を行うためには多少の疑似言語活動も必要ですが，そこから一歩進めることにより，会話の意外な展開や発展につなげることができます。そこが真の言語活動でしかできない，重要なことだと思います。

　例えば，実践編第7章の神村先生の6年生の授業では，教師が子どもたちの将来なりたい職業をすべて把握しているだけでなく，保護者の職業についてもすべて知っており，「あなたのお父さんはお医者さんだから将来お医者さんになりたいんだよね」と話しています。単純に将来なりたいことを尋ね合うだけの活動ではなく，子どもたちが本当に言いたいことを引き出すような本物の言語活動になっていました。また，実践編第9章の武村先生の6年生の授業でも，中学校でやってみたいことについて，実際に進学する中学校

の ALT や生徒からのメッセージを基に，やってみたい部活動や勉強についての言語活動を行っています。

2.5 小さな言語活動

　小学校の先生方の中には，言語活動というと，目的・場面・状況をしっかり設定した単元末の活動と考える方も多いと思います。しかし，そのような大きな言語活動だけではなく，日々の授業の中で，子どもたちの心が動く，血の通った話題で会話をすることも重要です。このような活動を「小さな言語活動」と呼んでいます。チャンツや発表練習のような無味乾燥な練習ばかりではなく，小さな言語活動で自分の気持ちやメッセージを伝え合うためにことばを使う経験を積ませることが重要です。小さな言語活動を繰り返すことで，気がついたらそれが練習になっている，というような形が理想です。

　たとえば，実践編第4章の新海先生の4年生の授業では，教師と子どもとのやり取りがとても丁寧に行われています。やり取りを通してフィードバックを与え，教師が子どもの発話を直していく姿を見ることができます。実践編第6章の平山先生の5年生の授業でも，教師から子どもへのフィードバックの場面を見ることができます。

　小学校段階では，自分が本当に言いたいことを言えるだけの力が身についてる言語表現はそれほど多くありませんから，毎単元末に大きな言語活動をやろうとすると教師も児童も大変です。採択されている教科書によって違いはありますが，例えば大きな言語活動は各学期末，年3回程度でもいいように思うこともあります。中学校でもそのようなプロジェクト型の活動を頻繁にやっているわけではありません。小学生の発達段階や英語の習得の段階に合わせた言語活動を取り入れていくということが大切であると思います。

2.6 言語活動と文法指導

　言語活動の中で，本当のコミュニケーション近い形でのやり取りを通して習得に向かっていくということになりますが，先生方の中には文法を説明したいという気持ちを持たれている方もいます。板書を示して，「この表現はこんな仕組みになっている」ということを指導している方も見られます。言語活動やっていく中で，言語形式の明示的な指導を行うべきなのでしょうか。たくさん英語を聞かせて，子どもたちに英語のルールに気づかせるだけの指導では限界があるので，どこかで明示的な指導を行う必要はあると思います。

しかし，説明を聞いて子どもが納得するだけの音声を先に十分に聞かせておくことが必要です。文法のルールを知ることができると，英語がよりはっきりと理解することは可能になりますが，音声による十分なインプットがない状態でいくらルールを教えてもそれを活用できるようにはなりません。文法の明示的な指導というのは中学校以降で確実にしっかりやるので，小学校では音声のインプットを与えることに時間を割くべきでしょう。小学校では子どもたちが，言語活動を通じて，言葉の中に含まれている要素の自然発生的な気づきを得て，言葉をどのように身につけていくのかを考え，授業を進めていく必要があります。

3．外国語科の教科化への対応

3.1　教科化になってからの指導のポイント

　外国語活動が3・4年生に早期化され，5・6年生が外国語科となり，小学校での英語教育は大きく変わりましたが，言語活動を中心とした指導を行うということについて，基本的に教師の考え方，立ち位置を変える必要はありません。ただし，5・6年生では教科書で単元末にプロジェクト的な大きな言語活動が設定されている場合があり，その扱いには時間を割く必要があるかもしれません。本書では実践編第1章・3章・5章で，新海先生の3年生から5年生までの授業を取り上げています（北海道教育大学小学校英語オンライン講座WEBページでは6年生の授業動画も公開）。これらの授業を見比べると，各学年における言語活動の扱いの変化がわかると思います。例えば，教師の日本語の使い方は1つのポイントです。特に3年生の初めの授業は，英語を初めて理解させる段階であるため，言語外情報やジェスチャーに加えて，日本語の使い方が重要な要素となります。

3.2　読み・書きの指導について

　読み・書きの指導について，3・4年生ではアルファベットが出てきて，5・6年生では音声による指導を十分に行ってから単語・表現に慣れ親しませるということになっていますが，中には文字を示せば話せるようになると考えている方もいるようです。例えば，まず本時で扱う表現を英語で板書をして，子どもたちに読ませてから話す活動に進む方がいます。これはぜひ小学校英語を教える上で考え直してもらいたい点です。小学校ではまず音から入り，

その上で，音声で十分に慣れ親しんだ表現について文字での示し方を知る，という流れが大切です。本書では多くの章で読み・書きについて触れています。例えば，理論編第9章は，音声が先に来て，そのあとに文字，読み・書きが来るということが理論的な側面から詳細に説明されています。また，理論編第11章でも，どのようにして音から文字に移っていくかということが解説されています。実際の授業でも，実践編第5章の新海先生の5年生の授業で音から文字への橋渡しがスムーズにいっているよいモデルが示されています。また，実践編第4章の相馬先生の5年生の授業では，子どもたちが納得する形で音から文字につなげる方法が示されています。

　ほかにも，外国語活動でのアルファベットの指導について，実践編第2章の中島先生の授業では，3・4年生の複式授業によるアルファベットの大文字と小文字の指導についての実践が紹介されています。3年生と4年生が同じ教室で学ぶ実践は大変貴重だと思いますが，その中で2つの学年の子どもたちが協同で学ばせることにより，効果的な指導がなされています。また，実践編第8章の岩切先生の授業では，6年生の授業でICT機器を利用した英語を書く指導の実践が紹介されています。

3.3　アルファベットの文字の指導

　アルファベットの文字の指導は国語科におけるひらがなやカタカナ，漢字指導と同じですので，ある程度ドリル的な活動になることはしかたがないと思います。ただし，1単元ですべての文字をまとめて指導するのではなく，帯活動として，例えば毎授業の最初の5分を指導にあてるというような継続的な活動にした方が身につくと思います。

　英語で聞いたことないものは話せないというのは多くの人たちにとって直感的に理解できると思いますが，文字も同じで，見たことない文字は書けません。ですので，文字を書かせる前に，アルファベットの大文字や小文字を子どもたちに意識させる時間をとることも必要です。例えば，子どもたちの持ち物，鉛筆や消しゴム，街中の看板や服のロゴなど，英語の文字は子どもたちの身の回りにあふれています。そのようなところに意識を向けさせることから，始めることが大切です。

　次に英語の文字を書く指導についてですが，4線の上にしっかり丁寧に書かせることが大切です。この指導をしっかりやっておかないと，その後の単元で出てきた単語や文を書くことにつなげることができなくなります。5年

生の中頃までにアルファベットの大文字と小文字を4線に丁寧にしっかり書けるようにすることが大切です。

英語のアルファベットには，形と名前と音がありますが，まずは形と名前を組み合わせて覚えさせることが大切です。この形はAという名前なんだな，次の形はBという名前なんだなということはしっかり指導する必要があります。

小学校の先生方の多くは低学年の国語の指導として，ひらがなやカタカナの指導経験があります。その際，書き順や文字の大きさ，バランスなど非常に丁寧に指導されたと思います。そのため，アルファベットの指導にもその経験を活かすことができ，先生が丁寧に文字を書き，子どもたちに提示しているのは理想的な方法です。また，子どもたちが書いた，または書き写した単語や表現を赤ペンで添削されている指導されることもありますが，そのような丁寧な文字指導というのが小学校の先生方のこれまでの経験を活かした強みではないかと思います。また，最近は黒板に4線を引くことができるチョークライナーや，4線が入った黒板に貼るシートなども販売されているので，これらのツールを使用することで文字指導の効果を高めることも可能だと思います。

3.4 読み・書きの指導のポイント

次に，単元で出てきた単語やフレーズを書き写す指導ですが，先にも述べたように，この段階に進む前に，英語の文字が4線上に書けるようになっておく必要があります。その上で，その単元の中で子どもたちが話せるようになったものを読んだり書いたりするというのが大前提です。英語の文字は表音文字であり，文字そのものは意味を持っていません。ですから，英語を読んでその内容を理解する際には，まず文字を音声化し，その音声を頭の中で意味と結びつけるというプロセスを経ています。したがって，音声と意味が頭の中で結びついていないと文字を見てもその意味を理解することができません。そのため，先に音声として聞く・話す指導をしっかりやってから文字の指導に移ることが肝要です。書くことは読むこととは逆のプロセスとなり，聞く・話す，そして読む活動のあとに行う必要があります。このことについては，理論編第9章で詳しく解説されています。

外国語活動の授業で，いきなり話させる・聞かせる・読ませる・書かせる指導を見ることがあります。どれもよくないのですが，中でもいきなり

書かせることは避けた方がよいです。音声もわからず，読んだこともない単語を書くことは不可能です。黒板やプリントに書かれている文字を書き写すだけだとしても，自分で何を書いているのかわからない状態では習得につなげることができません。ですので，書く活動の前には聞く・話すはもちろんですが，読む活動も取り入れて，単語や表現を見て，その意味を想起できるようになってから書かせた方が効果的です。読む活動はどの教科書も扱いが少ないので，例えば先生の話していることをプリントにして配布するなど，必要に応じて教師が教材を追加することも必要だと思います。また，単語を読む活動としては，文字と絵が描かれた絵カードなどを使用したり，書く前に単語を指でなぞったり，音を聞いて文字と結びつける活動などが効果的かもしれません。そのような活動は教科書に系統立てて掲載されていないことも多いので，必要に応じて取り入れていく必要があります。

3.5　学習内容の定着について

　外国語科が教科になったことで，教科書の導入や評価，授業の目標設定など小学校英語教育が大きく変化しました。まず，教科になったことで，教科書を使用することになりましたが，教科書には多くの表現が詰まっており，すべてを網羅しなければならないと不安になる先生がいらっしゃいます。しかし，教科書に掲載されている内容のすべてを扱う必要はなく，子どもたちの現状に合わせて，バランスを考えながら指導することが求められています。また，子どもたちの言語習得においては発話意欲や積極性が重要であり，授業の中で血の通ったおしゃべりをすることが大切です。

　教科化により，目標表現の定着が強調されていますが，そのことでいろいろな問題が生じていると思います。例えば，評価の必要性からか，子どもたちの知識・技能の定着ばかりに気を取られがちになる先生が多いような気がします。知識・技能よりも，思考・判断・表現のところで，その子がその表現を，いかに努力して工夫しながら伝えているかを評価することも大切なことです。

3.6　外国語活動と外国語科の接続

　5・6年生の外国語科が教科になったことによって，むしろ3・4年の外国語活動での指導が重要になったと思います。以前5・6年生で行われていた外国語活動が3・4年生に早期化されましたが，どのような点に注意して指

導すべきでしょうか。以前の学習指導要領や教材を比較してみますと，言語材料は簡単になっていますが，目標としていること，身につけさせたい資質・能力はあまり変わっていません。したがって，指導法を特に変える必要はありませんし，今まで通り言語活動を中心にたくさん子どもとおしゃべりをする，そしてその中で英語力を身につけさせるという考えがいいと思います。ただし，例えば聞くこと・話すことについて，3・4年生は定着まで求めない慣れ親しみまでということになっていますが，実際に5・6年生の教科書を見ると，3・4年生の学習内容を前提にした部分が少なからずあります。ですので，3・4年生の学習内容がある程度定着していないと，5・6年生でまかないきれない部分が出てきます。楽しくやり取りして，言語活動を通した言語習得が行いやすいのは3・4年生だと思います。また，5・6年生と比べて他者とのコミュニケーションが取りやすいのも3・4年生の長所ですので，週1時間しかない中でもしっかりとした授業を行う必要があると思います。

3.7　4技能の指導順序

　4技能は，基本的に「聞く→話す→読む→書く」の順で指導すべきです。しかしながら，どうしても書くことの活動を単元の早い段階で行うケースをよく目にします。例えば，夏休みの思い出を英語で書かせ，その内容を見ながら隣の人と話すような活動を見たことがありますが，これは小学校での書くことの目標を逸脱しているばかりでなく，中学校でも行うべきではない活動です。何の準備もなく，英語を書かせることは子どもへの負荷が大きく，その前に夏休みの思い出について話し合うことから始めないと，中学生でも書くことができません。また，書かせた原稿を見ながら話し合うことは音読の練習にはなりますが，話すことの練習にはなりません。ですので，小学校・中学校どちらでもいきなり書かせ，書いたものを見ながらやり取りさせることは学習効果が期待できないので，避けた方がよいと思います。

　話すときに英文を先に書かせて原稿を作らせる理由の1つは，教師自身が，原稿がないと英語が話せないと思っているからではないでしょうか。小学生は英語の文字を読めるようになっている途中ですので，文字を見ても読めない可能性が高いです。読めていたとしても，カナをふることで読んでいることもあるので，英語の指導としては不適切です。英語を話す際，原稿を用意させるのではなく，子どもが英語を言えないことについて，どのように対処

するかを考える必要があると思います。

　子どもたちが英語を話せない，もしくは話さない理由としては英語を聞かせること，つまりインプットが十分でない可能性もありますし，言わせようとしている文が長い可能性もあります。小学校段階では文字を読める・書けるようにする活動であって，文字に書かれている情報を読み取ることや，文字で書くことによって何かを伝えるとうことは求められていません。ですので，読み・書きについては，小学校での目標をもう一度理解し直すことが必要だと思います。

　先生方は文字があった方が安心するのですが，子どもたちの立場で考えてみましょう。子どもたちにとって，英文というのは初めて見るものばかりです。例えば，先生方が学んだ経験がない，韓国語やタイ語で書かれた板書やプリントがあったとして，それらの読み方を教わってすぐに読むことや書くことができるでしょうか。おそらく書き写すだけでも一苦労だと思います。ですので，子どもたちの気持ちになって考えると，読み・書きの指導については，十分に時間をかけて行う必要があることに納得していただけると思います。

4．おわりに

　小学校英語教育の現在と課題について，言語活動中心の指導と外国語科の教科化への対応について概観しました。本書の理論編・実践編を通して，より詳しく考えていきましょう。

2 児童の第二言語習得の仕組みと 教師に求められる指導技術

内野駿介

1．はじめに

　英語の授業を通して児童に英語の力を身につけさせるために最も重要なことは何でしょうか。英語をたくさん聞かせることでしょうか。それとも英語をたくさん話させることでしょうか。日本人の教師と話すよりも，ALT と話す機会を多く設けた方がよいのでしょうか。そしてそのためには，小学校で英語を教える教師にどのような指導技術が求められるのでしょうか。

　これらのことを考えるためには，児童が英語を身につける仕組みを理解しておく必要があります。本章では，これまでの第二言語習得研究の知見から子どもの第二言語習得の仕組みについて概観し，教師が身につけておくべき指導技術について述べたいと思います。

2．児童が英語を使えるようになる仕組み

　現行の学習指導要領では「言語活動を通して，コミュニケーションを図る基礎となる資質・能力」を育成すること（文部科学省，2017，p.67）が外国語科の目標として設定されています。英語でのコミュニケーション能力を育成する上で，なぜ言語活動が大切なのでしょうか。ここでは，第二言語習得における言語活動の重要性について確認することを通して，児童が英語を使えるようになる仕組みに迫っていきましょう。

2.1　言語活動はなぜ大切？

　この問いに対して一言で答えるならば，言語活動を通して習得した知識は意識的に学習して身につけた知識とは質的に異なるからです。実際のコミュニケーションにおいて英語を使うための知識を身につけるためには，言語活動を通した知識の習得が必要なのです。

　第二言語習得研究においては，習得した知識と学習した知識は言語運用，

あるいは言語習得上異なる役割をもっていると考えられています。2つの知識の役割を初めてはっきりと区別したのは Stephen Krashen という研究者でした。Krashen（1982）は第二言語習得に関してモニターモデルと呼ばれる5つの仮説を提示していますが（**表1**），そのうちの1つに習得－学習仮説があります。これは5つの仮説の根底を成す極めて重要な考えであり，そのあとの第二言語習得研究に大きな影響を与えました。ここでは習得（acquisition）は実際の言語使用を通して無意識的に行われるもの，つまり母語習得と同様のプロセスで身につけた知識のことを指し，学習（learning）は，例えば私たちの多くが三単現の -s の規則を暗記したように，文法規則などを意識的に学んでいくことを指します。習得を通して身につける知識と学習を通して身につける知識は本質的に異質である，というのが習得－学習仮説の考え方です。

表1　Krashen（1982）のモニターモデルを構成する5つの仮説

習得－学習仮説（The acquisition-learning distinction）
自然な言語習得（acquisition）と意識的な学習（learning）の過程は全く異なるものであり，学習した知識が習得した知識に変化することはない
自然習得順序仮説（The natural order hypothesis）
ある言語の文法項目の習得順序には普遍性があり，その順序は学習者の母語や年齢，学習環境などに依らず一定である
モニター仮説（The monitor hypothesis）
意識的な学習によって身につけた知識は自身の発話の正確さを監視する役割しかもたず，実際の言語運用に寄与するのは習得された知識のみである
インプット仮説（The input hypothesis）
現在の言語能力よりも少しだけ難しい言語材料を含んだインプット（$i + 1$）を学習者が理解することによって，第二言語学習は無意識的に進む
情意フィルター仮説（The affective filter hypothesis）
学習者の学習動機の欠如や自信のなさ，不安などはインプットの処理を阻害し，結果として第二言語習得に負の影響を及ぼす

さらに，Krashen はモニター仮説において，実際のコミュニケーションにおける言語運用に直接寄与するのは習得された知識のみであり，学習された知識は自信の発話の正しさを監視する（モニターする）役割しか担わないと仮定しています（**図1**）。例えば，My son like baseball. と発話した直後に「しまった，主語が三人称単数で現在時制だから likes だったな。」と気づくような経験をしたことがあるでしょう。これは私たちが三単現の -s について明示的な学習を通して身につけた知識を用いて，自分の発話の正しさを監視している例です。ただし，実際に My son likes baseball. と正しい発話をできるようになるには明示的な学習だけでは不十分で，実際のコミュニケーションを通した習得が不可欠であるというのが Krashen の考え方です。

図1　習得された知識と学習された知識（モニター仮説）

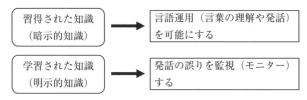

次節で詳しく述べますが，習得と学習を区別した Krashen の考え方については今日に至るまで数多くの議論が行われており，両者の関係性についてはさまざまな考え方があります。それでも，第二言語習得における言語活動，すなわち自分自身のことや事実について聞いたり話したりすることの重要性については，多くの研究者が支持しています。大切なのは言語活動を通して言語習得が行われることですから，単元末に単元のゴールとなる大きな言語活動を設定するだけではなく，単元序盤から言語活動を中心に授業を展開していくことが肝要です。それでは，習得された知識と学習された知識の関係についてもう少し詳しく見ていきましょう。

2.2　インターフェイス問題

前節で述べたように，Krashen は習得された知識と学習された知識の役割を明確に区別しましたが，それはあくまで仮説にすぎませんでした。Krashen がモニターモデルを発表して以降，第二言語習得研究においては，習得された知識と学習された知識は互いに転移し得るか，つまりどちらか一

方の知識がもう一方の知識に変化したり，もう一方の知識の習得を補助したりすることがあるのかという，インターフェイス問題（interface issue）が主要な研究テーマの1つとなっています。インターフェイスの考え方には大きく分けて3つの立場がありますので，それぞれの考え方を概観していきましょう（表2）。インターフェイス問題に関して教師がどのような立場を取るか，言い換えれば教師の言語習得観の違いは指導法の選択と直接関わってきますので，読者の皆さんの考えがどの立場に最も近いか，また皆さんがこれまでに受けてきた英語の授業はどの立場に立ったものだったかを考えながら読み進めてみてください。

　なお，近年の研究では習得された知識のことを暗示的知識（implicit knowledge），学習された知識のことを明示的知識（explicit knowledge）と呼んでいますので，本章でも以降はこれらの用語を用います。

表2　インターフェイスに対する3つの立場

ノンインターフェイスの立場（The non-interface position）
明示的知識は暗示的知識に転移しない。理解可能なインプットを大量に与えることが第二言語習得の必要十分条件。
弱いインターフェイスの立場（The weak-interface position）
明示的知識は暗示的知識に転移しないが，明示的知識を学習することで暗示的知識の獲得が促進される。意味のやり取りが中心の活動の中で，必要に応じて言語形式に意識を向けさせるフォーカス・オン・フォームが有効。
強いインターフェイスの立場（The strong-interface position）
練習や言語使用を繰り返せば明示的知識であっても暗示的知識と同様に使えるようになる。言語項目の提示→練習→産出の順に活動を展開するPPP等の指導法がある。

　1つ目はKrashenの立場です。Krashenは，明示的知識と暗示的知識は互いに完全に独立しており，どちらか一方の知識がもう一方に転移することはないと仮定しています。このように，明示的知識と暗示的知識の習得を完全に区別する立場のことをノンインターフェイスの立場（the non-interface position）と呼びます。コミュニケーションで実際に使える言語能力を身につけるためには母語と同様に暗示的知識を習得することが必要不可欠である

と考えるこの立場では，理解可能なインプット（comprehensible input）を学習者に与えることが第二言語習得成功の必要十分条件，つまり理解可能なインプットさえ与えていれば第二言語習得は成功すると考えています（**表1**，インプット仮説）。この立場に立つならば，新しい言語項目が含まれた英語を視覚情報やジェスチャー等の補助によって理解可能な形にして学習者に聞かせることや，学習目標項目の意味を学習者が推測できるような形にして，学習者の言語能力よりも少しだけ難しい内容の英語（$i + 1$）を聞かせることが第二言語教師の主な役割になります。

　ただし，アメリカやイギリスのように日常的に英語が話されている環境（ESL環境：English as a second language）での英語学習ならいざ知らず，日本のように英語に触れる時間が学校の英語の授業時間内に限られている環境（EFL環境：English as a foreign language）においては，理解可能なインプットだけを与え続けて言語習得を促すのには限界があります。インターナショナルスクールやイマージョン教育を採用している一部の学校を除き，この立場に立った指導は国内ではほとんど行われていないと考えてよいでしょう。

　2つ目は弱いインターフェイスの立場（the weak-interface position）です。この立場では，言語運用を可能にするのは暗示的知識であり，明示的知識が暗示的知識に転移することもないが，明示的知識を学習することで暗示的知識の習得がより促進されると考えています。つまり，明示的知識の学習が間接的に言語運用能力の習得に寄与するという点で，2種類の知識の間に弱いインターフェイスを認めています。この立場の言語習得観には次の2つの特徴があります。

　まず，言語運用を可能にする暗示的知識が実際の言語運用を通して習得されるという点については，ノンインターフェイスの立場と同様の考え方です。したがって，この立場に立った指導では英語を使ったコミュニケーション，すなわち言語活動が授業の中心となります。ここでいう言語活動とは児童同士のペア活動やグループ活動だけではなく，教師と児童の会話も含みます。

　もう1点は，言語活動中心の指導の中で，必要に応じて明示的な指導や教師の介入を行ったり，目標表現に児童が気づきやすくなるような手立てを教師が積極的に取ったりするという点です。例えば，夏休みに行った場所について児童同士で会話する活動において，I went to .... を誤って I want to .... と発話している児童が多くいたとしましょう。この場合，教師は一度活動を止

めて，行った場所の言い方について改めて確認する時間を取る場合が多いと思います。このように，意味のやり取りや情報の伝え合いが中心の活動を行いながらも，学習者の意識を言語形式に向けさせる指導のことを**フォーカス・オン・フォーム**（focus on form: FonF）と呼びます。ほかにも，教師がインプットを与える際に気づかせたい言語項目を音声的に強調する手法（インプット強化）や，児童の発話に含まれる誤りを訂正するための声かけ（訂正フィードバック）も広い意味ではフォーカス・オン・フォームに含まれます。インプット強化や訂正フィードバックの具体的な方法については3節で紹介します。

　このように，弱いインターフェイスの立場は言語活動を通して言語習得を促すという現在の学習指導要領の考え方，特に，音声中心のやり取りが中心の現在の小学校英語教育と非常に親和性が高いです。そこで本稿ではこの立場を採用し，教師に求められる指導技術や授業づくりの考え方について考えていくことにします。ただし，その前にインターフェイスに対するもう1つの立場についても触れておきましょう。

　最後に紹介するのは強いインターフェイスの立場（the strong-interface position）です。この立場では，これまでの2つの立場とは異なり，明示的知識は暗示的知識に転移する，あるいは明示的知識も暗示的知識と同じように使えるようになると考えています。ただし，その転移には繰り返しの言語使用や多量の練習が必要です。PPP（presentation, practice, production）という，新しい言語項目の指導を三段階に分けて行う指導法を例にとって説明しましょう。まず，提示（presentation）の段階で学習者に明示的知識を与えます。例えば，これは中学校英語の例ですが，三単現の -s について，「主語が三人称単数で時制が現在の場合には，一般動詞の後ろに -s(-es) をつける」という規則を教えます。次に，練習（practice）の段階で，その規則を用いた運用練習を繰り返し行います。例えば，教師の指示通りに英文を操作するパターン・プラクティスや，目標項目が多量に盛り込まれた英文の音読やシャドーイング，与えられた題材を用いてのペア会話などが行われます。そして最後の産出（production）の段階で，定着した目標言語項目を用いた言語活動，例えば自分自身のことについてのペアでの会話や発表などを行います。強いインターフェイスの立場の言語習得観は，スキル習得理論[1]（skill

---

1）生得的な言語獲得装置の存在を仮定せず，言語習得がほかのスキルの習得（例えば自動車の運転やスマートフォンのフリック入力など）と同様のプロセスで起こるとする理論（DeKeyser, 2020 など）

acquisition theory）の点からは宣言的知識（declarative knowledge）が手続き的知識（procedural knowledge）に変化し，処理が自動化（automatize）するプロセスとして捉えることができます。

　実は，現在の小学校英語の実践では，このPPPに準ずる形の授業が非常に多いです。つまり，例えば，目標言語項目を含む教師の発表やALTとのやり取りを聞かせ（presentation），チャンツやゲームでその表現に慣れ親しませ（practice），そのあとにペア・グループでの発表ややり取りを行う（production）といった具合です。もちろんこの流れで非常に上手に授業をされる先生方もいらっしゃるわけですが，児童が目標表現を十分に習得できていないようなケースもまた多く見られます。指導理念に良し悪しはなく，すべての指導理念に基づくあらゆる指導法には効果があると考えられますが，指導理念をしっかりと理解した上で授業をしないと期待される指導効果が発揮されない，というのもまた事実です。本節の最後に，小学校におけるPPP型指導の懸念点を挙げておきます。

　第1に，PPPの流れは言語活動を通した言語習得を促す指導になっていません。児童が自分自身のことについて話すのはproductionの段階のみで，いうなれば「練習して練習してやっと本番」というような授業の流れになります。このように，PPPの指導順序が言語習得の本質から掛け離れているという点は，（小学校に限った話ではないですが）懸念材料です。第2に，presentationの段階で与えられる情報が抽象的な文法知識ではなく，教師による発話見本であるという点です。強いインターフェイスの立場の言語習得観は「明示的知識（文法規則）を操作して繰り返し目標項目を産出することで暗示的知識と同様に使えるようになる」というものですが，小学校段階の場合この操作は「教師の発話見本の一部を入れ替えて自分のことについて話す」ことに留まるので，習得される知識の汎用性がどうしても低くなってしまいます。第3に，practiceに割かれる時間が多くの場合不足しています。宣言的知識が手続き的知識に変化するためにはかなりの回数の練習や繰り返しの言語使用が必要ですが，授業が週1時間ないし週2時間しかない小学校段階においては，十分な練習時間が確保されていないことがほとんどです。

2.3　インプットとアウトプット

　さて，ここからは弱いインターフェイスの立場に立って，児童が英語を使えるようになる仕組みについて考えていきましょう。まずここで非常に大切

な2つの概念，インプットとアウトプットについて押さえておきたいと思います。多くの方が一度は耳にしたことがある言葉だと思いますが，ここで改めてその意味と言語習得上の役割を確認しておきましょう（**図2**）。

インプット（input）とは，本来学習者が聞いたり読んだりするすべての学習対象言語のことを指しますが，ここでは特に「学習者が耳にする意味のある英語」と定義します。現在の小学校英語教育において与えられるのはほとんどが音声インプットであることに加えて，後述するように，与えられたインプットの意味内容を処理することが言語習得上肝要であるからです。学習者は与えられたインプットの意味内容を類推することを通してインプットに含まれる言語形式やその意味に気づき（noticing a form），言語形式と意味のつながり（form-meaning connections: FMCs）に関する仮説の生成や修正，内在化が行われます。また同様に，**アウトプット**（output）は「学習者が口から発する意味のある英語」と定義します。アウトプットの機会があることで，自分の言いたいことが英語で言えないことへの気づき（noticing a hole）や，自分の言語知識に誤りがあることへの気づき（noticing a gap）が促されます。このように，インプットやアウトプットを通して学習者自身がさまざまなことに気づいていくことが言語習得では非常に重要です。この気づきは，明示的な学習では起こらないのです。

図2　インプットとアウトプット

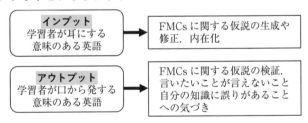

　学習者がインプットとアウトプットを通してどのように新しい言語項目を身につけていくのか，もう少し詳しく見てみましょう。**図3**は未知の言語項目を含むインプットを受け取ってから，その言語項目を用いた正しい発話ができるようになるまでのプロセスを表したモデルです。

　言語習得は常にインプットから始まります。未知の言語項目を含むインプットを得ると，学習者はその言語項目（形式）と意味の関係性（FMCs）

を形成しようとします。この時点で学習者は新しい言語項目の意味は知りませんから，発話者の表情やジェスチャー，授業であれば教師が提示する視覚情報等の言語外情報や既知の言語項目からインプットの意味を類推し，FMCs に関する仮説を生成することになります。例えば，can/can't を含む表現のインプットを与える際に，児童にとって既知の教師ができること／できないことについて，「I can play the piano. I can play *kendama*. But I can't do *saka-agari*.」のように聞かせると，児童は教師の発話の意味を類推して「先生はできること／できないことについて話しているのだ」「できることを言う時には can と言えばよいのだ」ということに気づいていきます。ただし，この気づきはあくまで学習者個人の類推に基づくものなので，誤った FMCs が形成される場合もあります。

図3　インプットから正しい発話に至るプロセス

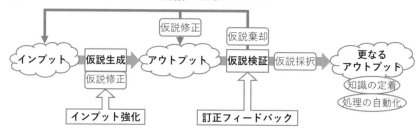

（Ellis, 2008; Gass, 2018 を参考に作成）

　学習者が FMCs を構築すると，その知識を元に発話（アウトプット）することができるようになります。そして，発話が意図通りに相手に伝わったかどうか，また聞き手の反応等を通して，インプットを通して生成した FMCs 仮説が正しかったかどうかを検証することができます。例えば「What can you do?」という教師の問いに対して「I can swim.」と答えたところ，教師から「Oh, you can swim!」という反応があったとします。この反応から，自身の発話が教師に正しく伝わったことがわかり，学習者は自身が生成した FMCs 仮説が正しかったことに気づきます（仮説採択）。仮説が採択されるとその表現を用いて更なるアウトプットが行われ，知識の定着や処理の自動化が進んでいきます。

　反対に，検証の結果 FMCs 仮説が棄却されたり修正されたりする場合も

あります。例えばペア活動で自分の発話が相手に伝わらなかった場合，児童は自分の言い方が誤っていたことに気づき，仮説を棄却します。この場合，更なるインプットを得ることで新たな仮説を生成し，アウトプットを通してその仮説を検証するプロセスを繰り返すことで，正しいFMCsの構築に近づいていきます。このように，実際には一度のインプットで正しいFMCsが構築されることはほとんどなく，正しい発話ができるようになるには繰り返しのアウトプットによるトライ＆エラーが必要です。

　また，教師のフィードバックによって仮説が即座に修正される場合もあります。例えば，「『○○ができる』は "can + ○○"」というFMCs仮説を立てた児童が，「けん玉ができる」ということを伝えるために「I can *kendama.*」と発話し，それに対して教師が「Oh, you can PLAY *kendama.*」と訂正したとします。このように，教師やほかの学習者から正しい形式のフィードバックを得ることができた場合には，その直後に正しいFMCsに基づくアウトプットができるようになる場合もあります。

3．教師に求められる指導技術

　前節で，学習者がインプットを通してFMCsを生成し，必要に応じてそれを修正し，正しい発話ができるようになるまでのプロセスを中心に，児童が英語を使えるようになる仕組みについて概観しました。それでは，このプロセスが円滑に進むために教師はどのような支援ができるでしょうか。教師の指導が介在し得るポイントは2つあります。1つは，仮説生成の段階で学習者がFMCsに気づきやすいように工夫したインプットを与えること（インプット強化）です。もう1つは，仮説検証の段階で，学習者が正しく発話できているかどうかをフィードバックすること（訂正フィードバック）です。本節では，これらの2つを中心に，教師が身につけておくべき指導技術について見ていきましょう。

3.1　インプット強化

　インプット強化（input enhancement）とは，学習者の意識や注意を学習目標の言語項目に向けさせるために，インプットの一部を音声的・視覚的に目立たせる指導法全般を指します。インプットの目的は学習者に新規言語項目に関するFMCsに気づかせることですから，教師の表情やジェスチャー，絵や写真等の視覚情報を工夫し，学習者によるインプットの意味理解を保証

しておくことが前提です。その上で，言語形式に注目させるための工夫がインプット強化なのです。インプット強化にはさまざまな方法がありますが，ここでは代表的なものを3つ紹介します（**表3**）。

表3　インプット強化の具体例

聴覚インプット強化（Auditory input enhancement）
明確なイントネーションを用いる，気づかせたい部分をゆっくり話す，目標言語項目が含まれた文を繰り返すなど，音声インプットの質を操作して目標言語項目を目立たせる方法
視覚インプット強化（Visual input enhancement）
地の文と異なる色や太字，斜体を用いる，フォントの種類やサイズを変えるなど，文字インプットの質を操作して目標言語項目を目立たせる方法
インプット洪水（Input flood）
インプットに目標言語項目を多量に盛り込むことで，学習者が気づきやすくする方法

　まず，明確なイントネーションを用いる，気づかせたい部分をゆっくり話す，目標言語項目が含まれた文を繰り返すなど，音声面の操作で目標言語項目に気づきやすくするための手立てを**聴覚インプット強化**（auditory input enhancement）と呼びます。例えば，規則動詞の過去形に気づかせたい場合に，動詞の末尾の -ed の部分だけを強く言ったり，前後に短いポーズを置いて該当部分を目立たせたりすることがあります（**図4**）。このように，音声的に弱い言語項目に意識を向けさせたい場合に聴覚インプット強化は有効ですが，あまり大げさにやりすぎてしまうと英語本来の音声の流れを阻害してしまうことにつながるので，注意が必要です。

図4　規則動詞の -ed に気づかせる聴覚インプット強化の例

Tom and I are good friends. We like sports very much. Yesterday, we play**ed** baseball together. Yesterday, we play**ed** baseball together.

同様に，文字でインプットを与える場合には，目標言語項目の色を変えたり太字にしたりするなど，学習者に気づかせたい部分を視覚的に強調する**視覚インプット強化**（visual input enhancement）を用いることができます。小学校段階で文字によって新しい言語材料を導入することはほとんどありませんが，読むことや書くことの活動で板書をしたりプリントを作成して配布したりする際には，この手法を援用して児童の注意を促すことができるでしょう。例えば，規則動詞と不規則動詞の過去形の違いに意識を向けさせたい場合に，規則動詞と不規則動詞をそれぞれ異なる方法で強調することで目立たせることが可能です（**図5**）。

図5　規則動詞と不規則動詞を区別する視覚インプット強化の例

Miki **played** tennis.
Miki ate spaghetti.
Miki **enjoyed** shopping.
Miki **washed** the dishes.
Miki went to the park.
Miki saw a movie.

（Junior Sunshine 6, p.104）

　また，インプットに目標言語項目を多量に盛り込む**インプット洪水**（input flood）という方法もあります。聴覚インプット強化や視覚インプット強化は音声や文字の質を変えることで目標言語項目を目立たせる手法ですが，インプット洪水は量を増やすことで学習者が目標言語項目に気づく機会を増やす方法です。同じ文をただ繰り返すのではなく，異なる語彙を用いて同じ文型のインプットを与えることで，英文の内部構造の理解を促す効果も期待できます。例えば「I like ○○ .」という構造に気づかせたい場合には，同じ表現（例：I like blue.）だけを繰り返すのではなく，「I like my blue T-shirt. I like my blue bag.」のように，同じ文型を用いて話題を展開することで，児童の興味を引きつけながら繰り返し「I like ○○ .」のインプットを与えることができます（**図6**）。

図6　I like ○○.の構造に気づかせるインプット洪水の例

> **I like** blue very much.
> **I like** my blue T-shirt.
> **I like** my blue bag.
> **I like** my blue pencil case.
> But my notebook is yellow.
> I want a blue notebook.

3.2　訂正フィードバック

　訂正フィードバック（corrective feedback）とは，学習者の発話の誤りに気づかせ，正しいFMCsの獲得を促すための教師の声かけ全般を指します。2.3節で述べたように，学習者は自らの発話が聞き手に伝わったかどうかを元にFMCs仮説が正しいかどうかを検証しますが，そのためには聞き手の反応が不可欠です。特に教師と児童の会話においては，教師が積極的に訂正フィードバックを行って児童の発話の誤りを訂正していくことが肝要です。ただし，その方法は1つではありません。例を元に考えてみましょう。夏休みの思い出についての発表活動で，児童が「I eat watermelon in summer.」と発話した場合，皆さんが教師だったらどのように反応するでしょうか。

　Lyster and Saito（2010）は訂正フィードバックを6種類に分類しています（**表4**）。この中で，授業中に最も頻繁に使われるのが**リキャスト**（recast）です。これは，学習者の発話の意図を変えることなく，誤りの部分だけを訂正して教師が言い直す方法です。リキャストは教師と児童のコミュニケーションの流れを崩すことなく行えるので，言語活動を中心とした授業の中で非常に使いやすいです。また，訂正フィードバックを意識的に行っている教師の授業を観察すると，児童の発話が誤っていない場合でもリキャストと同じように児童の発話を繰り返しており，教師による繰り返しはコミュニケーションを円滑に進めるための役割も果たしていることがわかります（平山・内野，2024）。ただし，リキャストは誤りが訂正されていることを児童自身が気づきづらいという弱点もあり，訂正した部分を音声的に強調するなどの工夫を併せて行うことが効果的です。

表 4　訂正フィードバックの種類

リキャスト（Recast） 学習者が発言した意味内容を変えることなく，教師が間違いを訂正して言い直す方法 例）Oh, you ATE watermelon in summer.	**インプット 供給型** （reformulation）
明示的な訂正（Explicit correction） 学習者の発言が間違っていることを明示して，かつ正しい形を提示する方法 例）eat じゃなくて ate だね。	
明確化の要求（Clarification request） 学習者が発言した内容がわからない，あるいは聞こえないことを教師が伝える方法 例）I'm sorry?	**アウトプット 誘発型** （prompt）
繰り返し（Repetition） 学習者が話した間違いを含む文をそのまま教師が繰り返す方法 例）You EAT watermelon in summer? ♪	
誘導（Elicitation） 学習者に正しいアウトプットをさせるために，教師が質問や不完全な文を言う方法 例）In summer, you …?	
メタ言語的手掛かり（Metalinguistic cues） 学習者が犯した間違いに関するメタ言語的な知識を教師が与える方法 例）夏休みの話だから過去形だね。	

注．神谷, 2017; Lyster & Saito, 2010 を参考に作成。例は I eat watermelon in summer. に対する訂正フィードバックの例。

　2つ目は**明示的な訂正**（explicit correction）です。これは，学習者の発話が誤りを含んでいるということを示し，なおかつ教師が正しい形式を提示するフィードバックです。授業を観察していると，児童が日本語を含む発話をした場合や，児童の言いたいことが未修の語彙を含むためにうまく言えない場合などに，このフィードバックが用いられる場合が多いです。またリキャストと明示的な訂正は，正しい形式を教師が提示するという意味で**インプッ**

ト供給型のフィードバック（reformulation）と呼ばれ，特に単元の前半や新しい表現を導入した直後などに多く用いられる傾向があります。

3つ目は**明確化の要求**（clarification request）です。これは，学習者の発言があいまいで教師が聞き取れない場合に，はっきりした発話を促すために用いられる場合がほとんどです。しかし，学習者の発話に誤りがあることに教師が気づいた場合に，それが言い間違い（mistake）なのか誤った知識が身についているのか（error）を明らかにするために，再度の発話を促す場合もあります。

4つ目は**繰り返し**（repetition）です。これは，学習者が発話した誤りを含む文を教師がそのまま繰り返して聞かせる方法です。誤りを含む文を再度聞かせることで，児童が自ら誤りに気づくことを目的としたフィードバックです。児童の発話が誤っていたことを示すために，誤りの部分を音声的に強調したり，上昇調のイントネーションを用いたりする場合が多いです。

5つ目は**誘導**（elicitation）です。これは，児童に正しい発話を促すために，教師が質問をしたり，児童が発話すべき文を途中まで言ったりする方法です。特に，学習者が何と言ったらよいかわからずに沈黙している場合や，日本語で発話した場合に多く用いられるフィードバックです。また，児童が発話すべき文の文構造を示すために，教師自身のことについて言って聞かせる方法（例：「I ate curry and rice in summer. How about you?」）も誘導の一種として分類できるでしょう（Thomas, 2018: analogy-based feedback）。

6つ目は**メタ言語的手掛かり**（metalinguistic cues）です。これは，学習者の発話に含まれる誤りに関するメタ言語的な知識を教師が与える方法です。ただし，小学校ではそもそも明示的な文法指導はほとんど行われておらず，児童がメタ言語知識をもっていることは稀であるため，このフィードバックが用いられることはほとんどありません。もし用いることがあるとするならば，児童が理解できるような言葉で規則を説明することが重要です。明確化の要求，繰り返し，誘導，メタ言語的手掛かりの4種類のフィードバックは，正しい形式を教師が提示するのではなく，時にヒントを与えて，学習者に自分の力で正しい文を産出させようとする方法です。その意味でこれらのフィードバックは**アウトプット誘発型**（prompt）と呼ばれ，ある程度表現が定着した単元の後半により多く用いられる傾向があります。

6種類のフィードバックについて概観しましたが，これらの使い分けは教師の指導経験によるところが大きく，すべてのフィードバックを授業の中で

意識的に使い分けることはおそらく不可能です。むしろ大切なのは，児童の発話に対して反応する，誤りに対してフィードバックを与えるという心づもりを教師がもっておくことでしょう。そしてまずは，児童の発話に対してリキャストを行うところからスタートし，徐々にフィードバックのバリエーションを増やしていくとよいと思います。

4．おわりに

　最後に，授業を組み立てる上で重要な点を2つ確認して本章を閉じたいと思います。1つは，言語活動を中心にして授業を組み立てることです。本章でも繰り返し述べていますが，言語活動は学習目標ではなく学習の過程です。インプットやアウトプットは言語活動を通してのみ起こります。児童が教師の発話内容を理解したいと思うから，インプットの内容に関する類推が起こるのです。そして自分のことを伝えたいという気持ちが，アウトプットにつながるのです。英語の授業で最も大切なことは，血の通ったおしゃべりをすることと言ってもよいかもしれません。指導目標の言語材料を用いて児童とおしゃべりをするには，どんな話題をもってきたら盛り上がるか，を考えるのが授業準備の最大のポイントでしょう。

　もう1つは，教師と児童でやり取りをする時間を十分に確保することです。3節で取り上げたインプット強化と訂正フィードバックは，どちらも教師と児童で会話する場面で用いる指導技術です。特に訂正フィードバックは教師にしか与えることができないため，教師と児童でのやり取りが不十分なままペア・グループ活動に進んでしまうと，FMCs仮説を検証する機会がなく，誤った発話がそのまま定着してしまう恐れがあります。人数の多い学級ほど，児童一人ひとりの発話機会を確保するために早めにペア活動へと進んでしまいがちですが，少なくとも全児童と1回ずつ，できれば2回ずつは教師が会話する場面を設けたいものです。ほかの児童の発話も児童にとってはインプットの機会になりますから，時間の無駄と思わずに，教師と児童でやり取りする時間を十分に取るように心がけましょう。

引用文献

DeKeyser, R. (2020). Skill acquisition theory. In B. VanPatten & J. Williams (Eds). *Theories in second language acquisition: An introduction* (3rd ed., pp. 83-104). Routledge.

Ellis, R. (2008). *The study of second language acquisition* (2nd ed.). Oxford University Press.

Gass, S. M. (2018). *Input, interaction, and second language learner* (2nd ed.). Routledge.

平山伸正・内野駿介（2024）.「小学 5 年生の外国語科授業における訂正フィードバックの効果に関する共同生成的アクションリサーチ」『北海道教育大学紀要　教育臨床研究編』*74* (2).

神谷信廣（2017）.「話す活動と文法指導―フィードバック」鈴木渉（編）『実践例で学ぶ第二言語習得研究に基づく英語指導』（pp. 45-62）. 大修館書店 .

Krashen, S. D. (1982). *Principles and practice in second language acquisition.* Pergamon Press.

Lyster, R. & Saito, K. (2010). Oral feedback in classroom SLA: A meta-analysis. *Studies in Second Language Acquisition, 32*, 265-302.

文部科学省（2017）.「小学校学習指導要領（平成 29 年告示）解説　外国語活動・外国語編」https://www.mext.go.jp/component/a_menu/education/micro_detail/__icsFiles/afieldfile/2019/03/18/1387017_011.pdf

Thomas, K. E. (2018). Comparing explicit exemplar-based and rule-based corrective feedback: Introducing analogy-based corrective feedback. *The Modern Language Journal. 102* (2), 371-391.

3 第二言語習得論と小学校英語

志村昭暢

1. はじめに

　小学校に限らず，学習者に英語を教える際，最新の指導理論と授業実践を基に授業を行うことが大切です。また最近は理論と実践の往還についての話題が教員養成や研修等で取り上げられる機会が増えており，理論的枠組みを使用した教育実践を行い，その成果を理論に還元することが大切だと思います。英語を指導する際の理論的枠組みにはさまざまなものがありますが，本章では特に英語教育の理論的背景の1つである，第二言語習得論について取り上げ，小学校での英語指導にどのように役立てていくことができるかについて考えていきます。

2. 何を基にして英語を教えていますか？

　皆さんは外国語活動や外国語科の授業において，子どもたちに，どのような考えで英語を指導しているでしょうか。全国の先生方や教師を目指す学生に話を聞くと，以下のような回答がありました。

　　A. 自分が中学校や高等学校で習った方法で
　　B. Teaching Manual を見ながら
　　C. これまでの自分の外国語活動の授業経験を基にして
　　D. 研修や研究会で見た授業を参考にして
　　E. 大学や自分で学んだ最新の理論や指導法を基にして

　複数の方法を組み合わせている方が多いと思いますが，意外と多いのが，Aの自分が中学校や高等学校で習った方法を基に授業をしているだと思います。英語を教えるための理論は小中高共通ですが，自分が習った指導が理論的に正しかったかどうかは検証が必要です。あとで詳しく考えていきます。
　BのTeaching Manualを見ながらですが，Manualは教科書の著者である研究者と小学校教員の実践家が共同で作成しています。ですので，最新の研

究や実践を基に作られています。しかし，Manual は実際に授業が始まる前に作成されているので，目の前の子どもたちの習熟度や興味に合うように調整が必要です。

Cのこれまでの自分の外国語活動の授業経験を基にしている方も多数いることと思います。ただ，2020 年度からスタートした高学年の外国語科は教科化されており，読み・書きが導入されただけでなく，外国語活動とは異なり定着が目標とされています。ですので，外国語活動と同じ指導観で外国語科の授業を作っていくと，話すこと・聞くことが慣れ親しみで終わってしまい，定着に結びついていないケースが見られます。新学習指導要領に合わせたアップグレードが必要です。

Dの研修や研究会で見た授業を参考にしては，実践重視の指導観と思われますが，よい実践を見極める力と，その実践が理論に基づいているかを判断する力が必要になってきます。本書に掲載されている実践や本学が行っている研修は，研究者・実践者が共同で関与しており，理論に基づいたものばかりですが，ほかの研究会等でまれに効果が怪しいものや，理論的枠組みから外れた実践を紹介している例もあります。また，その先生しかできない実践，つまりこれまでの長い指導実績があって初めて成功しているものもあり，その実践を簡単に真似できないものもあります。ですので，研修等で学んだことをそのまま授業に取り入れるのではなく，いったん理論に立ち返り，自分の授業にどのように活かしていくかについて考える必要があると思います。

Eの大学や自分で学んだ最新の理論や指導法を基にすることが一番のお勧めですが，小学校で働きながら大学や大学院に通うことや，専門書や論文に目を通すことはなかなか大変だと思います。また，理論だけに精通しても，実際の授業への応用が難しい場合もあります。なので，長期休業中に研修会に参加し，気に入った理論があればそれについての書籍や論文を読むことや，大学等が主催しているオンライン講座や公開講座に参加する，英語教育の学会に参加してみるのも 1 つの方法だと思います。小学校英語や児童英語を主に研究している学会（小学校英語教育学会や日本児童英語教育学会等）もありますので，そこでは理論と実践の両方を学ぶことができますし，同じ志をもつ仲間とも出会えます。

3．なぜ自分が習った通り教えてはいけないのか

Aの自分が中学校や高等学校で習った方法で教えるのはなぜいけないので

しょうか。まず，英語教育の理論は日々進化しています。皆さんの中高生時代（読者により異なると思いますが）よりも現在の理論の方がより学習効果が高いものも出てきています。また，皆さんが習ってきた指導法が正しい理論に基づいていない可能性もあります。

　中高の先生の中にも，自分が習った通りに教えている先生も多いですし，受験英語と称して，あまり理論的ではない指導法でいまだに教えている先生もみられます。また，小学生と中高生では発達段階が異なっており，中高生に比べると抽象概念や論理的な思考については苦手とする子どもが多いといわれています。そのため，文法や語彙の解説による指導は小学校英語教育ではあまり向いていません。さらに，言語習得には個人差があり，自分が効果的だと思っている指導法がすべての子どもたちに当てはまるとは限らないのです。そのため，学習者の個人差に合わせたさまざまな指導法を試してみるのも効果的かもしれません。

　小学校と中学・高等学校では英語学習の目的が異なっています。中学・高等学校はコミュニケーションを重視した英語指導が目標とされていますが，受験対策も欠かすことができません。多くの小学校では受験のための英語指導は目的とされていないので，『試験に出る英語』は指導する必要がなく，『実際に使える英語』が目的となっています。ですので，小学校英語の方が中学・高等学校の英語教育に比べるとコミュニケーションを重視した授業になっています。

　以上のような理由から，自分が習った通りに教えるのではなく，最新の理論と実践に基づいた授業を行うことが大切です。小学校での英語指導は中学・高等学校の英語指導に比べ歴史が浅く，十分な実践が蓄積されていないと思われます。理論というのは，多くの実践を基に開発されており，理論に基づいた授業を行えば，大きく失敗することはありません。

4．素晴らしい授業は理にかなっている

　全国の小学校英語の実践を拝見していつも思うことは，素晴らしい実践は理にかなっているということです。本書実践編第5章で紹介されている，新海かおる先生の5年生の授業では，"Where do you want to go?" という質問を新海先生がたくさんの子どもたちに同じ質問をしています。子どもたちはそれぞれ自分の行きたい国と理由を話すのですが，聞いている子どもたちにとっては，同じ表現を何度も聞くことになるので，大量の input となりま

す。また，発表する子どもたちにとっては自分の言いたいことを output することができ，行きたい理由や先生がその国について英語でコメントすることで interaction を行うことができます。これらは第二言語習得論で最も重要な仮説である，input 仮説（Krashen, 1982），output 仮説（Swain, 1985），interaction 仮説（Long, 1983, 1996）のすべてを駆使しています。これらの仮説は後ほど詳しく説明します。また，新海先生がすべての子どもたちの発言に対してコメントをしたり，ほめたりしていますので，学習者の動機づけを高める効果もあります。

　本学の小学校英語オンライン講座で授業を公開していただいた根岸清人先生の授業では（根岸, 2020），ALT との Team-Teaching において，ALT が以下のような Recast を用いて暗示的に子どもたちの誤りを訂正していました。

ALT：Who is he?
S 　 ：He is baseball player.
ALT：Oh! He is **"a"** baseball player.

　Recast とは学習者の誤りを正しく訂正して繰り返すことで，学習者の発話を訂正する方法で，直接誤っていることを指摘するよりも，会話を中断しない，直されても嫌な気持ちにならないなどの効果がある一方，本人が誤りに気づかないことがあるとの指摘もあります（Lightbown & Spada, 2022）。ここでは冠詞の "a" が抜けていることを少し強めに発音して強調することで，子どもに誤りであることを気づかせようとしています。また，ALT と子どものやり取りが一段落したところで，冠詞の付け方について明示的に指導することにより，子どもたちが使い方に気づくことにつなげていました。これは Focus on Form と呼ばれる方法で，やり取りで使用した言語形式と構造に注意を向かせることで，より効果的に言語習得につなげる方法です（村野井, 2006）。

　このような素晴らしい授業実践を自分の授業に取り入れたいと考える方が多いと思いますが，いくつか注意が必要です。まず，これまでの指導の経緯を踏まえてから実現可能かを考えることが大切です。本書や北海道教育大学のオンライン講座（北海道教育大学, 2020），研究授業などで授業公開されている授業は，単元の中でも一番よい回を見せている場合がほとんどです。

その授業に向けた準備，いわゆる『仕込み』の時間が前時までに行われています。ですので，いきなり真似して授業を行ったとしても，うまくいかないことがあります。

　次に，原理主義にならないということです。ある1つの指導法や理論にこだわって，それだけを使って授業をするとうまくいきません。以前は「〇〇ラーニング」や「××システム」，「△△式指導法」などが流行したこともありますが，それらの多くは一過性のもののような気がします。いろいろな実践を見て，その中で使用されている理論的枠組みを考えながら自分の授業に取り入れて試してみることで，よりよい授業作りにつながると思います。

　また，正しくアレンジすることも大切です。学校やクラスの現状にその指導法が合っているのか，また学習者の個人差や学習スタイルの差についても考慮が必要です。素晴らしい実践をされている先生方は，かなり長期的な指導計画を立てています。学期の途中からその先生の指導法を取り入れたとしても，うまくいかないことも考えられます。ですので，自分が指導するクラスに合わせて，少しずつアレンジしながら取り入れていくことをお勧めします。

　最後に，1人で考えず，同僚や仲間に相談してみることも大切です。1人で考えると，授業が誤った方向に向かってしまった際に，修正することができません。研究授業を見た先生と一緒にどのように自分の授業に取り入れたらよいかを話し合いながら授業を作っていくと，多様な視点から授業に取り入れる方法を考えることができます。また，自分の授業を見てもらい，どのように改善すべきかのアドバイスをもらうことも大切です。

5．理論に基づいた授業実践のメリット

　英語教育理論の多くは，教室で行われた実践を基に作られています。また，それ以外の理論，実際の例えば教室ではなく，何名かの参加者を集めて行うような実験的なものや，仮説を基にした理論もありますが，それらの多くは教室でその効果を検証されています。ただ，同じ理論であっても，国や教室環境，参加者の年齢により異なる結果が出ているものもありますので注意が必要です。とはいえ，多くの理論にはエビデンスがありますので，それらの枠組みに従った授業を行えば，ある程度の効果が期待されます。また，多くの研究者によって検証されている理論については，一般化といって，どんな環境でも同じ結果が期待されるので，安心して授業に取り入れることができます。

また，理論に基づいた授業は教員経験の長短の影響があまりありません。教員経験が少なくても，理論に基づく実践を計画することができますし，そのあとも理論的枠組みを理解した上で経験を積んだり，研修会等で新たな実践を取り入れたりすることができ，教師としての成長につなげることができます。

　理論に基づく授業は失敗が少なくなります。先ほども述べた通り，多くの理論は実践から生まれています。多くの先生方の素晴らしい実践の積み上げが理論となっていますので，授業に関する大きな失敗を避けることができます。それでもうまくいかない場合は指導している学習者に向けたカスタマイズを行う必要があります。

　ただ，理論だけを重視して，目の前の子どもたちの姿を見ないことや，ほかの先生方の実践を無視することは問題です。小学校英語教育では理論と実践両方が大切であり，その往還を行うことにより，さらに素晴らしい理論と実践が生まれ，深化していくことにつながります。そのような実践は子どもたちの満足度が高まることや，学習効果も高まることが期待できるのではないでしょうか。

6．なぜ英語の習得は難しいのか

　ここからは，言語習得についての基礎的な考え方についてみていきましょう。言語習得に関して，母語は勉強しなくても自然に習得することができるのに，英語の習得はたくさん勉強しても習得が難しいのはなぜでしょうか。この疑問を研究しているのが第二言語習得論です。実は母語の習得と第二言語（本章では便宜上，母語を日本語，第二言語を英語とします）では習得のプロセスが異なっています。母語の場合は生まれてからすぐ，母親や家族からたくさん話しかけられることにより，言語を聞く機会が十分にあります。また，言葉が話せるようになると，母親や家族とやり取りをする機会が増え，3歳ぐらいで大人と変わらないぐらいのコミュニケーションを行うことができます。このように，聞く・話すについては自然な言語習得を行うことができます。その後，十分に聞ける・話せるようになってから，小学校で母語の読み・書きを正式に学びます。ですので，母語の読み・書きに入るまで，6年前後の聞く・話すの期間があって初めて読み・書きの学習に入っていくのです。

　一方，第二言語に関しては，母語を習得してから学習することになり，多くの場合が学校で週に数時間学習するだけです。そのため，絶対的な言語のinput が不足しているとともに，授業外で第二言語を使用する機会もほとん

どないので，interaction も不足しています。そのため，かなり努力しないと，母語話者と同程度の英語力を習得するのは難しいのです。その一方で，母語を習得しているので，母語と比較することや，母語のルールを応用して第二言語を学習することが可能です。以上のように，言語習得のプロセスが異なるので，英語の習得はなかなか上手くいかないのです。

7．言語習得の 4 つの考え

それでは，言語はどのように習得されているのでしょうか。第二言語習得論で主張されている 4 つの説について考えてみましょう。

行動主義（Behaviorism）
生得説（Innatist）
やり取り主義と発達論的（Interactionist/developmental）

（Ligntbown & Spada, 2022）

Ligntbown and Spada（2022）では，やり取り主義と発達論的を 1 つにしていますが，分けると 2 つあるので，4 つの考えとします。

8．行動主義

まず，行動主義ですが，Ligntbown and Spada（2022）によると，1950年代から主張された説で，Skinnar を中心とした行動主義心理学の影響を受けています。言語習得は模倣であると考え，子どもが母語を習得するのは，家族の会話を模倣しているからだと考えました。人間を含む動物の行動は刺激（Stimulus）と反応（Response）であると考え，言語に関しては家族の話すことが子どもにとっての「刺激」になり，それを真似して話すことが「反応」であると考えました。Skinnar の行動主義心理学については，教員養成課程の心理学の授業で一度は学んだことがあるかもしれません。

この理論を言語習得応用すると，誰かが話しているのを聞くことが刺激（**S**timulus）となり，真似をして話すのが反応（**R**esponse）になります。それを何度も繰り返して練習すると，聞いた言語が強化（Reinforcement）され，最終的には習慣形成（Habit formation）され，言語習得（Response）となると考えられました。とにかく，言語習得は繰り返すことが大切という理論です。通称 S-R 理論とも呼ばれています。

これが言語指導に応用されたのが Audio-Lingual Method です。この指導法はミシガン大学のフリーズという言語学者を中心に，1950 年代にアメリカで成立しました。元々は第二次世界大戦中に開発された，Army-Method が基になっており，アメリカ軍が兵士に対し，当時敵対していた日本語を習得させるために，反復練習を中心に行う指導法で，学習効果が非常に高かったそうです。Audio-Lingual Method はすべての授業を目標言語で行い，Pattern-practice で文構造を暗示的に指導します。学習者の誤りは即時に直し，ネイティブスピーカーレベルの正確な発音と文法が求められました（Richards & Rodgers, 2017）。

　この指導法は，文法訳読式やダイレクトメソッドと比較すると，当時最新の心理学と言語学の理論に基づいて指導されており，画期的なものと考えられていましたが，その後，行動主義自体が批判されるようになりました。特に，言語習得に関して，子どもの言語習得は模倣だけでは説明できないという，Chomsky の批判はよく知られています。また，文構造の習得が重視されすぎたため，適切な場面設定がなされておらず，練習した文型が実際の場面では使えないことがあるという批判がありました。さらに，繰り返しが中心の授業は単調になりやすく，学習者がその指導に飽きてしまうという問題点があります。

　現在では，Audio-Lingual Method は中心的な指導法ではありませんが，英語授業の中で，先生のあとについて学習者が英語を話す，"Repeat after me" のような指導や，重要なフレーズを繰り返すチャンツ，同じ問題を繰り返し練習するドリルなど，Audio-Lingual Method で開発された手法が小学校での英語教育の中で今でも利用されています。

9．生得説

　Ligntbown and Spada（2022）では，生得説（Innatist）は，言語学者の Chomsky がすべての言語は人間が生まれながらにもつ，何らかの普遍原理に基づいているという主張が基になっています。行動主義の批判として，Chomsky は，子どもが誰からも聞いたことがない言語を話せることについて指摘し，模倣だけで言語習得がなされているとは説明できないと主張しました。たしかに，乳幼児の発話を聞いていると，「誰に習ったの？」と聞きたくなるような大人びた言葉を使うことや，文法的には正しくないかもしれないけれど，何とかルールを基に言葉を作って話をする機会を目にしたこと

があるのではないでしょうか。Chomsky はこれらの現象について，子ども
は言語を生み出す能力を生まれつきもっているのではないかと考え，それを
普遍文法（Universal Grammar = UG）と定義しました。

　UG は英語や日本語の文法のようなルールや法則ではなく，子どもがもっ
ている限られた Input から複雑な文法規則を発見できる生得的なメカニズム
のことです。UG はどの言語に対しても有効で，子どもがその言語を十分に
聞いたり，話したりする機会があれば，どの言語であっても習得できるとさ
れています。UG は思春期を過ぎると働かなくなることから，言語習得には
臨界期があるという仮説（Critical Period Hypothesis = CPH：Lenneberg,
1967）もあります。以上の話はすべて母語に関することで，第二言語でも
UG が同じように働いているかは議論がありますが，第二言語習得にも生得
説が大きな影響を与えています。

　Krashen のモニター・モデル（Krashen, 1982）は生得説がベースになっ
ています。詳しい解説は理論編第 2 章を参照してください。Krashen は第二
言語の習得について，理解可能な言語 input を十分に与えれば，UG を駆使
することで，先生が指導しなくても自然とアウトプットが可能になると主張
しています。また，モニター仮説では，Output は学習した言語のモニター（監
視役）としての役割しかなく，話したり，書いたりするよりも聞く・読むこ
との input の方が重要と考えました。これらをまとめて input 理論として日
本を含めた世界各国で実践が試みられましたが，Krashen の主張はその後，
実証的な検証ができないなど，相次いで批判されることになります。生得説
を基にした指導法で，現在の英語指導でも見られるものとしては，活動を行
う前に，十分に英語を聞かせることが推奨されていることや，絵本の読み聞
かせや，絵本や Reading Tree のような教材を利用した多読などは，input
理論から派生したと考えられます。

10. やり取り主義と発達論的

　Ligntbown and Spada（2022）によると，Chomsky を中心とする生得説
を主張する人たちは，言語習得が人間のもつ特別な能力と考えていました
が，そのあとに主流となる Interactionist と developmental の人たちの主張
は，言語習得は子どもが経験から学ぶ能力の一例であり，言語習得だけに特
化した UG のようなものを想定しなくてもよいと考えました。この主張の基
になっているのは発達心理学です。発達心理学は英語以外の教育全般に大き

な影響を与えていますが，Piaget と Vygotsky の 2 人は言語習得につながる特に重要な主張をしています。

　Ligntbown and Spada（2022）によれば，Piaget は言語について，幼児期に発達する多数の記号体系の 1 つと考え，子どもの環境と物理的なかかわりを通して習得され，知識を表出するために使用可能になると主張しています。また，Vygotsky は，言語は社会的な interaction の中で発達すると主張し，interaction が豊富な環境があれば，子どもは知識と言語運用もより高いレベルに達することができると主張しています。2 人の主張に共通しているのは，言語習得には発達に応じた他者との interaction が大切であるということです。

　Piaget は子どもの認知機能の発達について，成長の課程を 4 つの段階に分けることを提唱し，その順番は個人差があるとしても変わらないと主張しました。これが Piaget の発達段階，もしくは認知発達理論と呼ばれているものです（矢野・落合，1991 など）。4 つの段階とは 0 歳から 2 歳の感覚運動期，2 歳から 7 歳の前操作期，7 歳から 11 歳の具体的操作期，そして 11 歳以上の形式的操作期です。子どもの発達段階の特徴に合わせて，学校における英語指導を変えていく必要があると思います。表 1 は Piaget の発達段階とその特徴をまとめたものに著者が学校での英語教育との関係をつけ加えました。

表 1　Piaget の発達段階と学校での英語教育との関連

年齢	時期	特徴	学校での英語教育との関連
0 〜 2 歳 乳児	感覚 運動期	・言語使用が十分になされる以前の状態 ・行動や感覚で外界を理解しようとする ・他人や物の動作を真似る	
2 〜 7 歳 修学前	前操作期	・目の前に存在しないものをイメージできる（ごっこ遊び） ・自己中心的 ・知覚的特性が優位 ・分類操作が不十分	

7〜11歳 小学校	具体的 操作期	・具体的／日常的な物事で あれば論理的に考えられ る ・保存概念の習得 ・脱自己中心性 ・2つ以上の操作が可能 ・科学的基礎概念の獲得	・文法や語彙の説明× 　→体験的に学ぶ ・絵や写真，具体の使用○ ・世界規模の話題（環境問 題や社会問題等）はあま り扱わない方がよい ・数，量，長さ，重さ，体積， 時間，空間は習いたてな ので注意が必要
11歳以上 中学校	形式的 操作期	・論理に当てはめた判断が 可能 ・課題解決型学習が可能	・文法説明や文法書を読ん で仮説／検証ができる ・前後関係から単語の意味 を類推できる ・プロジェクト型の学習や 技能統合型タスクも行え る

（中道・小川，2021; 氏家・陳，2006; 矢野・落合，1991 を基に筆者が作成）

　感覚運動期と前操作期において，学校教育はまだ行われていませんが，民間の子どもを対象とした英語教室や，英語を使用したイマージョン形式の幼稚園等も増えてきており，そのような幼児を対象とした英語教育においては，母語として英語を習得する子どもたちと同じように，英語による input を増やすことや，ゲームや歌などを使用した指導が望ましいと思います。特に，絵本の読み聞かせや英語によるアニメを見せることなど，英語を聞くことや使うことが楽しいと感じさせることが重要であるとともに，発達段階の特徴を熟知し，活動の計画を立てる必要があると思います。例えば，前操作期の子どもたちは自己中心的な特徴があり，ゲームなどで負けそうになると途中でやめてしまったり，カードゲームであればカードを投げ出してしまったりなどの行動が見られることがありますが，そのような特徴を踏まえ指導する必要があります。

　小学校での英語指導について，個人差がありますが，外国語活動・外国語科を勉強する子どもたちは具体的操作期の時期であり，具体的や日常的な物事であれば論理的に考えられる，保存概念が修得されている，脱自己中心，2つ以上の操作が可能，科学的基礎概念の獲得などの特徴があります。これ

らの特徴を踏まえて小学校の英語指導を考えた場合，発達段階が異なる中学校や高等学校での指導をそのまま取り入れるのは問題があります。まず，中学校の授業でよく行われている活動である「教科書の登場人物になったつもりで活動しましょう」や，「XXに行ったつもりで～しましょう」のような活動は小学校ではあまり扱わない方がいいでしょう。具体的な物事を論理的に考える力はありますが，自分が行うことがない抽象的な活動はできる場合とできない場合があります。ですので，子どもたちが今やっていることや，将来やりそうな活動，例えば「中学校になったらどの部活に入りたいか」という活動は具体的なものなので，小学校でも扱いやすいと考えられます。また，文法や語彙の説明について，小学校ではあまり行うべきではないと言われていますが，これも発達段階の違いに起因しています。小学生の発達段階は中学生と異なり，抽象的概念の論知的な思考や仮説を立てて検証する力が十分ではありません。そのため，文法規則を学び，それを基に英語を分析的に考えることは適切ではありません。文法を規則として学ぶよりも，言語活動を通して自然な形で学習していくことが小学生の発達段階には向いているのです。また，具体的操作期の特徴として，他者の気持ちに共感できるということがあります。これは，その前の段階である，前操作期は自己中心的であったのが，具体的操作期になると脱自己中心化するのに連動していると思われますが，相手の気持ちを知りたいということが生じるので，自分の言いたいことを英語学習に生かすことが必要です。ここで活用できるのが言語活動を用いた指導です。言語活動の定義は，「実際に英語を用いて互いの考えや気持ちを伝え合う活動」（文部科学省，2017）とされており，具体的操作期である小学生の英語指導に最も適した方法なのです。ですので，中学校や高等学校の活動にあるような，自分の考えや気持ちを入れる必要がない活動や，「～さんになったつもりで」活動するようなものは小学校では行わず，子どもたちの言いたいことが言えるような言語活動を用いた活動を扱うことが大切なのです。

　発達段階を考える際に大切なこととしては，子どもたちの発達には個人差があることです。その年齢になったら自動的に段階が上がるわけではありません。小学校3，4年生はすべて具体的操作期に入っているわけではなく，前段階の前操作期の子どももいます。また，3年生と6年生では同じ具体的操作期だとしても，前操作期よりの子どもや形式的操作期よりの子どももいます。ですので，子どもたちの発達段階における個人差を見極め，個別最適

化した英語指導を行う必要があるかもしれません。

　また，思考力や判断力の育成を目的として，課題解決型やプロジェクト型などの複雑な処理を伴う活動を行うことは小学生にはあまり向いていません。それらの活動を行うには，高い英語力が必要ですし，発達段階的に考えると，論理的思考が十分に行えるようになる形式的操作期に入ってからの方が行いやすいと思われます。課題解決型やプロジェクト型の学習は中学校以降にとっておいてもよいかもしれません。

　Vygotsky は発達の最近接領域（zone of proximal development ＝ ZPD：Vygotsky, 1935, 土井・神谷訳, 2003）の考えを示し，大人や教師，他者の援助があれば，子どもが現在の水準よりも高い段階に到達することができるとし，自分1人でできる段階と，自分よりできる人の手助けによってできる段階の間にあるギャップを ZPD と呼んでいます（矢野・落合, 1991）。大人が子どものもつ成熟しつつある領域に働きかけることにより，子どもが大人の援助なしでもできるようになるとしています（中道・小川, 2021）。その際の大人や教師，他者による支援のことを足場かけ（scaffolding）といいます（Wood and Middeton, 1975）。

　ZPD を図にすると，以下のようになります（**図1**）。

図1. 発達の最近接領域のイメージ

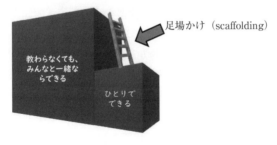

　1人でできる領域は小さいですが，教師や仲間がはしごをかけてくれることにより，より大きなことに挑戦できるというイメージです。子どもたちには同じクラスであっても個人差があり，自分の知らない単語や表現を知っていたり，活動を行うための方法を知っていたりする仲間がいるかもしれません。また，先生によるヒントやフィードバックがはしごにもなります。

　Vygotsky の主張は子どもの発達や母語習得をベースにしたものですが，第二言語習得や最近ではアクティブ・ラーニング等でも応用されています。

例えば，言語活動を通した英語指導は，先生と子どもや子ども同士のやり取りが行われますが，その際，1人では話せないことが，先生や仲間による足場かけ（ヒントや手助け等）が行われることにより話せるようになります。それにより，新しく学ぶ表現や活動であっても，先生が明示的に教えなくても，自然と習得することができるようになります。足場かけに必要なこととしては以下のようなものがあります。これらをやり取りの中で使用すると，子どもたちのZPDを減少させる（＝1人でできることを増やす）ことにつながります。

・学習者の興味を引き出し，維持する
・活動をシンプルにする
・解決につながる方法を示す
・学習者のフラストレーションを抑える（励ます）
・見本を見せる

（Wood et al. 1976）

　PiagetとVygotsky以外にも，やり取り主義と発達論的な考えの中で，重要な理論があります。L2習得はスキル学習であるという考えです（DeKeyser, 1998, 2001, 2007）。この主張は言語学習を語彙や文法等の宣言的知識（declarative knowledge）の学習から始まり，練習を経て手続き的知識（procedural knowledge）となり，実際に英語が使えるようになるというものです。中学校や高等学校での英語指導は宣言的知識の指導に偏りがちで，文法ルールは知っていても実際に使えないという例が多数見られます。小学校ではルールを明示的に教えることはあまり推奨されていませんが，練習ややり取りの機会が少ないとすぐに忘れてしまいます。なので，十分なやり取りを行うことでその表現が自然と出てくるような状態を自動化といいますが，その状態となり，使えるようにすることも大切です。例えば，みなさん自転車に乗れると思うのですが，自転車の乗り方を宣言的知識で学習した人はいないと思います。何回も転んだり，補助輪をつけたり（これも足場かけですね）して練習することで乗れるようになったと思います。まずサドルにまたがり，ペダルに足をかけてハンドルを両手で握って，角度は…と考えながら自転車に乗っている人がいたら，いつまでも乗れるようになりそうな気がしません。それと同じで英語も間違えてもいいのでたくさんやり取りの機

会を設けて，自動化していくことも大切なのです。

11. 第二言語習得の 3 つの仮説

　前節までで，言語習得の 4 つの基本的な理論についてふり返りましたが，本節では第二言語習得の中で重要な 3 つの仮説を紹介します。

　まず，生得説でも紹介した input 仮説（Krashen, 1982）です。言語習得はすでに習得した言語レベル（i）よりもプラス 1 の文法や語彙のインプット（聞く・読む）を行うことで生じるというものです。小学校英語では絵本の読み聞かせやチャンツ，歌による導入，教師によるオーラルイントロダクションなどが子どもたちの input となることや，十分に聞かせてから「読む」「書く」や言語活動をさせるなど，input 仮説は現在でも応用されています。また，この仮説は子どもの言語習得と一致しており，自然な形の習得理論ともいえます。Krashen の主張では，input だけで指導しなくても話したり書けたりするようになるというもので，Lightbown et al.（2002）や Trofimovic et al.（2009）によるカナダの小学生を対象とした実験により，その効果が認められていますが，効果が出るまでには毎日一定時間の学習を数年間行う必要があるため，実践するのは現実的ではありません。やり取りを含む言語活動を行った方が効率よく高い言語能力の習得につながると考えられますので，input だけの指導はお勧めできません。

　次に，output 仮説（Swain, 1985）です。この仮説では，input だけでは高度な言語能力が身につかないと考え，学習者が話す相手にとって理解可能な output（話す・書く）ことで言語能力を発展させることができるという主張です。Swain（1985）によると，自分の今の英語力（学びつつある不完全な状態の言語 ＝ 中間言語）でどのくらい話したり，書いたりしたものが相手に通じるのかを仮説検証するために，output は不可欠であると考え，input だけではそれができないといわれています。また，自分が output した内容を言語的にふり返り，文法や語彙の誤りを発見することができるメタ言語機能もあります。また，Schmidt（1990）では気づき仮説として，気づかないと何も学習されないことを主張し，自分で理解していたとしても output する時にうまくできないことに気づき，どこかで自分の言語能力と目指すべき能力とのギャップに気づくことで，学習が始まるとしています。したがって，何か学んだことは話したり，書いたりすることが必要なのです。小学校では，言語活動によるやり取りを行う機会が多いと思われますが，話すこと（発表）

がoutputに当たります。やり取りを行う前に発表させることで、自分の考えをまとめたり、自分が言えない表現に気づかせたりして、言語習得につなげることもできます。

　最後にinteraction 仮説（Long, 1983, 1996）です。言語を理解可能にするには修正されたinteraction（やり取り）が必要とする仮説で、学習者が他者とのinteractionによる意味交渉を通じて相互理解する機会が必要であるという考えです。この考えはVygotskyの主張とも似ていますが、その目的が異なるという主張もあります（Ligntbown & Spada, 2022）。先生と子ども、もしくは子ども同士のやり取りが言語発達の機会となり、意味交渉を行うことで、言語を練習する機会が増え、更に言語能力が発展するという考えです（Long & Porter, 1985）。現在の学習指導要領で求められている、言語活動はまさにinteractionであり、意味のある内容で意味交渉を行うことにより、英語力向上につなげることが可能になります。

　以上が英語教育を支える3つの仮説で、どれか1つを用いるのではなく、それぞれの目的に合わせ、組み合わせて指導する必要があります。いきなりinteractionを行うのは学習者の負荷が高いので、まず十分なinputをチャンツや歌などを使って子どもたちを飽きさせないように行い、そのあとでoutputさせて言えない表現を確認します。それから子どもたち同士でinteractionさせるというのが第二言語習得論的に理想的な指導の流れかもしれません。

12. まとめ

　本章では小学校での英語指導での言語習得理論の重要性と基本的な第二言語習得論についてまとめてみました。理論は難しいから実践だけでよいとは思わずに、たまには実践の背景にある理論に目を向けることにより、また新たな実践が生まれていくかもしれません。理論と実践を往還することにより、よりよい小学校英語教育をともに作り上げていきましょう。

引用文献

DeKeyser, R. (1998). Beyond Focus on Form: Cognitive Perspectives on Learning and Practicing a Second Language. In C. Doughty, & J. Williams (Eds.), *Focus on Form in Classroom Second Language Acquisition* (pp. 42-63). Cambridge University Press.

Dekeyser, R. (2001). Automaticity and automatization. In P. Robinson (Ed.), *Cognition and Second*

Language Instruction (pp. 125-151). Cambridge: Cambridge University Press.

DeKeyser, R. (Ed.). (2007). *Practice in a second language: Perspectives from applied linguistics and cognitive psychology*. Cambridge University Press.

Krashen, S. D. (1982). *Principles and practice in second language acquisition*. Pergamon Press.

Lenneberg, E.H. (1967). *Biological foundations of language*. Wiley.

Lightbown, P. M., Halter, R., White, J. L., & Host, M. (2002). Comprehension-based learning: The limits of "do it yourself". *Canadian Modern Language Review 58*(3), 427-464.

Lightbown, P. M., & Spada, N. (2022). *How languages are learned 5th edition-Oxford Handbooks for Language Teachers*. Oxford university press.

Long, M. H. (1983). Linguistic and conversational adjustments to non-native speakers. *Studies in Second Language Acquisition, 5*, 177-193.
http://dx.doi.org/10.1017/S0272263100004848

Long, M. H. (1996). The role of the linguistic environment in second language acquisition. In W. C. Ritchie, & T. K. Bhatia (Eds.), *Handbook of second language acquisition* (pp. 413-468). Academic Press.

Long, M. H., & Porter, P. A. (1985). Group Work, Interlanguage Talk, and Second Language Acquisition. *TESOL Quarterly, 19*, 207-228.
http://dx.doi.org/10.2307/3586827

文部科学省（2017）.『小学校外国語活動・外国語研修ガイドブック』文部科学省.

村野井仁（2006）.『第二言語習得研究から見た効果的な英語学習法・指導法』大修館書店.

中道圭人・小川翔大（2021）.『教育職・心理職のための発達心理学』ナカニシヤ出版.

根岸清人（2020）.「小学校英語授業研究B」『北海道教育大学小学校英語オンライン講座』https://www.hokkyodai-english.org/lessons

Richards, J. C., & Rodgers, T. S. (2014). *Approaches and methods in language teaching*. Cambridge university press.

Schmidt, R. (1990). The role of consciousness in second language learning. *Applied Linguistics 11*(1), 17-46.

Swain, M. (1985). Communicative competence: Some roles of Comprehensible input and comprehensible output in its development. In S. Gass & C. Madden (Eds.), *Input in second language acquisition* (pp. 235–253), Newbury House.

Trofimovich, P., Lightbown, P., Halter, R., & Song, H. (2009). Comprehension-based practice: The development of L2 pronunciation in a listening and reading program. *Studies in Second Language Acquisition, 31*(4), 609-639.

氏家達夫・陳省仁（2006）.『基礎発達心理学』放送大学教育振興会.

Vygotsky, L.S. 著，土井捷三・神谷栄司訳（2003）.『発達の最近接領域の理論』三学出版.

Wood, D., Bruner, J. S., & Ross, G. (1976). The role of tutoring in problem solving. *Journal of child psychology and psychiatry, 17* (2), 89-100.

Wood, D., & Middleton, D. (1975). A study of assisted problem‐solving. *British Journal of Psychology, 66* (2), 181-191.

矢野喜夫・落合正行（1991）.『発達心理学への招待―人間発達の全体像をさぐる―』サイエンス社.

4 4つの「話せるはず」を問い直す

萬谷隆一

1．はじめに

　本章を通じて，一般に外国語教師が無意識に抱いているであろう以下の4つの信条について批判的に検討を加えます。

　　・文字を示せば話せるはず
　　・説明すれば話せるはず
　　・リピートすれば話せるはず
　　・ダイアログを覚えれば話せるはず

　誰しもが，当たり前のこととして考えている学習観や指導観を一度見直してみることが必要です。

　小学校の外国語の指導は多くの教師にとって比較的経験値の低い分野であり，とりわけ，自分たちが過去に受けてきた中学校・高等学校の英語教育とは異なった指導観を作り上げる必要があります。まだ新しい教科であるからこそ，「教えられたように教えるな」という教訓が当てはまります。中学校・高等学校時代に習った英語の指導方法は，思い出していただければ，多くの場合，先生の文法解説，訳読，リピート，テストに向けたワークシート，読み書き中心の学習などが多かったのではないでしょうか。そうした指導方法は，小学生に合った方法であるかといえば，首肯できるものでは必ずしもありません。小学校児童は，いまだ発達の途上にあり，独自の習得の特性をもっています。したがって，小学校で英語を教える教師は，そうした発達段階・特性に合わせた新たな指導観を身につけることが必要です。「教えられたように教えるな」というモットーを胸のどこかに抱いて，小学校での英語の教え方，英語への親しませ方を，新たな感覚で身につける必要があります。

2．文字を示せば話せるはず

2.1 「読みニケーション」の落とし穴

小学校学習指導要領の解説では，次のページのように述べられています。

> 「児童が文字を読んだり書いたりできない段階であることを踏まえて文
> だけを板書して指示するような文字を使って行う指導とならないよう
> に注意する必要がある」

（文部科学省，2017，p.50）

わが国においては，従来，文字に書かれたものを読み上げることで，話す
活動をさせる伝統が続いてきました。本来，話すという活動は，相手の顔を
見て話すものですが，書かれた表現を読み上げて話させる方法が多用されて
きました。ここでは，スクリプトを読み上げることで，あたかも相手に話し
ているかのような疑似的なコミュニケーションを「読みニケーション」と呼
ぶことにします。

この「読みニケーション」は，どこが問題なのでしょうか。学習者は，覚
えるべき表現が常に文字で提示されると，それに依存して文を再生すること
に慣れてしまうという問題があります。手元に文字で書かれた文がないと話
せない，板書を見ないと話せないという状態に陥ってしまいます。

教師は，過去の英語の学習経験からか，文字を示さないと不安になる傾向
があると思われますが，音声中心にした指導方法を行うと，児童は文字がな
くとも話せるようになります。以下のデータは，「When is your birthday?
My birthday is □□．」というペアのインタビュー活動を行い，その際，話
す時に「板書を見た」児童の人数を調べたものです（相馬他，2016）。音声
を中心とした活動を行いながら文字も提示する学習スタイルの A 小学校の
児童と，会話文をまず文字で提示し説明してから行う学習スタイルの B 小学
校の児童を比較しました。その結果，音声中心の A 小学校では，「文字を見
なかった」児童は 77 人中 70 人であり，「文字を見た」児童は 7 人（9%）に
すぎませんでした。一方，B 小学校では，「文字を見なかった」児童は 32 人
中 18 人であり，「文字を見た」児童は 14 人（45%）にのぼりました。この
結果は，A 小学校で文字を見ないで活動を行えた児童の割合は 9 割に達し，
音声だけで話せるようにすることは可能であることを示しています。B 小学

校の児童は，話す活動において文字に頼る傾向があります。B小学校の学習スタイルも，長い目で見れば文字への慣れを促進する可能性もありますが，小学校段階でのふさわしい指導方法という視点からは課題があると思われます。

図1　コミュニケーション活動時の文字利用人数

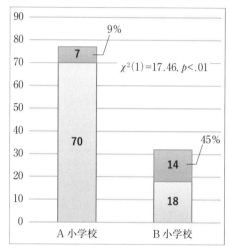

上：板書見た
下：板書見なかった

この研究では，文字が先行する指導法が中心となると，児童の音声を聞くことへの自信も低下する傾向があることもわかっています。小学校においては，まず音声に慣れ，徐々に文字に移行してゆく指導方法が望ましいことがわかります。音声を重視した指導法を用いていると児童は文字に依存しなくなり，音声を聞くことにも自信をもってきます。

2.2　なぜ教師はスピーキング指導で文字を使うのか

なぜ文字を読み上げることで，話せるようにする指導法が多いのでしょうか。金森（2019）は，「発表することを急がせすぎるために，原稿を書いて読ませる指導方法が広まっている」と指摘しています。音だけで表現し，理解する習慣をつけるには，豊富なインプットとアウトプットを経験させることが必要ですが，往々にして，その部分が欠落しているケースが多いのです。とにかく早く話せるようにさせるには，文字を読み再生させることが手っ取り早いということです。しかし，それは本来の意味のスピーキングなのでしょうか。あたかも話せているかのようですが，英語を再生するだけの活動にと

どまっていることを意識すべきなのです。

　私たち大人は誰しもが中学・高等学校の英語教育を受け，すでに英語の文字には慣れがあり，英語を読んだり書いたりすることもある程度できます。そのため，私たちはしばしば，英語の学習の初歩においても，英語を「文字で」示せば，学習者はたやすく覚えることができると勘違いします。しかし，言語習得の基本からしても，文字中心に言葉を学ぶことは不自然です。通常子どもにとっての言語習得は，初歩の段階において，すべてが音声によるものです。子どもは，コミュニケーションの中で，音声のみで言葉を記憶に残し習得していきます。まずは音だけで言語を習得することが，人間にとっての自然であり，常道であることを認識すべきなのです。

2.3　教師は文字を使った指導が好きである

　多くの教師が「文字情報を与える」指導法を用いるべきと感じており，かつ実際に多用しています（内野・萬谷，2019）。その理由は何でしょうか。教師にとって，文字で示すことは，一種「楽な」指導方法であるからです。音声の表現は常に消えてゆくため，教師は消えてしまわない文字を使って提示し，それを読ませることで表現を覚えさせようとします。文字があることで時間的制約からも解放され，表現を自分でなんとか思い出さなくてもよい状況が続きます。そうした傾向が定着すると，中学校に入ってからも文字がないと話せないという悪習慣が続いてしまうことになります。

　教師が文字提示による楽な指導法に慣れてしまうことで，その副産物として常習化するのは，何も見ずに発話する機会が不足することでもあります。例えば，板書した文を2〜3回リピートさせただけで，教師はこう言います。

　「はい，じゃペアで会話して」

　「これを読めば思い出せるよ」（板書を指差して）

　児童は，これで発話のレディネスは整ったといえるのでしょうか。何度か言っただけで覚えてしまう記憶力のよい児童はよいですが，覚えることが困難な児童はどのような状況に陥るでしょうか。基本表現を言えるようにする事前の指導が不足していると，そうした子らはペアでの会話で相手を見る余裕もなく，板書やワークシートから目を離せなくなります。

　安易に文字提示によって話させている実態がないでしょうか。教師は自らをふり返ってほしいと思います。

2.4　そもそも児童は文字を読めますか？

　このように，教師は文字で読ませることで話す活動を進めがちですが，もう1つ見落としがちな点として，英語を板書する時に，そもそも児童は文字で書かれた英単語・英文を読むことができるのかどうかという点があります。「児童は英語を板書しておけば読めるはず」と，教師が無意識に思い込んではいないでしょうか。教師は文字で書かれた英語を「読む力」を，どのくらい丁寧に教えてきたのでしょう。そうした無意識の指導観を，見直し，問い直しする姿勢をもっていただきたいです。

　なお，このような「読めて当たり前」という姿勢は，小学校の先生方にも見受けられますが，とりわけ中学校の英語の先生にその傾向があるように思われます。ぜひ中学校の先生が，小学校への乗り入れ授業や教科担任として指導される場合は，「読めて当たり前」という感覚を無意識に抱いていないか，自己点検していただきたいです。まだ音声さえ十分に習熟できていない児童たちが，容赦なく示される文字の嵐の中で，静かにもがく困難さにぜひ気づいていただきたいものです。

　なお，日本の小学英語の教科書は，音声による活動を重視する努力を続けてきてはいますが，聞く活動から話す活動，さらには書く活動を行わせることが多い傾向があります。しかし，「読む活動」が丁寧に行われてきているとは言い難いと思います。海外の教科書，例えば韓国の教科書では，系統的に読む活動が取り入れられています。一方，日本の教科書では，文字を読ませる活動の割合は相対的に低く，位置づけとしては語彙に文字を添えて提示したり，話すためのスクリプト的な役割を果たさせたりすることが多くあります。つまり聞かせて・話させて，「いきなり」読ませる・書かせるという無理な指導を強いている側面があるのです。丁寧な音声から文字への橋渡しが，小学校高学年でも重視されるべきであり，十分な音声活動によって単語・文のイメージが定着した段階で，音を聞きながら指なぞりをする，文字をなぞりながら音声化する，カードゲームなどで音声と文字を一致させる練習をする，などの活動が系統的に組み込まれるべきなのです。例えば湯川他（2018）は，文字，音素認識，読み（音読），書くことの指導を24のステップにして，丁寧な音から文字への橋渡しを提案しており，参考になります。

2.5 文字を出す前に「音声で十分に慣れ親しむ」

　自明のことですが，文字を読ませることに先行して，音声に習熟しているかどうかという視点を大切にしたいと思います。学習指導要領でも，「音声で十分に慣れ親しんだ」英語の単語や表現を読んだり，書き写したりするようにすべきことが強調されていることは周知のことです。高学年の外国語科の学習指導要領解説において，実はこのフレーズは 15 回使われています（文部科学省，2017，p.71）。いかに読み書きの前提条件として，「音声で十分に慣れ親しむこと」が重視されているかがわかります。

2.6 文字提示はタブーではないが…

　なお，以上のことは，話す活動をする時に「文字を提示してはいけない」ということではなく，やり取りや発表において補助として用意しておくことを禁ずるものではありません。一定の割合で，学級には音声でなかなか覚えられない児童も存在します。そうした児童のために，文字を助けとして与えておく配慮は必要でしょう。しかし多くの児童は，回数を重ねれば音声だけで表現を思い出すことが可能です。そのため，たとえやむなく文字を与える場合でも，早く「文字離れ」をさせるために，1 度目の話す活動では手にスクリプトを持っていてもよいとしても，同じ表現を 2 度目，3 度目と話す回数が増えるに従って，「スクリプトは見ないで言ってみよう」などの指示をしておく必要があるでしょう。

2.7 文字依存に陥らないための工夫

　たとえ文字を提示しておいたとしても，やはり文字を見ずに，相手の顔を見て話せるように指導する必要があります。そのための工夫として以下 2 点を挙げます。

　第 1 に，再生のための絵やジェスチャーなどの「手掛かり」があれば，「思い出せない」困難さもかなり緩和されます。発表（スピーチ）の場合であれば，右ページのようなピクチャー・キューがあるだけで，児童の再生はかなり向上することは多くの教師が経験していることです。

スピーチのためのポスター（新蔵，2014，p.25）

　また話すこと（やり取り）の際にも，以下のようなピクチャー・キューを提示しておくと，手掛かりとして，児童は会話表現を思い出しやすくなります。もちろんこうした文が多いスピーチは，単元の中で1文ずつ指導を積み重ねてゆく必要があることはいうまでもありません。

スピーチ内容（ピクチャー・キュー例）

Hi. / Hello. / Good afternoon.

My name is .... / I'm ....

I want to go to ....

I want to see / eat / play ... and so on.

Let's go to ....

Thank you. / See you. / Good bye.

話すこと（やり取り）のためのピクチャー・キュー（新蔵，2014，p.25）

　第2に，児童がうまく答えの文を言えない場合は，教師がまずは自分の行きたい国について文を言って，教師がモデルを示すことも有効です。そうすると，児童は教師の言った文を真似て自分の行きたい国を入れて話せばよく，文を思い出す負担が軽減されます。

```
T : I want to go to Egypt.  ←  モデル文
    Where do you want to go?
S : I want to go to Egypt.
```

　なおこの程度の短い文でも、児童は「Switzerland!」など、単語で返答することがあります。短い文でも、きちんと言うことが困難な児童もいます。その際はリキャストによって、教師はきちんとした「文」を言い直してやり、文で答えさせるようにする必要があります。

```
T : Where do you want to go?
S : France!
T : Oh, you want to go to France!  ←リキャスト
```

　以上のように、教師は話すことの指導においては簡単に文字に頼らず、さまざまな配慮と工夫をしながら音声のみで表現できるように指導する必要があります。

3．説明すれば話せるはず

　英語は技能教科に近く、実際に聞けて、話せて、読めて、書けるかどうかが問われます。そのため、文法を説明できることが最終目標ではなく、いくらうまく文法を説明できても、実際に技能として英語を使うことができなければ、あまり意味はありません。

3.1　小学生に文法を説明すると話せるか？

　従来の中学校・高等学校の英語教育では、教師が文法や表現の説明から入ることがしばしば行われてきました。中学校段階においては、文法の明示的知識が暗示的知識の促進に寄与する可能性はあり、文法についての意識的な知識を提示することは意味があります（堀澤他、2020）。しかし、小学校段階においては、板垣・鈴木（2015）が述べるように、暗示的な知識を身につけることが主たる使命であるといえます。すなわち、英語の表現の豊富なインプットとアウトプットを経験して、直観的に正しい表現がわかる、使えるようになることが小学校英語の役割です。そのため、小学校においては、中

学校で行うような演繹的に文法用語を使い，文法・表現についての説明から指導を始めることは好ましくありません。しかも多くの場合，文を板書するなどして，文字媒体を使って説明がなされることも，児童にとっての難しさを倍加させます。

　中学生については，明示的知識の理解と応用力が優勢になり，明示的な指導も有効になってくると考えられます。文法が説明できるかどうか（明示的知識）は，実際に正しい表現を使う基礎となる直観的な判断力（暗示的知識）をもっているかどうかと，ある程度関連している，というデータもあります（堀澤他，2020）。

　しかし小学校段階では，明示的・演繹的な指導を多用しても大きな効果は望めないと考えられます（McKay, 2006; 板垣・鈴木，2015）。小学校段階で文法説明を先行させる指導方法が児童にとって難しくなりがちな理由は，第1に文法規則を理解し応用するためには論理的思考力の発達が必要なためです。とりわけ「複数形」「過去形」などの文法用語を使っての説明は，児童にとって理解のハードルが高くなります。また文法説明のための特定の文例だけでなく，ほかの表現にも一般化できるかどうかという問題もあります。第2に，文法説明においては文字で板書するのが一般的なため，音声での運用につながりにくく，二次元の文字表示とリニアな音声での運用を関連させて理解できる児童と，そうでない児童がいる可能性があります。

　児童にストレートな文法説明が望ましくないと述べましたが，ただし，話すことの活動の事前・事中・事後に，「表現に注意を向けさせる指導」を行うことを否定するものではありません。「名詞は複数の時にsをつけるように」などの文法用語を使用した文法規則の説明は論外ですが，話す活動の際に以下のような表現についての意識づけは意義があると思われます。

ア）平易な言葉による気づきの誘因

　T：ペンが1本の時は，I have **a** pen. ですね。

　T：たくさんペンがある時には，何か違ってたね。

　S：pen<u>s</u> って言ってたよ！

イ）誤った表現へのリマインダー

　T：I like dog. って何か足りないねぇ。何かな？

　T：I can play piano. でなくて…

こうした事前事後の説明による表現の意識化以外に，正確さを上げるためには，教師と児童が話す活動の最中に，教師が「それとなく」表現に注意を向けさせる方法もあります。

ウ）プロンプト
　T：Say it again. I like …
　S：I like dog … dogs.

エ）リキャスト
　S：I went Disneyland!
　T：Oh, you went to Disneyland!

　なお小学校段階ではたくさんの表現事例を言ったり聞いたりする中で，暗黙的な知識を習得し，気づいていくことが重要です（山岡，2004）。以下の例のように，理想的には小学校段階では表現を繰り返し使いながら音声イメージを蓄積し，児童自身が文法に気づいていく帰納的な学習が重要です。

S1：ドッグに，ズ みたいなのがついてたよ！ たぶん理由もわかった！
S2：うん，うん！

　こうした帰納的な学習の兆しは，豊富な言語活動を経験させたあとに，少しずつ現れてくるものと思われます。そのためには時間がかかることはもちろん，すべての児童が気づくわけではありません。教師は場合により，主食となるべき言語活動を十分に行わず，英語表現についてどのようなことに気づいたかを日本語で話し合い，授業の多くの時間を費やすことがあります。外国語科の主たる目標がメタ言語知識を身につけることであれば別ですが，本来の大きな目標である，実際に英語を使えるようにするために授業時間を使うことが望ましいです。
　また，本来授業では，言葉の仕組みについて自然にどの子もわかり，気づけるように，豊富な言語活動・言語体験をさせるべきですが，教師は時折り，児童が気づくべき英語表現の仕組みや働きについて，「強引」に気づかせようとすることがあります。例えば教師が授業の終わりに，「過去のことを言う時は，eat でなく ate なんだね。わかった？」などと，子どもたちが必ず

しも気づいていないのにもかかわらず，自ら「気づくべき点」を提示してしまうことがあります。これでは，子どもの学びを置いてけぼりにしたままで，気づいたことにします，と教師が宣言しているにすぎません。小学校段階では，気づかせることが目的ではなく，気づくことが習得の助けとして働くように配慮すべきです。

3.2　かたまりから分析へ

　「説明すれば話せるはず」という指導観には，子どもの言葉の習得についての基本的理解が不足している側面もあります。大人の学び方は，文を単語に分解したり，文の仕組みを理解したりしながら「分析的」に学ぶことからスタートします。そのため，往々にして教師は子どもが話せるようになるためには，言葉の仕組みがわかっていないと話せない，どのような単語から成っている表現なのかを説明しないと話せないと考えがちです。しかし，実際には子どもは，まずは場面の中で使われる表現を音声の「かたまり」として覚えることが主となります。子どもは，場面に必要な表現をまるごと覚え，とりあえずそれを使うことで場を切り抜けようとします。例えば子どもにとって，「Do you have a sister?」は，5つの単語から成っていて，疑問文であるなどといった理解は必要ありません。「デュー　ハバ　シスター」という3つの音のかたまりで捉えている子どももいます。「Thank you.」は，「サンキュー」という1つのかたまりで捉える子どもも多くいます。子どもは，多くの表現事例に接して，単語の入れ替え操作，文字を見ることで，徐々に「分析」できるようになってきます。そのゆっくりとしたプロセスは長い時間がかかりますが，教師は一足飛びに表現のパーツや仕組みを説明しようとします。子どもにとって，表現についての説明がどの程度必要なのかについて，考え直してみる必要があります。

4．リピートすれば話せるはず

　上述したように，教師は文法や表現の説明をして満足する傾向があり，さらにはそれらの表現を何度も口に出させれば，習得が進むと考えがちです。
　リピート自体をすべきではないということではありません。何度も口に出してみることは，口慣らしや文の記憶に何がしかの効果があるとは思われます。しかし，授業において終始リピートさせるだけでは，自立的に話せるようになるとは限りません。

では、リピートばかりして覚えることの問題点とは何なのでしょうか。以下の3点が考えられます。

4.1　文や語彙を自ら思い出す必要がない

　リピートにおいては、児童は聞こえてくる表現をそのまま口にすればよく、自ら文を作ったり、語彙を思い出したりする必要がほぼありません。実際のコミュニケーション場面では、誰も真似すべきモデル文を言ってはくれません。ひとたび、モデル文がない状態で話す場面になると、児童は、いきなり一人立ちさせられます。実際場面で、自分で表現を作り言えるように、少しずつ「補助輪」を外していく配慮が必要でしょう。

4.2　意味・状況・脈絡を意識しにくい

　文をリピートする際には、モデル文をそのまま口にするだけなので、児童はその文の「意味」を意識する必要がありません。文のリピートと代入を主眼とした、1950〜60年代に国内で隆盛となったオーラル・アプローチに関連してもよく指摘される問題点です（今野，1994）。そのような無思考な練習で文を何度か言わせただけで、実際のコミュニケーション場面で言えるようになるとは言い難いものです。

　リピートに依存した指導方法の限界は、処理水準説（板垣・鈴木，2015）の視点からも明らかです。文や単語を形や音に注意を向けさせるよりも、その「意味」を意識させた方が思い出しやすいのです。例えばsharkという単語の音や形に注目させるより、「"shark"は魚の一種ですか？」と尋ねて、意味処理をさせる方が、記憶に残ります（Craik & Tulving, 1975）。またさらには、smartという単語の音や形に注目させるより、「Are you smart?」と、自分について考えさせ自己関与させた方が、単語が記憶に残るといいます（Rogers et al., 1977）。

　リピートのもう1つの問題点は、状況・文脈を意識しにくいという点です。リピートにおいては、その文が、誰が、どのような場面で、なぜ言ったのかも気にかけずに済みます。板垣・鈴木（2015）は、言語表現を思い出そうとする時には、その表現を覚えた際の「状況・文脈」「感情・気分」などの意味情報が手掛かりとなると指摘しています。リピートさせて終わりでは、あとでいざ思い出す際に、思い出すための手掛かりが希薄となってしまう可能性があることを意識すべきです。

4.3　やり取りの場面で役立ちにくい

　リピートして暗記することで覚えるだけでは，実際のコミュニケーション場面ですぐに役立ちにくいという意味です。実際のやり取りにおいては，相手の言ったことを理解し，言うべきことを考えるという，相手意識をもってその場の判断をすることが必要となります。また，リピートばかりしていると，「その文を言いさえすればよい」という態度がしみついてしまう可能性もあります。リピート依存の指導によって，やり取りがおざなりになる懸念もあります。

5．ダイアログを覚えれば話せるはず

　教師はダイアログを覚えれば，話せるようになると思い込んでいないでしょうか。一連の会話（ダイアログ）を児童に覚えさせ，そのひな形に従って，会話をさせるのです。しかし，児童は必ずしも容易に会話を思い出すことができません。それには，2つの理由が考えられます。

5.1　長いダイアログを暗記させていないか

　教師は，児童に発話機会を何度も盛り込んだ長い会話をさせがちです。それを防ぐためには，一度に指導する表現の量を調整することが必要です。話す活動において，児童が文を思い出せない状態に陥る理由は，一度に記憶させる表現の量が多いことが原因となっていることがあります。例えば，以下のような6文からなるダイアログがあったとします。教師はこれを事前に何度かリピートさせて全部覚えたと思い込み，いきなりペア活動に入ることがありますが，児童にとってはこれはかなりの記憶の負担となります。

A：Where do you want to go?

B：I want to go to Switzerland.

A：What do you want to see in Switzerland?

B：I want to see mountains.

A：What do you want to eat in Switzerland?

B：I want to eat cheese.

　このような場合，取りうる方策としては，まずは一度に6文を覚えさせな

いことです。まずは最初の2文だけを使い，教師と児童で何度も同じやり取りをしていけばよいのです。つまり，以下のように教師は質問文を尋ね，児童は好きな国名を入れて1文だけ答えられればよいというやり方です。

> T：Where do you want to go?
> S：I want to go to Switzerland.

この2文を何度も繰り返し聞いたり話したりして定着したのちに，残りの質問と答えを順次習熟を図ることが可能です。

5.2 おざなりの会話になっていないか

ある授業場面で，2人の女子が「将来なりたい仕事」を尋ね合う場面で，以下のような会話がありました。

> A：What do you want to be?
> B：I want to be a むにゃむにゃ player.
> A：Thank you. Bye! （立ち去る）
> A：（戻ってきて）「えっ，何 player?」

質問したAは，肝心のところが不明瞭で聞き取れなかったにもかかわらず，「Thank you. Bye!」と言って立ち去ってしまいました。一瞬の後ふと我に返り，急いで戻ってきて，「えっ，何 player?」と聞き返しました。

この会話事例は，言葉は交わされていますがコミュニケーションとはなっていません。互いに話しかけて何らかの情報を得たいという欲求がなく，会話するよう指示されたからせりふを言っているだけの活動です。会話表現を覚えれば，コミュニケーションができるようになるかというと，そうではないことをこの例は示しています。松村（2009, p.60）は，以下のように述べています。

> 「少し注意して観察してみると気がつくのは，活動の中で子どもは言うべきことを『せりふ』として与えられ，言わされているだけのことが案外多い…」

ダイアログを与えてペアで会話させる方法は，一般的に行われている方法ですが，往々にして「おざなり」の会話になりがちです。ダイアログを話させる目的は，そもそも互いに「聞きたい」「言いたい」という動機があってのことではないでしょうか。会話の指導にあっては，できるだけ相手と英語でやり取りする目的感をどのように高めるか，リアリティのあるやり取りをどう仕組むかということを意識することが必要です。話したいという動機が高まれば，やり取りに必要感が生まれ，会話を続けるための追い風となるでしょう。

6．おわりに

本章では，小学校英語で最も重要な目標といってもよい「話すこと」の指導を進めるにあたって，教師が無意識に抱いている指導観を問い直すことを試みました。まだ現世代の教師たちの多くは，自らの過去の学習経験として小学校英語を習っておらず，いわば中学校・高等学校での英語学習・英語指導のイメージをそのまま持ち込む傾向があり，指導観の問い直しと修正が急務です。

小学校英語は，現在，日本全国の小学校で指導されていますが，教科となったことで，学習が過密かつ過剰になりつつあり，読み書きへの偏りも気になる傾向です。せめて小学校段階では，どの子もまずは自らの言葉として英語を話せるように保障したいものです。どの子も話せるようにするためにはどうしたらよいか，発達段階にあった指導方法を模索するために，今後とも自らの指導観を問い直し，実践を模索する必要があります。

引用文献

Craik, F. I., & Tulving, E. (1975). Depth of processing and the retention of words in episodic memory. *Journal of experimental Psychology：general*, *104*(3), 268.

堀澤拓磨・内野駿介・萬谷隆一．（2020）．日本人中学生の明示的・暗示的文法知識 学年間及び文法項目間の違いに着目して．*北海道英語教育学会 紀要*，*19*，100-115．

板垣信哉・鈴木渉（2011）．「英語コミュニケーション能力の「素地」と「基礎」―第2言語習得研究の熟達化理論から」*JES Journal 11*, 19-24．

板垣信哉・鈴木渉．（2015）．小学校外国語活動と中学校外国語教育の接続―言語知識と記憶理論の観点から．*小学校英語教育学会誌*，*15*(01)，68-82．

金森強（2019）．台湾における小学校英語教育―低学年におけるCLILの取り組みについて．ARCLE．https://www.arcle.jp/note/2019/0037.html　2019年8月6日発行．

今野鉄男（1994）．山家保英語教育論．日本英語教育史研究，9巻37-48．

松村昌紀（2009）．英語教育を知る 58 の鍵．大修館書店．

McKey, P. (2006). *Assessing young language learners*, Cambridge University Press.

文部科学省（2017）．「小学校学習指導要領（平成 29 年告示）解説　外国語活動・外国語編」
https://www.mext.go.jp/component/a_menu/education/micro_detail/__icsFiles/afieldfi
le/2019/03/18/1387017_011.pdf

Rogers, T. B., Kuiper, N. A., & Kirker, W. S. (1977). Self-reference and the encoding of personal
information. *Journal of personality and social psychology*, *35*(9), 677.

新蔵素子（2014）．「小学校外国語活動と中学校英語を教えてみて」『小学校外国語活動と小中連携
理論と実践』，北海道教育大学小学校英語教育指導者資格認定講座報告書，22-29．

相馬和俊・大和田真智子・萬谷隆一（2016）．小学校外国語活動において児童はどの程度文字の補
助を利用しているか．小学校英語教育学会宮城大会自由研究発表，7 月 23 日．

内野駿介・萬谷隆一（2019）．小学校英語教育における「気づき」を促す指導の方法に関する探索的研究．
日本児童英語教育学会（JASTEC）関東甲信越支部研究大会自由研究発表．2019 年 2 月 10 日．

山岡俊比古（2004）．「外国語学習における事例を基にした規則の学習について―処理教授，ACT-R，
項目学習，範疇学習の融合理論―」『言語表現研究』20 号，兵庫教育大学言語表現学会，16-26．

湯川笑子・泉恵美子・田縁真弓・山本玲子（編）（2018）．KEET 発小学校英語ハンドブック．小学校
英語教育学会京都支部運営委員会．

子どもと英語をつなぐ
授業中の教師のふるまい

粕谷恭子

1．はじめに

　これまで多くの先生方から授業づくりの考え方はわかっても，それを授業でどう具現化したらよいのかよくわからないという声を耳にしてきました。また，考え方をよく理解している方の授業でも，些細なボタンの掛け違いで授業のツボが外れてしまうということを多々目にしてきました。指導案作成は紙の上のことでしかなく，どんなに隅々までご一緒に検討しても実際の指導場面になると「あっ，そう思ってたのか！」と感じられる場面があります。実践者は子どもに英語を渡す最後の砦であり，授業はそれが起こる場です。その場での教師の身のこなし，ちょっとした声の張り方などの小さなことが積もり積もって大きな違いを生んでしまうのではないでしょうか。本章では，自身の実践や授業を参観させていただいた経験を基に，子どもたちがよりよい英語との出合いができることに寄与するという視点で，授業中の教師のふるまいについてまとめることとします。

2．英語の話し方

2.1　発話の仕方

　小学校の英語教育は，音声中心で行われます。中学校から文字ありきで英語を教わってきた元学習者には，音声中心の英語の授業のイメージがわかないのか，「読むこと」「書くこと」がないはずの外国語活動でも「文字ありき」で行われている授業が多く見られます。子どもに英語の音声を渡す際に気をつけるとよい点を3点挙げます。

　まず，体の置き方についてです。基本的に英語を話すことに抵抗があったり，英語を話している自分に照れたりするのか，もぞもぞと動いたり，黒板を消したり，教卓の上の教材を何とはなしに触ったりしながら，照れたよう

に英語を話す先生方が多く見られます。雑談をするならそれでよいのですが，学習の最も中心的な内容を子どもに届ける際には，なんとも心もとなく見えます。足を踏ん張って体の芯を立てて，丹田に力をいれてしっかり子どもに届けるつもりで英語を話しましょう。それだけで，自信をもって英語を話しているように見え，英語自体が上手に聞こえます。授業を録画して確認でもしない限り自分では気づかないことなので，授業中に自分が英語で話している時の体の置き方を意識して感じてみていただきたいと思います。「ついでに英語を話す」のではなく，「この英語を話すことが今日の仕事！」と肝に銘じて話してみてください。

　次に，気持ちのもち方です。英語を話すことに抵抗がある先生方のお話を伺うと，共通して自分の英語がよいモデルになっていない，自分の英語なんか聞かせていいのか，というある種の申し訳なさのようなものがあります。たしかに「英語のお手本」を聞かせなければならない，と言われたら誰でも「自分には無理」と考えるでしょう。それは当たり前のことで，責任ある教育者の姿勢でもあります。「英語のお手本」ではなく，子どもたちが意味と英語の音を結びつけやすいように「英語で肉声を聞かせる」つもりで心を込めて英語でお話ししていただきたいのです。英語のお手本は外部人材や音声教材が担ってくれます。手薄なのは，意味化されたぬくもりのある肉声の聞かせ手です。児童理解のある指導者，児童によく理解されている指導者の力がなんとしても必要な場面です。この点，専科の先生方は外国語活動・外国語科の時間にしか子どもに会わず，なかなか肉声関係を築きづらく，苦労しておられることと思います。早めに「あの先生はサッカーが大好き」とか「あの先生は料理が得意」など，いわゆる「キャラ」を立ち上げておかれることをお勧めしています。

　英語に自信がない先生方こそ，子どもが身につけなければならない英語表現を使って自分なら何と話すか，考えておいていただきたいものです。例えば自分の町の自慢なら「We have a big supermarket.」，定年後の夢なら「I want to be a scientist.」など，たいして面白い内容でなくてよいので自分の言葉として英語で話せるよう，心の準備をしておくとより生き生きと英語を話すことができます。「あなたたちが一生懸命覚えるべき表現はこれですよ」というシャーレに入っている実験試料のような音ではなく，意味内容を届けるつもりで表情豊かに言葉を届けてください。英語でおしゃべりを楽しむ感覚をもちつつ，教師としては「この表現は，子どもが身につけるべき表現だ」

という強い決意とその表現に対する敬意をもつことが重要です。丁寧に，大切に，ほかの教科の重要な内容と同じように，しっかり身につきますように，と念じながら，英語を子どもたちに渡せるのは，中学・高等学校の英語の先生方とは違う喜びを味わう機会になるでしょう。

2.2　英語の発話

　英語自体の話し方に目を移しましょう。多くの実践的な研修を行っていますが，その中で英語の得手不得手に関係なく先生方が実践するのが難しいのが，「普通に英語を話して聞かせる」ということなのは，意外でもあり，反面，いかに自分たちが学んできた方法に縛られながらしか教えることができないのか，という教師の性のようなものを感じて恐ろしくなることでもあります。2020年度の講座でお話しした通り，ヒトが獲得する音声は，インプットされた音声の影響から逃れることはできません。話はとても単純で，子どもが話したらうれしいな，と思う英語を聞かせておく，ということに尽きるのですがそれが難しいのです。

　子どもたちにわかりやすく話してあげようという「よき心」が裏目に出て，ぶつぶつと切れ切れになった音を聞かせてしまう例は枚挙にいとまがありません。子どもがわからないと困るだろうな，と音の流れにはさみを入れるようにピリオドだらけの音声を聞かせてしまうのです。小学校では単文しか扱わず，1文の語数も「I usually get up at six.」でも6語，と概して少ないのです。普通に話していれば一息で流れるはずの長さです。「私はリンゴが好きです」という意味内容は，I like apples. という一息のかたまりで話されてこそ，聞き手に意味が届きます。それを，I like. Apples. と不要のピリオドをさしはさんで話す例が驚くほど多いのです。例えばレストランで注文を迷っているときにI'd like …… pizza. と音の隙間ができることはありますが，like のうしろにピリオドが打たれたような音にはなりません。気持ちが切れていないから息が切れないのではないでしょうか。よかれと思ってわかりやすく聞かせたつもりが，不自然で相手にわかりづらい音になってしまうというのは皮肉としか言いようがありません。

　文を話している時には，ひとたび話し始めたらピリオドまで息を切らずに一息に話すよう，心がけてください。大学の授業では学生に「言葉の虹を架けるように一息に」と伝えています。しかし，これはやったことがない音の作り方で大変難しいらしく，どうしてもぶつぶつピリオドだらけの発話に

なってしまうようです。授業で英語を教える時の無意識の教師らしい話し方が，私たちに深く根付いているのだな，と痛感させられます。小学生から英語の力をつける時代を迎え，新しい英語の話し方が教師には必要なのではないでしょうか。

　息を切らない，ピリオドを入れないのと同じように重要なのは，強いところを強く，弱いところは弱く発話することです。大雑把にいうと，英語は強弱の音声体系をもっており，強いはずのところが弱かったり，弱いはずのところが強かったりすると，聞き手の理解を妨げることになります。単語ごとに話していると，冠詞も前置詞も人称代名詞も同じ力加減で発話してしまい，全体に平板な音になります。大学生の発話を聞いていても，どうしてこんなに冠詞や前置詞を強く話すのか不思議でしたが，授業で聞いてきたり，話してきたりした音声が平板だったのだ，と気づきました。

　英語らしく聞こえる英語の練習として，大学の授業では3つの取り組みを行っています。そのままお忙しい先生方に流用できるとは思いませんが，関心のある方は取り組んでみていただきたいです。

　1つは，子ども向けの英語の歌です。歌ならメロディーが音の枠組みを作ってくれるので，こちらはその枠組みに身を任せておけばよいのです。研修などで紹介させていただく歌を1つ挙げておきます。

"A Sailor Went to Sea"

A sailor went to sea, sea, sea,

To see what he could see, see, see,

But all that he could see, see, see,

Was the bottom of the deep blue sea, sea, sea.

　この歌は手遊びもついていて，強く言うところで手の動きが伴う，という仕組みになっています。歌詞を見てわかる通り，4行目だけ語数が多く，同じ小節数に収めようとすると1語1語同じ力で歌っていては間に合いません。そこで，the bottom の the や of the deep blue の of the はあいまいに弱く短く発話することになります。この歌を通して，1語1語強く話したり，途中で息を切ったりしない音の作り方に慣れることができるのです。

　歌の次には，メロディーのないナーサリーライムやなわとび歌を扱います。

英語の特徴である脚韻を踏む感覚や，等間隔に強く言う部分がくる感覚を味わうことができます。ナーサリーライムの中には，詩のリズムが途中で変わるものもありますが，なわとび歌は最後まで一定のリズムが保たれるので，より唱えやすいようです。ナーサリーライムは不思議な内容のものも多く，それが制作意欲を刺激するのか，名だたる絵本作家たちがたくさんの質の高い絵本を出版しています。気に入った絵本作家の素晴らしい絵を堪能しながら，英語らしい音の感覚を味わって，舌の上で転がしてみてください。音源がついていたら，文字は見ないで「空耳アワー」よろしく，聞こえた通り小声で言ってみたり，唇を閉じて詩のメロディーだけ作ってみたり，いろいろな楽しみ方で味わってほしいです。なわとび歌については，*Anna Banana 101 Jump-rope Rhymes* に掲載されているなわとび歌をいくつか紹介しておきます。

Tomatoes, lettuce, carrots, peas.
Mother said you have to eat a lot of these.　（p.18）

Candy, candy in the dish.
How many pieces do you wish?
One, two, three, four, five ... （p.24）

My little sister dressed in pink
Washed all the dishes in the sink.
How many dishes did she break?
One, two, three, four, five ... （p.26）

Apple on a stick,
Five cents a lick.
Every time I turn around
It makes me sick. （p.36）

　なわをとぶところを太字で示すと，次のようになります。

Tomatoes, lettuce, carrots, peas.
Mother said you have to eat a lot of these.　(p.18)

Candy, candy in the dish.
How many pieces do you wish?
One, two, three, four, five ... (p.24)

My little sister dressed in pink
Washed all the dishes in the sink.
How many dishes did she break?
One, two, three, four, five ... (p.26)

Apple on a stick, five cents a lick.
Every time I turn around it makes me sick. (p.36)

　最後の音作りの練習として，韻文で構成されている絵本の音読を行っています。絵本なのでストーリーがあり，音の切れ目とページの切れ目が必ずしも合っていないので，韻を踏みそうな語を拾い出し，ストレスが置かれる箇所を見抜いて韻文らしい音を作らなければなりません。その上，ただ文を見た通り読んでいてはうまくいかないので，話の意味をよく考えながら，その意味を音声化しなければならないのです。文字が音を出すものだと思ってきた学生には，意味が音を出すというよい経験にもなっています。ひとたび音の流れをつかめれば，あとはリズムよくストーリー全体を乗せて運んでくれる快感が味わえます。いくつかの絵本を紹介しておきます。大人の練習用として紹介しますが，内容によっては授業でも使えるものもあります。

タイトル（出版年）出版社	作者	備考
Quick as a Cricket (1982) Child's Play	Audrey Wood Don Wood	いろいろな生き物の特徴と自分の特徴を重ね合わせている。同じ表現が連続し，最後まで言いやすい。3〜4ページにまたがって1文になっているので，リズムをつかむのが少し難しい。

Hide and Snake (1991) Harcourt Books	Keith Baker	ヘビがかくれんぼしながら，あちこちに潜んでいるのを探す絵本。隠れている場所が韻を踏んでいる。3〜4ページにまたがって1文になっているので，リズムをつかむのが少し難しい。
Pass the Jam, Jim (1992) Random House	Kaye Umansky Margaret Chamberlain	子どもたちがパーティーの準備をしているにぎやかなお話。小さな弟でもジャムを持ってくるぐらいできるかと思いきや…，という落ちがある。登場する子どもたちの名前で韻を踏みながら，全体としては Pass the jam, Jim, jam, Jim, jam. というフレーズとも韻を踏む構成。
Shark in the Park (2000) Random House	Nick Sharratt	短いが音声化するのが難しいお話。公園で単眼鏡を覗いてサメを発見するが，実は…という落ち。サメを発見した驚きをオーバーに音声化するのがよい練習になる。
One Witch (2003) Bloomsbury Publishing	Laura Leuck S. D. Schindler	数で韻を踏んでいく。暗い画面で魔女がスープを作っていく有様が描かれる。物語も長くタフだが，うまく読めると手ごたえがある。
Kicking a Ball (2014) Puffin Books	Allan Ahlberg Sebastien Braun	サッカー好きの少年のサッカーへの情熱を感じられるお話。成長したあとまで描いていて面白い。音を作るのはなかなか難しいが，うまく読めると手ごたえがある。
The Bus is for Us (2015) Walker Books	Michael Rosen Gillian Tyler	バスに乗るのが楽しくて仕方がない子どもたちの思いがこもったお話。いろいろな乗り物と比べてバスがただただ好きというシンプルな内容。同じパターンの繰り返しが続く中，最後だけ語数がふえて挑戦し甲斐がある。

Midnight Ninja (2019) Bloomsbury Publishing	Sam Lloyd	昼間は普通の小学生，夜は忍者になっ て街を救うというお話。かなり言葉数 が多く，読む時には息継ぎが大変。

3．身のこなし

　授業中の教師の身のこなしは，言葉にならない意味を発しているものです。外国語活動・外国語の授業の中で，子どもたちの英語の学びを支援する身のこなしなどについて考えておきましょう。

　2021年度の講座で扱った子どもたちが話せるようになるための子どもたちの言語経験について，意味と音を結びつけられるような言語経験，大量の音声インプットを受ける言語経験，口慣らしをする言語経験が必要であることを述べました。この中の，インプットを与える言語経験では，教師と1人の子どものやり取りをほかの子どもたちが聞いたり，共有したりする場面があります。この際，多くの先生方が話し相手になっている子どもの席の近くまで行って，いわば「2人だけの世界」に陥ってしまうことが大変多く見られます。子ども一人ひとりを大切にしているのですが，ほかの子どもたちが置き去りにされて授業としての一体感がうすれ，順番が済んだ子どもが，お役御免とでもいうように休憩に入ってしまうことを誘発してしまって，この上なくもったいないのです。

　1人の子どもが先生とやり取りしているのを，同じ教室にいて共有する中で，いわば門前の小僧のように自分の学びにつなげられれば学びが蓄積していきます。話せるようになっていない子ども同士がペアで話しても教師の目は行き届かないので，全体で学べる時間をしっかり確保しましょう。そのためにも教師は黒板の前から動かず，ほかの子どもたちにも指導していることを深く自覚して，1人の子どもとのやり取りを行う必要があります。こうした学びが公教育の大きな特徴なのではないでしょうか。話せない段階でペア活動をさせている教室で，指導者が個別指導を行っている姿が賞賛されることがあります。確かによいことなのですが，指導の内容が当該ペアにしか届かず，同じつまづきをしているほかのペアに届かないのは限られた時間の授業の中ではもったいないのです。もちろん，先生が自分とだけ話をしてくれる時間帯は重要で，例えば個別に作業をさせているような時間には先生は

じっとしていないで，積極的に一人ひとりの子どもと温かくやり取りをする時間としたいものです。

　授業中，教室に流れる英語のリズムに，体の動きを少しだけシンクロさせて子どもに見せてあげるのも，子どもたちが音という目に見えないものを「見て感じる」ためのよい刺激になります。何語の歌であれ，歌が流れるとなんとはなしに体を左右に緩やかに動かしてリズムをとることがありますが，外国語活動・外国語の授業では，歌に限らず文や語の強いところでちょっと首など体の一部を動かしたり，全身を動かしたりしてみてください。微動だにせず直立している人の話す英語の聞きづらさを体感するため，2人組になって話し手が微動だにしない時とちょっと体を揺する時とでどんな違いがあるか，味わってみてください。外部人材や音源を聞いている時でも，ちょっとその音に合わせて体を動かしてみると，それを見ている子どもたちには音の作り方のヒントになります。

　外国語科の授業では，黒板やスクリーンに示された文字を指し示しながら音を聞かせる場面がままあることと思います。この時，多くの先生方が当たり前のように単語を1つずつ指し示しながら英語の音を聞かせています。このような言語経験も，子どもたちがぶつぶつと切りながら話すことの要因なのではないでしょうか。

　以下は子どもたちが言葉に出会う時の姿（使いこなせるようになる前の初学段階の言葉の姿）を図にしたものです（**図1**）。小学校で大切なのは中心にある「心・思い」，すなわち意味内容に対応する「音声」がくるんでいる状態の言語経験なのです。

図1　出合う時の言葉の姿のイメージ

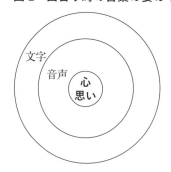

文字
音声
心
思い

意味が初めにあってそれに対応する音声がある，その音声は消えてなく
なってしまうものなので記録として取っておくために文字がある，というの
が原始的な言葉の姿です。過去の中学校からの英語学習はこの流れとは逆で，
初めに文字があって，その文字がどんな音を出すのか（音読），その文字が
どんな内容を訴えているのか（読解）という方向の学びでした。小学校では，
学習指導要領に示されている通り，音声で十分に慣れ親しむのが先で，あと
から文字と出合うことになっているということは，4年間を支える大きな土
台として決して忘れてはならないことです。いろいろなやり取りや発表を音
声だけで楽しんだあと，「ところで，今までみんなの耳に入ったり口から出
てきたりした音は，目で見るとこういう姿をしているんだよ」という流れで
進むのが自然なのだろうと思いますが，学習者として文字始まりの経験しか
ないことの呪縛から逃れることは本当に難しいのです。

　文字に音を出させないで，意味でしっかり音を出させ，あとから文字が遅
れてくる，と考えると，黒板やスクリーンを指し示す時には，音の通り，流
れるような手の動きで文字を示してください。授業で子どもたちに活動させ
る際は「カラオケの機械のようにすぅっと聞こえてきたところを指してね」
と指示しています。文の終わりがくると「ぴったり合った？」と確認して，
目から入る情報と耳から入る情報を一致させています。

　少しわき道にそれて，授業中ではないことについても触れておきます。具
体的にはワークシート作成時などに，英語にカタカナを振らないことと，文
の中の空所に自分でカスタマイズした内容を書き込ませる時の空所の示し方
についてです。

　聞こえてきた音を書き留めるのは至難の業です。つかみどころもとらえど
ころもありません。この記号がこの音を担当している，ということを共通理
解してなんとかつじつまを合わせているのです。日本語の音素の数と英語の
音素の数は異なるので，日本語の音を書き記すために使われている書記素で
は英語の音声を書き留めきれないことをまず確認しておきましょう。子ども
が自分なりに工夫してカタカナで書き留めるならまだしも，大人がカタカナ
を与えてしまっては，子どもはわらをもつかむような気持ちで堂々とカタカ
ナ読みをしてしまうことになります。音声中心の小学校英語教育なのに，こ
んなにも音声を軽んじてよいはずがないと思うのですが…。カタカナを読み
上げるのは小学校1年生の学習内容であることを忘れることなく，指導に当
たりたいものです。

空所補充の箇所を示すために使われる記号に（　　　）や￣￣￣をよく見かけますが，文字の通り道は音の通り道なので，音をせき止めるような記号は避けたいのです。地の文と切り離されて肝心の内容語が孤立しないよう，配慮しましょう。太い下線を引くことで十分空所を示すことができるのでお勧めです。

4．英語そのもの

4.1　話す英語

　この項では授業を参観していて比較的高い頻度で耳にする英語自体の誤りについて整理しておきます。外国語なので，完全に間違えなくなる日は来ないのですが，少しでも間違いを減らせるよう，心がけましょう。

　まず，授業中何を英語で話し，何を日本語で話すか，おおよそ自分の指針を作っておかれるとよいと考えます。英語の使い慣れ度に個人差があり，一概には指針を設定できないからです。どんなに英語に苦手意識がある先生でも，学習の対象となっている英語の表現や単語は心を込めて英語でお話していただきたいのです。今日使う英語表現を精選し，ほかは日本語でいい，と割り切れば気持ちが軽くなります。授業全体を通して日本語の量の方が多かった，では子どもたちに申し訳が立たないので，その精選した英語を，たとえ一度言えばすむ場面でも，念を押すように繰り返し子どもにしみこませるように聞かせます。さらに外部人材や音源を駆使して，子どもが聞く英語の量を増やすのです。どうしても苦手意識がある先生ほど，そそくさと英語を話し終えたい願望が強く，ぽそっと一言話して終わり，ということが多いのですが，同じことばかりでよいので，何回も聞かせてください。

　英語が堪能な先生にもウイークポイントがあります。相手の理解をさぐることなく無責任に「シャワーのように」聞かせてしまう先生がおられますが，聞いてわかるように言語外情報で支援したり，わかるように言い換えたりするのは英語力だけでは賄いきれない指導力が必要になります。活動のルールを英語で説明するとわかってもらえない，という声をよく聞きますが，そんなに複雑な活動をそもそも設定しないでおけばよかったのかもしれません。学習する表現と関係のない英語を使った説明なら，いっそ初めから日本語でしてしまう方がお互いストレスがなくてよいこともあるでしょう。

　少し英語に自信のある先生方の英語は，自信がある分確認漏れが多く，ハ

ラハラすることも多いです。自分で話した英語をしっかりモニターして，改善する努力を続けたいものです。危ない橋は渡らないことです。先生だけでなく，聞かされる子どもたちもろとも，橋の下に落ちてしまうからです。多くの授業に共通する要注意の英語表現の一部を紹介しておきます。

よく聞かれる表現	正しい表現	備考
Me, too.	I think so, too.	I like blue. に対して「私もそうだ」と言う時には，Me, too. でよい。「赤。青森。果物」というヒントで「リンゴ」と答えた子に対して「自分もそう思う」と言う時には I think so, too. が正しい。Me, too. と言うと「自分もリンゴだ」という意味になってしまう。
One more.	Once more./ One more time.	中学・高等学校の授業でもみられる誤り。One more. は「もう1つ」という意味。プリントが足りない時などに Two more sheets, please. などと言う。もう1回は Once more. / One more time.
Tanaka teacher	Ms. Tanaka / Mr. Tanaka	肩書を呼称に使う際は，Doctor Yamaguchi や Professor Yamada のように冒頭に持ってくる。学校の先生のことを呼ぶ時には，Teacher Tanaka とは言わず，Mr. Tanaka / Ms. Tanaka と呼ぶ。Mr. / Ms. のあとには通常，苗字がくる。Ms. Mary のような使い方は一般的ではない。
Let's start English class.	Let's start our/ the English class.	English class がむき出しになりがちだが，our や the など限定詞をつける必要がある。口癖になっている場合があるので，注意する。
I do homework.	I do my homework.	日本語ならわざわざ「私の」とか「あなたの」と言う必要はないが，英語ではいちいち言わなければならない。

It is a apple.	It is an apple.	名詞が母音で始まる際は，不定冠詞は an になる。a university, an honor となる。a, i, u, e, o という文字から始まるなら an というわけではないことに注意する。
It is a big.	It is big.	形容詞につけなくてよい冠詞をつけてしまうことも多い。例えば It's a fruit. It is a lemon. It is a sweet. と口がなんとなく冠詞をつけ慣れてしまうのではないだろうか。
My best memory is school trip.	My best memory is our / the school trip.	先生が話した通りの英語を子どもが，そのまま発表したり，書いたりしているケースが多い。名詞がむき出しになっていたら，ちょっと立ち止まって英語を見直したい。
That's all for today.		授業を閉じる表現として間違えはない。問題は誰が話すか，である。この表現は授業を行う立場の人の発話で，日直や英語係の児童が話すのは不適切である。
Make pair.	Make a pair. Make pairs.	2人に対して語りかける時は Make a pair.，クラス全体に呼びかける時は Make pairs. と言う。
Textbook, open.	Open your textbook.	指示をする時には，何をおいても動詞から。日本語で考えるとどうしても「教科書を開いて」に引っ張られて Textbook … と口火を切ってしまって収拾がつかなくなる。

This is grapes./ This is a grapes.	These are grapes.	はさみやジーンズ，メガネ，お箸など，2つの部品からできているものは基本的に複数扱い。What is this? と出題する時にはこのような語をもってくるとややこしいので，避けるようにしている。
Clap your hands.	Give him / her a big hand.	動作として手をたたくときは Clap your hands. でよい。誰かを賞賛するために拍手する時は Give him / her a big hand. と言う。

　このように書き出すと，人称や時制の出現が少なく，多くが名詞関連であること，いわゆる教室英語の不正確な使用が多いことがわかります。子どもが学習する英語表現を間違えないように心がけること，教室英語は欲張らず，少しずつレパートリーを増やして無理をしないことが重要なのではないでしょうか。外国語なので，完全に間違えないことは困難であり，現実的ではありません。ですが，音楽の時間に音程を間違えてばかりいたり，算数の公式を間違えて教えたりすることがないのと同程度の真摯さで，学習の対象である英語に向かい合いたいものです。

4.2　書く英語

　指導案に書かれている英語にも共通の留意点が2点あります。1つ目は教科書や単元名の表記です。Unit1，Book2 という表記をよく見ますが，正しくは Unit 1，Book 2 と半角スペースを入れます。Unit One の数字部分を文字で書く代わりに算用数字を使っているので，半角スペースはそのまま残ります。もう1つは，歌やゲームのタイトルの書き方です。歌の場合は，「Seven Steps」と記載します。ゲームの名前は Bingo Game，と2語とも大文字で書き始めます。

　授業中の音声は録画でもしない限り消えてしまいますが，指導案はいつまでも残ります。公開研究会などの場合，配布した指導案を参考に参加者が指導案を作成することもあるので，注意したいものです。

5. 教材

5.1　身の回りにあるものを教材に

　単元末の目標に縛られて，とかく硬直しがちな授業に風を吹き込んでくれるのが，学習の対象である英語表現がさまざまな場面でも使われていることを感じさせてくれる教材です。英語教育の教材というと絵カードや類似のデジタル教材が思い浮かびますが，もう少し自由な発想で授業の風通しをよくしたいものです。

　小学校の教室は中学・高等学校と比べて色彩に富み，掲示されているものも多岐にわたっています。時間割は教科の名前を導入するのに最適ですし（絵カードでは単なる覚えるべき記号になるが，自分のクラスの普通によく見ている時間割には含まれている心情的な情報量が異なる），給食の献立は食材や好きな食べ物を扱うのに適しています。図工の作品や書道の作品も，多くのやり取りに使うことができます。子どもたちがそろって持っている地図帳や他教科の教科書も使い道は多いです。地図帳には各地の特産物が小さい絵で書き込まれているし，算数の教科書の挿絵の中で「I have two boxes.」と話している子を探すというような活動もできます。ちょっと視野を広げて，授業で扱う英語表現に命を吹き込んでいきたいものです。

　身の回りにあるものの中で，最も心強い教材になるのは絵本でしょう。プロの作家が丹精込めて子どもたちのために制作しているのでクオリティーが高い上に，絵本自体が文脈を強くもっているので，こちらが言葉の世界を作り上げる必要がありません。

　授業への絵本の取り入れ方には，帯活動として毎時間扱う方法や学習単語や表現と出合わせるために使う方法，学習表現を思わず話したくなるきっかけとして使う方法などいろいろあります。目的に合わせて効果的に使いたいものです。それぞれの使い方をする際に留意点を確認しておきましょう。

　帯活動で絵本を使う場合，学習内容と関連させるか無関係な絵本でも扱うか，考える必要があります。実際には，うまい具合に学習する表現にあった絵本を見つけるのは容易ではありません。いつも新しい絵本を扱うこともできるし，同じ本を繰り返し扱ったり1つの絵本を数回に分けて扱ったりすることもできます。

　学習する単語や表現を出合わせるために使う時には，聞かせることを重視し，話されている意味が子どもにわかるように，絵本の中の絵を指さすなど

言語外情報を与えながら進めましょう。地の文を読むだけで日本の子どもに意味がわかるような絵本は多くなく，また，地の文を読みながら絵本を子どもに見せると首を曲げて文を見なければならず，音がどうしても崩れがちになってしまいます。地の文を読もうと思わず絵を見せながら話を語るぐらいの気持ちでいる方がよいです。地の文を読まないでよいとなると，日本語の絵本でも使えることも，入手しやすさという点でありがたいものです。

　学習表現を思わず話したくなる目的で使う際は，繰り返しのある展開が予測しやすい絵本を選びましょう。「きっとこうなるぞ」，「やっぱりね」というみんなで1冊の絵本を味わう楽しさを英語でも味わわせたいものです。

5.2　音声教材　歌の選曲や音源

　歌は特定の表現の学習というよりは広く英語らしい音声の獲得に有用なのではないかと考えています。この点，特定の表現に慣れさせるためのチャンツとは大きく異なります。歌の選曲にはいろいろな考え方がありますが，自分の実践をふり返ると普通に母語話者が歌うような歌，歌い継がれて音の質が保証されている歌を選んでいることに気づきます。語数が多く歌のリズムをしっかりとらなければならない歌から入って，学年が上がるにつれ1つ1つの音素に気を配るような歌に移行しています。特定の単語や表現を教え込もうと思って作られた歌は，語のストレスがずれていたり，間延びしていたりすることもあり，十分に音声の質を吟味する必要があります。オンライン上にたくさんの子ども向けの教育的な英語の歌が上がっていますが，首をかしげたくなるような音運びのものも多いです。大人がきちんと選曲しないと，その音を聞かされる子どもが気の毒なので，責任をもって選曲したいものです。

5.3　教具の提示の仕方

　絵カードなどの教具についても機会を捉えて見直しを行いましょう。一度作ってしまうと作り直すのは容易ではありませんが，授業の質に直結する部分なので大切にしたいものです。

　まず，絵カードのサイズが大きすぎないでしょうか。うしろの席の子どもにも見えるように，との配慮からA4判の絵カードが多い印象ですが，一般的な黒板だとたてに3枚，横に7〜8枚貼ると黒板がいっぱいになってしまい，かなりの圧迫感があります。黒板を「今何が話されているか」整理する

ための場と捉えると，できる限りすっきりさせておきたいものです。私は基本的にはA5判ぐらいの大きさの絵カードを使っていますが，描かれている絵が，リンゴやパン屋さんやピザなら込み入った情報でもなく，これで不自由を感じたことがありません。また，ラミネートはしていません。席によって反射して見えづらいことと，重さや硬さといった物理的理由からの判断です。

　絵カードに文字が書き添えられていることも多いです。購入したり印刷のボタンを押したりする前に，まず英語としての正確さを確認することが重要です。バナナがひと房描かれている絵の下にbananaと書いてある教材がありますが，bananasとしてほしいものです。書体についても，初学段階で目に入る書体はアウトプットに直結することを理解し，子どもが初めに書くことが想定されている書体のものを選びましょう。また，Bananasと大文字始まりで書かれているものもありますが，英語で大文字を使うのは特定のケースであり，普通に小文字で書かれるものは小文字で提示しておきたいです。単語の始めはいつも大文字，と思い込む子がいないとも限らないからです。

　最近は単語の提示もスクリーン上で行う授業も増えています。スクリーンの特徴はカードの転換の操作性の高さだと感じています。ぱっぱぱっぱ言わせていきたい時には，手元でもたもた紙のカードを操作するより緊張感もあり，集中できている印象があります。半面，複数のカードを一斉に提示するとごちゃごちゃした印象になり，整理しづらいです。活動の目的に合わせて効果的に使い分けたいものです。

6．まとめ

　長々と細かいことを書き連ねてきました。細かいことも繰り返し繰り返し晒されれば，積もり積もって大きな影響を与えるのではないでしょうか。本講座の受講生の方々は，今後授業を公開したり，指導的な立場で授業を参観したりすることが増えるでしょう。そのような時に，少しでも参考になることがあれば幸いです。

引用文献

Cole, J., Tiegreen, A. (1991). *Anna Banana 101 Jump-rope Rhymes.* Breech Tree Books.

6 「わかるように」「できるように」するための指導

粕谷恭子

1. はじめに

　本章では，小学校英語教育をさらに充実させるために，指導者に必要な指導技術について述べます。高学年では外国語が教科となり，他教科と同じように教科の学習内容を「わかるように」「できるように」させるための授業を行うことが求められています。授業の中で授業者のふるまいを観察していると，児童がすることを指示したり（「隣の人と〇〇についてやり取りしましょう。先に質問するのは廊下側の人」など），活動の説明をしたり（「4人組の中で誰が一番多くのカードが取れるか，という活動です」など）するばかりで，実は他教科のようには指導らしい指導はしていないのではないか，と思わされることが多いです。例えば児童一人ひとりの理解を確認したり，なぜ言いよどんでいるのか的確に判断して必要な支援をしたりする場面は残念ながらあまり見られません。

　ほかの教科学習では当たり前に行われている「わかるように」「できるように」するための指導が，外国語で必要ないとは思われません。本章が指導技術について考える契機となることを期待して筆を進めたいと思います。

2. 基本的な考え方

2.1 使うことを通して身につける

　はじめに，ここで紹介する指導技術を支える3つの基本的な考え方について確認しておきます。

　1つ目は，子どもは使うことを通して言葉を身につける，ということです。学習指導要領にも「言語活動を通して」と書かれているように，言葉を使うことは手段なのです。子どもたちは意味のあるやり取りを行う中で，英語の意味と音を結びつけ，音声インプットを受け取ることで音を蓄え，十分音声

を蓄えたら口慣らしをしながら，少しずつ話せるようになっていきます。

言語活動を単元末の学芸会のような一大イベントと捉えると，単元の途中の活動はどうしても台本の読み合わせのような，いかにも決まったセリフを覚えるような活動になりがちで，言語活動とは程遠いものになってしまいます。言葉を使うということは，ライブ感覚あふれる経験で，決して硬直した死語の応酬ではないことを覚えておきたいものです。

2.2　4技能の展開

2つ目は，4技能の展開です。言葉は本来，音声が先にあってあとから文字言語へと広がっていくものであり，ヒトは受信がなければ発信できない生き物です。この2つの大きな宿命を合わせると，初めにくる言語経験は「音声による受信」であり，最後が「文字による発信」です。学習指導要領で「読むこと」，「書くこと」についての記述に，お題目のように「音声で十分慣れ親しんだ表現について」と前置きされているのは，大変重要なメッセージです。日本の英語教育においては「話すこと＝文字を読み上げること」と捉えられている節があり，話す時に文字なしではにっちもさっちもいかないような，ある意味「異形の英語」を多くの人が身につけてしまっています。この歴史が繰り返されないためにも，音声から文字，受信から発信のなだらかで歩きやすい英語の道を子どもたちに歩かせたいものです。

2.3　音声の役割

3つ目は，音声の役割です。10年間に及ぶ英語教育の中で，小学校は音声中心に英語に触れることのできる宝の時代です。だからこそ，音声の尊さや恐ろしさを肝に銘じて指導に当たる必要があります。音声が聞き手に何を届けるかを整理すると，インプットの質について考えやすいです。音声は，意味内容，その言語らしい音の流れ，文法の3つをもれなく聞き手に届けるものです。教室で音声インプットを与える時には，聞く甲斐のある内容を用意し，英語らしい音の流れに乗せて，文法的に整った音声を大量に聞かせたいものです。

以下に紹介する指導技術は，上記3点に根ざした提案です。指導者一人ひとりが，自分なりの言語観や言語学習観に根差した指導を行う必要があります。「このような考え方に基づくと，こういう指導になる」という事例として，参考にしてみてください。

3．授業に必要な指導技術

3.1　子どもたちが意味と音を結びつける段階で

　児童が意味と音を結びつけやすくするためにどのような指導技術が必要でしょうか。何よりも当たり前のことですが意味と音を結びつけやすいようなインプットを与える必要があります。このことを実現するためには児童理解が不可欠であり，また児童に深く理解されていることも大きな強みとなります。未知の言葉に出合う時，つらいのは「その言語」がわからないことではなく「何が話されているのかわからない，何を言っているのかわからない」ということではないでしょうか。何が話されているかがわかれば，子どもは「なるほど，あの内容を話す時にはあの音を出すんだな。あの音を出してる人はああいう内容を話しているんだな」を主体的に（日本語の解説など介さずに）意味と音を結びつけることができます。そのための指導技術を3点挙げます。

　1つ目は，児童理解を支えに，児童が意味を捉えやすい内容を用意することです。校長先生は横浜ベイスターズが好きだと児童たちがわかっている時，「校長先生がこう言ってたよ。I like the Baystars.」と言うと，児童たちは「好きだ，という時には like って言うんだ」ということを理解できます。このような指導が「『サッカーが好き』という時にはこう言いますよ。I like soccer. わかりましたか？」という指導とは，言語活動の濃度が全く違っていることがおわかりいただけるでしょうか。

　2つ目は，言語外情報を活用することです。これも子どもたちにとって何が一番ピンとくるか，がわかっていないとなかなか難しいことではあります。絵カードが代表的な情報源となるでしょうが，擬音や歌のメロディー，教師の表情やジェスチャーも立派な教材になります。これらの言語外情報を適切なタイミングで提示する指導法を身につけると，「なんだか英語はわからない…」というつぶやきが，「あ，なんだかわかった気がする」という輝きに変わる場面に出会えることと確信しています。

　3つ目は，黒板やスクリーンをすっきりさせておくことです。絵カードが所狭しと2枚重ねの勢いで貼られている板書を見ることがありますが，ごちゃごちゃしていては「今，どこ」に注目（注耳？）してよいのか捉えづらく，あいまいなまま音が流れていくことになり，意味と音が結びつきません。今

やっていること，話されている内容だけを黒板に展開すると，理解のブレが少なくてすみます。1つの活動が終わったら，不要の絵カードを片づけるようにし，その際「片づけを手伝ってもらおうかな」と言って子どもたちに絵カードの語を言わせて教師が剥がしていくとか，教師が言った絵カードを代表の児童に剥がしてもらうなど「ついでに小さな学びの一活動」ができます。

3.2　子どもたちが大量に良質の音声インプットを受ける段階で

　この段階では，当然音声インプットの質が重要になりますが，必ずしも英語力がある人がよい音声の与え手になるわけではないことは，いろいろな授業を見てきてお気づきの方も多いにちがいありません。英語に自信がない先生でも指導技術でカバーすれば，かなりよい音声の与え手になれると感じています。

　聞かせる内容については，「意味と音を結びつける段階」で述べたので詳述しません。一言でいうと肉声を聞かせるということです。標本や図鑑やホルマリン漬けの音声ではなく，ヒトが普通に話す時のその普通の使われている音声を与えるよう心がけてみてください。

　ここでは，子どもとのやり取りの中で聞かせる具体的な指導技術について述べることにします。聞かせ方に関わる指導技術としては「堂々と心を込めて」「意味を届けるつもりで」「どの表現を聞かせるのか，強く意識する」の3点を紹介します。この3点に気をつけると，急に英語力が上がるわけもないのに英語が上手な人に聞こえるから不思議です。

　「堂々と心を込めて」については，仁王立ちになるぐらいの気持ちで教室の一番うしろの子どもに話しかけるつもりで話してみてください。大切な内容を話すのだから，心を込めて丁寧に話してください。英語に自信がないと，どうしても力のない申し訳ないような音になってしまうので，それを聞かされる子どもはたまったものではありません。英語が使われている場面自体をインプットするつもりで，堂々とピリオドまではっきり話してほしいものです。

　「意味を届けるつもりで」については，抜け殻の音声ではなく意味内容を届けるつもりで話してください。「好き，という時は like を使います。その例文を話します」というような記号的で機械的な音声ではなく，「聞いて聞いて，私が好きなのは○○なの！！」という気持ちで話してください。する

と，音の角が取れて，聞いていて「あ，私に聞いてほしいと思って話している」と聞き手が感じられるような音になります。この言語経験が間接的に子どもたちに「英語はコミュニケーションのための道具だ」という手ごたえを与えるのではないでしょうか。お題目で「英語はコミュニケーションのため」といっても実体験がなければそれは絵に描いた餅にしかなりません。おいしい言葉のお餅を子どもたちに食べさせましょう。

　「どの表現を聞かせるのか，強く意識する」については，漠然と「Great!」，「Good!」といった相づちを打つにとどまらず，目標表現（子どもたちに話せるようになってほしい表現。場合によっては，評価の対象になる表現）を細大漏らさず聞かせ続けることを心がけてみてください。この指導技術を「youつっこみと自己開示」と呼んでいるのですが，具体例を挙げた方がわかりやすいでしょう。教師が一人ひとりの児童とやり取りするのをほかの児童が見ているような場面で，例えば次のようなやり取りに触れることが多いようです。

例1
T：What color do you like?
S：Green.
T：Oh, green! Great!

例2
T：What color do you like?
S：I like green.
T：Oh, I like green. Good job!

例3
T：What color do you like?
S：みどり
T：In English.
S：えっと…。あ！Green.
T：Good! I like green.

例4
T：What color do you like?
S：………
T：日本語でいいから。
S：…………みどり。
T：Good! Green!!

　以上のような例は，「好きな色を聞き出す」という意味でやり取りは成立しているのですが，子どもたちが話せるようになるための指導技術が発揮されているとは思われません。そこで目標表現をインプットするという意識を強くもって次のようなやり取りをしてみてはどうでしょうか。

```
T：I like pink.
  What color do you like?
S：I like green. ／ Green. ／ みどり。 ／ 沈黙（この場合は Yes./No.
  Question にするなど対応）
T：Oh, you like green. I like pink.
```

　このようなやり取りをすれば，好きな色を聞き出すというコミュニケーションを阻害することなく，「自分の好きな色を伝える表現」を何回もインプットできます。話はとても単純で，子どもが話せるようになってほしい表現は，十分聞かせておかなければならない，ということです。「you つっこみと自己開示」を可能にするためには，英語目標が明確になっている必要があります。どの表現はどの技能まで求めるのか（評価の対象とするのか）があいまいではどの表現を聞かせればよいのか判然とせず，漠然としたやり取りしかできないからです。

3.3　発話へと導く段階で

　話せるようになるには時間がかかることを，まず深く肝に銘じたいものです。ここら辺の感覚を味わうために，「これを自分がアラビア語でやれと言われたら，どのぐらいしんどいか」を考えるとよいと思います。先生が2人でやり取りするのを見て，数回復唱したぐらいで話せるようになるはずもないことは，自明の理です。デジタル表示がパッと変わるように突然話せる世界にカチッと移動するはずもなく，じわじわと少しずつ安定して話せるようになるために，ゆったりと自分のペースで音を蓄え，音を作る感覚を味わいながら，自分が言いたいことを母語ではない英語の音で発するのびやかな営みを保証したいものです。ですが，大人は早く話させたいので，つい子どもをせかせることになります。

　また，目の前にいる子どもたちは，一枚岩で同じような段階にいるのではなく，一人ひとり理解の度合いや発表へのレディネスが異なっています。一人ひとりの状況や課題を把握し，適切な指導を行うことが重要なのはいうまでもありません。ほかの教科では当たり前のこうしたことが，英語では見落とされがちであったのもやむを得ないとは思いますが，そろそろ当たり前のことが当たり前に行われてもよいのではないでしょうか。インプットを十分

与え，そろそろ話せることを期待する段階での児童のさまざまなふるまいや課題に対応する指導技術をいくつか紹介します。

　まず，何も言わない子は，まだインプットが足りていない可能性があるので，絵カードなどを示しながら「Do you like yellow?」，「Do you like blue?」などと Yes. / No. Question を使って意味を引き出し，「You like blue. I like pink. I like pink.」と「追いインプット」を与えます。また，日本語でいいから意味を引き出したい時に「日本語でもいいから」と教師がいざなう場面をよく見ますが，目標値を下げられているようで，思春期に差しかかった子どものプライドが傷ついているのではないか，と心配になることがあります。いっそ教師が「緑？黄色？」と日本語を使うと，子どもの方も「ううん，赤」とうっかり日本語で意味を提供してくれることもあります。いずれにせよ，口が重く何も言わない子は，英語に対して慎重で自信がない場合が多いので，教室の中で長々とさらし者にしないで，さらっと解放してあげる配慮も必要でしょう。先生がほかの子どもとやり取りしている場面に身を置くことが，このような自信のない子にとっての学びの経験になることも期待できるので，学習集団の中の学びという他教科では当たり前の視点を，英語でも発動したいものです。

　日本語で「黄色」などと答える子どももいます。この場合，教師が「In English.」とせっつくと，「英語じゃ言えないから日本語で言ったのに…」と小さなかすり傷程度の痛みを与えてしまっているのではないかと，これも心配になります。覚えていなくて当たり前，ぐらいの気持ちで間髪入れず惜しみなく「Oh, yellow. You like yellow.」と言えば，子どもはストレスなく「黄色＝yellow」ということを理解します。1つ注意が必要なのは，英語で話せるのに横着をして日本で話す子がいることで，この二者を見極める必要があります。

　フルセンテンスで話してほしいのに「Orange.」と単語だけで答える子には，「え，いきなりorangeだっけ？」と言うと，「orangeの前に何かあったな…」と気づかせることができます。子どもが「ああ，なんか初めの方に言ってたな…」と情報を欲しがった機会を逃さず，先生が「I like pink.」と自己開示することで「あ，そうだった，そうだった」と何と言えばよかったか，自力でつかんだような気にさせることができます。多くの場合この段階で教師は「ほら，なんて言うんだっけ？　覚えてる？　先週やったよね。もう1回練

習しようか。One, two! I like blue!」というような（よかれ，と思ってのことなのだが），自分は覚えていない子，練習が必要な子，と再認識させるような働きかけをしてしまっています。この働きかけが有効な場合ももちろんありますが，指導技術の引き出しが多ければそれだけ豊かな授業ができるので，指導の幅を広げてみてください。子どもの方から「初め，なんて言うんだっけ…」ともどかしそうにしていたら，いい線までできている証拠。（「なんて言うんだっけ？」は丸暗記しなければ，と思っている子どもが思い出せない時の発言であることが多い。）間髪入れず教師が自己開示してください。

ふわふわっとした感じにフルセンテンスで話す子には，音を固めるために口慣らしとして数回復唱することが有効であると感じています。「Say it one more time.」と指示をするのではなく，「もう1回言ってみる？」，「もうちょっと言っとく？」と自分で選んで決めさせて反復させると，やらされている感じが薄れます。ほかの子どもたちにも，「みんなも独り言タイム」と言って銘々自分が話そうと思っていることの口慣らしをさせると，1人だけ目立ってしまう事態も避けられます。

集団での指導場面についても考えておきましょう。言い方の整理や口慣らしをクラス全員にさせる時，中学生ならば，「3回言おう！」とノルマを与えればそれでよいし，小学生でもこの方法が有効な時もあります。しかし，単調な復唱はどうしても意味が飛んでしまって，空っぽの音を出すだけの経験になりかねない面があります。そこで，「すごくクールな人ならどう話す？」「幼稚園の子が話すならどう話す？」と役割を与えていろいろな声色（？）で「I like blue.」と言わせると，楽しく口慣らしの回数を稼ぐことができます。

また，色のカードが黒板に1列に並んでいるような時には，全部単調に「I like pink. I like green. I like yellow. ….」とリピートさせるのではなく，「自分に当てはまる時だけ言ってみよう」，「校長先生が言いそうなことの時は言ってみよう」という活動にして話し手をころころ変えていけば，気づくと結局全部繰り返していることになっていたりします。

集団の子どもたちのための活動の留意点を2点挙げます。1つ目は古めかしい用語のように感じられますが，多様な表現で口頭英作文をこなすことが重要です。たっぷり口頭英作文をさせようとする時，「本当に子どもが思っていることを話させたい」という大人の熱い思いが，かえって内容を貧相にしてしまうという皮肉も起きます。本当に茶色が好きだから，「I like brown.」以外の表現は一切発話する機会がないような授業・単元構成になってしまうのです。ちょっと目先を変えて，例えば教科書でなじみのキャラクターについて「この子なら，なんて言いそう？」と問いかければ，子どもたちなりに考えて「I like black.」と誰かが言ったのに対して「うん，確かに言いそう」，「I like red.」に対して「それはないな…」と生き生きとした言語活動ができます。「本当に思っていること」を話させたい，という教師の願いには一点の曇りも非もないのですが，話せるようになる道のりを考えて，活動の幅を広げておきたいものです。また，機会を捉えて，手を挙げていない子にも，指名されて話さなければならない場面を作ることも肝心でしょう。ここで学級全体の学習状況を把握し，的確に判断して子ども同士のやり取りへと展開することが可能になります。集団で復唱しているだけだと，概して自信のある子が声を張って，自信のない子のできばえは把握しづらい，ということは誰しも経験値としてもっているのではないでしょうか。

　2つ目は，文字を示すタイミングです。「I like green.」という音を出す際に，文字を頼りにしないと音が出せないような子どもには育てたくありません。中学・高等学校で学ぶような長く複雑な構文なら文字を頼りにしなければなりませんが，小学校で扱うような語数も少なく文の構造もシンプルな表現なら，文字なしでは話せない，ということはありません。学習指導要領にも「音声で十分慣れ親しんだ表現について」と幾度となく記載されていて，いかに文字がフライングをしないように心を砕いているか，ひしひしと伝わってきます。先生方の中には，「しっかり覚えられたら文字の支えを外す」と，まるで文字を自転車の補助輪のように捉えている方がおられますが，考えてみれば文字がないと音声でのやり取りで太刀打ちできない状態は，日本の英語が苦手な大人の姿そのものであって，そのような姿を小学校で再生することに意義があるとは思えません。英語教育改革の方向に沿うために，小学校での「話すこと」の指導のあり方について考えていかなければならないでしょう。耳に入り，口から出ていった音声は文字で見るとこういう姿なのだ，という音と文字の一致の営みを丁寧に耕し，すくすくと健康な英語を育てたいものです。

7 新しい学習指導要領が求める指導と評価

―求められる指導観と評価観の変更

大城賢

1．はじめに

　2020年度より小学校学習指導要領が全面実施となりました。小学校に外国語が教科として導入されたことは日本の英語教育の枠組みが変更されたことを意味します。英語教育史上経験したことのない大きな変化に向き合ったことになります。

　大きな変化と直面した中での全面実施でありましたが，コロナウイルスの感染拡大も全世界的な課題となりました。人の移動も制限されました。しかし，コロナ禍の中でも教育は止めてはならず，さまざまな対策をしながら児童への教育を行ってきました。教員研修や研究会もオンラインを含めてさまざまな対策を行いながら実施してきました。コロナ禍の中ではありましたが，筆者も"新しい日常"における外国語の授業や教員研修に関わりました。

　そのような状況の中，筆者が授業参観や教員研修を通じて感じたことは指導観や評価観を変えることの難しさです。言語活動の趣旨は理解していても，そこに至るプロセスは依然としてPPP型（Presentation, Practice, Production）が多いです。指導と評価の一体化ということが頭では理解できていても，やはり指導のあとのまとめの段階の評価が多いです。思考・判断・表現の評価の趣旨は理解していても，実際の評価では無意識に「知識・技能」で評価しているのではないかと思うことも多かったです。それらは指導者の信念(Belief)を変えることの難しさを表しています。そこで，本章においては，あらためて「指導」と「評価」について考えてみたいと思います。

2. 言語活動

　「言語活動」という用語は従来も使われており，言語材料についての理解や練習なども「言語活動」に含まれていました。しかし，今回はこの「言語活動」が再定義されています。『外国語活動・外国語研修ガイドブック』（文部科学省，2017）には，「言語活動は，『実際に英語を用いて互いの考えや気持ちを伝え合う活動』を意味し，言語材料について理解したり練習したりするための活動とは区別されている」と述べられています。

　従来の「言語活動」は理解や練習だけで終わっていたことが多かったように思われます。テキストの対話を覚えて発表させるだけの活動は，これからは「言語活動」とは言いません。なぜなら，そこには「互いの考えや気持ち」が含まれていないからです。

　言葉の本来の役割は「自分の考えや気持ち」を相互に伝え合うことです。外国語といえども言葉に変わりはありません。したがって，「言語活動」の再定義は，言葉の本来の役割を授業においても体験させることを意味しています。当然，「思考・判断・表現」すること，「知識・技能」を活用することが求められます。また，「自分の考えや気持ち」を伝え合うことによって「主体的に外国語を学ぼうとする態度」も育成されます。単に文法を理解したり，覚えたことを言ったりするだけの活動からは学習指導要領が求める「資質・能力」はいずれも育成することはできません。

　「説明や練習」を通してではなく「言語活動」を通して指導に当たることが今回の学習指導要領が求めていることです。しかも，小学校の外国語活動から高等学校の外国語まで，一貫して「言語活動を通して」指導することになっています。また，学習指導要領は「目的・場面・状況等を明確にした言語活動」と述べていることからもわかるように，言語活動は目的・場面・状況を明確に設定することによって実現可能となります。言葉はすべて目的があり，特定の場面や状況の下で使われることを考えると，自然なコミュニケーション活動を通して指導することを求めているといえます。

　例えば，従来は以下のような学習活動が多く行われていました。

次の文を疑問文にしなさい。
You have a pen.

この答えは「Do you have a pen?」となります。「Do を文頭に置けば疑問

文になる」というのは文構造の「知識」です。しかし,「ペンを持っていますか」という意味がわかっているだけでは実際のコミュニケーションの場面では不十分です。ペンを持っていない人が,ペンを持っていそうな人に「Do you have a pen?」と言えば,「ペンを貸してほしい」という意味になります。ノートに書き写す時間なのに,何もしないでいる学生に向かって「Do you have a pen?」と言えば,「何をしているのですか。書く時間ですよ。」という意味にもなります[1]。

「思考力・判断力・表現力等」は,コミュニケーションを行う目的や場面,状況などに応じて,既習表現などを駆使しながら,適切な表現で対応する能力のことです。つまり,「Do you have a pen?」と聞かれた時は,「目的や場面,状況等」によっては「Yes, I do.」ではなく,「Here you are.」と対応する能力のことです。先生に注意されている場面や状況では,「Yes, I do.」と答えると逆に不自然です。「I'm sorry.」と応じなければなりません。

このように,「Do you have a pen?」に対して,「コミュニケーションを行う目的や場面,状況など」に応じて適切に対応する力が簡単にいうと「思考力・判断力・表現力等」になります。

さて,「思考力・判断力・表現力等」を育成するにはコミュニケーションを行う目的や場面,状況等に応じて,自分の考えや気持ちを伝え合う言語活動を設定することが大切となります。しかしながら,授業の場でコミュニケーションの目的や場面,状況等を設定して自分の考えや気持ちを伝え合う言語活動をいきなり行うといっても,現実には難しいものです。「練習を十分にしないと,とても自分の考えや気持ちを伝え合うことなどできない」という意見や,「かっこの中に自分の気持ちを入れて言えれば,それは言語活動とはならないのですか」などの質問を筆者自身は数多く受けてきました。

そこで,「言語活動」を行う上で,言語活動とは何かということを含めて,言語活動に至る指導の枠組みを再度検討し直す必要があると筆者は考えています。次のページは「どんなスポーツが好きかを聞き合う(やり取り)」ことを目標とした指導の枠組みです[2]。

---

1) 和泉伸一(2015)が沖縄での講演会にて言及

2) Rivers and Temperley(1978)を参考に作成した。

図1

練習 （知識及び技能）	疑似言語活動／足場架け（知識・技能と言語活動の間の活動）	言語活動 （思考力，判断力，表現力等）
語彙 baseball basketball tennis 表現 What sport do you like? I like baseball.	かっこの中に自分が聞きたいことを入れて対話をしてみましょう。 A：Hello. B：Hello. A：What sport do you like? B：I like （　　）. 　　How about you? A：I like （　　）.	（目的，場面，状況など） クラスでスポーツ大会をすることになりました。どんなスポーツにするかお互いに聞き合ってください。
言語活動で必要な語彙や表現に慣れさせます。	実際の言語活動に近い場面を使ってパターンなどを示しながら「やり取り」をさせます。	目的，場面，状況などを示して児童に「やり取り」をさせます。

学びに向かう力，人間性等

　この「やり取り」の目標は「スポーツ大会で実施するスポーツを決めるために，クラスの友だちの好きなスポーツを聞き合う」ことです。従来の指導の枠組みは「知識及び技能」として，スポーツの英語やどのスポーツが好きかという表現に慣れ親しませます。そして，次に「疑似的な言語活動」に移ります。疑似的な言語活動とは，名前が示す通り言語活動に似た活動という意味です。

　例えば，**図1**の真ん中の欄に示している活動は極めて言語活動に近い「疑似言語活動」です。対話の型（パターン）を決めて，かっこの中に単語を入

れて会話をしていく活動です。かっこの中には自分の考えや気持ちを表す単語を入れていくので、これは「自分の考えや気持ち」を表す言語活動ではないかと考える人も多いと思います。しかし、「思考力・判断力・表現力」は「コミュニケーションを行う目的や場面、状況などに応じて、自分の考えや気持ちを伝え合う」ことです。この図1の疑似言語活動で示した活動は、児童が自ら考えて表現を選んだのではなく、会話の順番も自ら決めたわけではありません。かっこの中を埋めていくだけなので言語活動とは言い難いものとなります[3]。

しかしながら、言語活動ではないのですが、その一歩手前の活動としては、必要となる場合も多くあります。これがないと、いきなり「やり取りをして」と指示しても難しいのです。したがって、筆者はこのような活動を言語活動の一歩手前の「疑似言語活動」と呼んでいます。「疑似言語活動」とわざわざ新たな活動を持ち込んだのは、このような活動で終わることが多く、これは求められている言語活動とは異なることを示すためです。

そして、最終的に言語活動として図1の右側の欄で示しているように、「スポーツ大会で実施するスポーツを決めるために、クラスの友だちの好きなスポーツを聞き合う」活動に移ることになります。ここでは「目的、場面、状況等」が示され、場面にふさわしい表現や内容は、児童が自ら、思考、判断して表現することになります。本単元で学習した「What sport do you like?」だけではなく、「Do you like soccer?」と聞いて相手の好きなスポーツを聞き出すこともできます。あるいは「I like baseball. How about you?」と聞いて、相手の好きなスポーツを聞き出す児童もいるかもしれません。

このように、場面にふさわしい表現などを、既習事項なども活用しながら、目的を達成するために、自分なりに適切な表現を選びながら「やり取り」をしていくことが「言語活動」です。相手の言ったことを聞き取れない場合は、当然「I beg your pardon?」などの聞き返しもしなければなりません。かっこの中に入れるパターン化した会話からは「I beg your pardon?」などは想定されません。そのように考えると、初めから会話の順序が決められている疑似言語活動は言語活動とは異なることが理解できるものと思います。

また、さらに重要なのは「疑似言語活動」をやり過ぎてしまうと、児童の

---

3) 文部科学省制作の YouTube 動画 Mextchannel においても、このような活動は「言語活動」ではないと述べている。

自由な発言が逆にコントロールされすぎてしまうことです。不完全であっても，まずはやってみることが大切と考えられます。**図1**においては矢印が双方向になっているのは，「言語活動」から，逆に必要となった表現や語彙を学習したり，練習したりすることが必要になってくるからです。外国語の授業を参観していると言語活動の途中で中間指導なるものを組み込んだ授業を見ることがあります。実際に言語活動を行わせて「言えなかった表現」などを考えさせる指導のことです。そのような場合は「言語活動」から「疑似言語活動」や「知識・技能」というように，逆方向に学習や活動を行っていくことになります。従来型の指導観は，**図1**の中の矢印は常に左から右へと一方向になっていたように思われます。言語活動を通して学ぶということは，矢印は双方向になります。**図1**の矢印が双方向になっているのは言語活動をして終わりということではなく，知識を確かなものにすることも必要であることから双方向となっています。この双方向の矢印は言い換えると「使いながら学ぶ」という考え方を示しています。つまり，「言語活動」を通して学ぶということにもなります。

　また，「学びに向かう力，人間性」は，簡単にいうと「相手の文化を理解し，相手がわかりやすいように配慮しながら，主体的にコミュニケーションを図ろうとする態度」を養うことです。相手がいなければ，これは育成することが不可能です。したがって「言語活動」と一体となって「学びに向かう力，人間性等」も指導，育成されていくことになります。もちろん「主体的にコミュニケーションを図ろうとする態度」は自己調整を図りながら粘り強く「知識及び技能」を獲得していくことにもつながります。そのため，**図1**では「知識及び技能」や「思考力，判断力，表現力等」を下から支えるように矢印を描いています。

　従来の指導においては，十分に知識として理解し，練習を重ねた上で，言語活動に移っていくという指導観があったように思います。したがって，うまく言語活動ができなかった場合は，練習が足りなかったと考えてさらに練習量を多くしたりすることがありました（和泉，2009）。言語活動を通して学ぶということは，Rivers and Temperley（1978）が主張した「使いながら学ぶ，学びながら使う」という指導観に転換することを求めています。この指導観に立つことが学習指導要領が求めている言語活動になると筆者は考えています。

3．Small Talk について

　英語教育で使われる用語に Teacher Talk や Classroom English などがあります。今回の学習指導要領では Small Talk という用語が登場しました。これは，Teacher Talk や Classroom English とは異なるものなのでしょうか。

　Teacher Talk というのは，外国語の教師が，相手に合わせて，わかりやすいように外国語を調整しながら話すことです。Classroom English は一般に授業中に使う簡単な英語のことを指しています。「Open your book.」，「Let's play a game.」，「Good job!」など定型化している表現が多いです。

　それでは Small Talk とは何なのでしょうか。英語辞典を引くと「世間話」「雑談」という訳語が出てきます。筆者の知り合いのネイティブに聞いてみると，エレベーターが上がっていく間（または降りていく間）に話される「ひそひそ話」だと説明していました。また，別のネイティブは，「たわいもない世間話」と説明していました。日常使われる Small talk は，ここで示されているような意味です。

　さて，英語教育用語として Small Talk を使うにはそれを定義して使う必要があります。使う人によって概念が異なるのでは困ります。『小学校外国語活動・外国語研修ガイドブック』では「Small Talk とは，高学年新教材で設定されている活動である。2時間に1回程度，帯活動で，あるテーマのもと，指導者のまとまった話を聞いたり，ペアで自分の考えや気持ちを伝え合ったりすることである。また，5年生は指導者の話を聞くことを中心に，6年生はペアで伝え合うことを中心に行う」(p.84) と定義しています。

　この定義を踏まえると，相手に合わせて，外国語を調整しながら話すという点では Teacher Talk と重なるところがあります。しかし，「あるテーマのもとで，まとまった話をする」という点では Teacher Talk とは異なります。また，Classroom English がやや定型的な英語表現であるのに対して Small Talk は「自分の考えや気持ちを伝え合う」ことであるので，Classroom English の定義とも異なります。「Let's play a game.」は活動を進めるために必要な表現ではありますが，まとまった話ではありません。指導者の気持ちや考えを伝えるためのものでもありません。さらに Small Talk が Teacher Talk とも Classroom English とも決定的に異なるのは児童同士の対話も Small Talk としている点です。

　わざわざ新しい用語として Small Talk を導入した理由は何でしょうか。筆者は，新しい学習指導要領の目標を実現するために必要だったからではな

いかと考えています。新しい学習指導要領では，前述したように「言語活動」が再定義され「言語活動は，『実際に英語を用いて互いの考えや気持ちを伝え合う活動』」と定義しています。また，領域別の目標として「やり取り」が新たに加わっています。この Small Talk は指導者や学習者同士が「自分の考えや気持ち」を表現する絶好のチャンスとなります。ある研究会で，「Small Talk は担任の先生には難しいので文科省の教材を聞かせておくだけでよい」と発言された先生がいましたが，聞かせておくだけならリスニング活動にはなりますが Small Talk にはなりません。

　新しく定義された Small Talk によって，指導者は既習表現を自分の Small Talk の中で繰り返し使うことによって児童に繰り返し聞かせることができます。児童は学習した表現を何度も聞くことになるので定着にもつながります。また，未習の語彙や表現であっても，まとまった話であるので，その話の場面や状況から児童は英語を聞きながら意味を推測する力もつきます。身近な人の本当の話であるので，興味・関心も高まります。

　この，Small Talk を正しく理解して授業に取り入れていくことが新しい学習指導要領の目標を実現するためには大切です。中学校や高等学校でも全く同じことがいえると考えられます。

4．評価について

　今回の学習指導要領が求めている育成すべき資質・能力は「知識及び技能」「思考力，判断力，表現力等」「学びに向かう力，人間性等」です。「知識及び技能」においては，実生活の場面で，生きて働く「知識・技能」が求められています。また「思考力，判断力，表現力等」においては「目的や場面，状況など」に応じて，適切に対応できる力の育成が求められています。さらに，「学びに向かう力，人間性等」においては，外国語の背景にある文化に対する理解を深め，他者に配慮をしながら，主体的に英語を使っていく態度を育成することになります。これらは，いずれも再定義された言語活動を中心にして育成されます。したがって，評価も言語活動を中心にして行うことが求められます。

4.1　目標と評価の一体化

　水泳の選手の例で考えてみると「どのようにしたら速く泳げるようになるのか」ということを科学的な知見を基に知識として学ぶこともあると思いま

す。また，基礎体力をつけるため，バーベルを持ち上げたり，走ったりすることもあります。しかし，それはすべてプールで少しでも速く泳ぐことができるようになることを目指して行われています。

今回の学習指導要領で求めている資質・能力も水泳選手がプールで泳ぐことを想定しているように，実生活で活用できることを想定しています。速く泳ぐことができるかどうかは，どのぐらいの重さのバーベルを持ち上げることができるかどうかでは測ることができません。実際に泳ぐことでしか測れません。同じように，外国語においては，育成された3つの資質・能力は実際の場面で活用できるかどうかで測る必要があります。これが前述した「評価も言語活動を中心に行うことが求められる」という意味です。

4.2　指導と評価の一体化

また，「『指導と評価』の一体化」は文字通り「指導と評価」を一体化させることです。先ほどの水泳選手の例で考えると，練習の時にもたえずタイムを計って練習の成果を確認したり修正したりします。タイムを計るのは試合の時だけではありません。練習の時も指導に活かすためにタイムを計っています。これが指導と評価の一体化と考えられます。今回の指導と評価の一体化はタイムを計って練習に活かすのに似ています。髙木（2019）は「『指導と評価の一体化』は指導する目標と内容が先にあり，それを評価するという回路ではなく，まさに，指導と評価とを一体化した授業の中から，これからの時代が求める資質・能力の育成を図ることを目指しているのだということを理解したい。」と述べています。

4.3　指導に活かす評価

今回の「『指導と評価の一体化』のための学習評価に関する参考資料」を読んで強く印象に残るところがありました。「知識及び技能」に関して次のような記述があります。

〔知識及び技能〕における「(1) 英語の特徴や決まりに関する事項」に記されている「音声」の特徴を捉えて話すことについては，それ自体を観点別評価の規準とはしないが，ネイティブ・スピーカーや英語が堪能な地域人材を活用したり，デジタル教材等を活用したりして適切

に指導を行う。

（「『指導と評価の一体化』のための学習評価に関する参考資料」p.30）

　つまり，発音などは「指導はするが評価はしない」ことになります。また，小学校は「(1) 外国語の音声や文字，語彙，表現，文構造，言語の働きなどについて…」となっており，いわゆる文法事項は指導の対象とはなっていません。

　母親が，小さな子どもと話をする時は，いちいち発音や文法的な間違いを指摘したりはしません。その代わり，正しい発音や正しい表現を繰り返し聞かせています。「指導はするが評価はしない」というのは，この状況と似ています。はじめから正しい発音や表現で言えないことは言語習得の研究からも明らかになっています。徐々に正しい発音や表現になっていけばよいと考えます。

　「指導と評価の一体化」と言っておきながら「指導はするが評価はしない」というのは矛盾しているようにも見えます。「教えたことは評価する」というのが私たちのこれまでの考え方です。しかし，外国語の学習においては，指導と評価はむしろ時間的なズレが生じるのが自然です。「指導はするが評価はしない」という考え方が示されたことは極めて重要なことと思います。このズレを小・中・高等学校のそれぞれの指導者が十分に認識して指導と評価にあたることが大切になります。小・中・高等学校の連携がこれまで以上に求められます。

　髙木（2019）は「値踏みから支援の評価へ」と述べています。2020年7月に琉球大学附属小学校で，先生と児童が評価基準についてインタビューテストの前に話し合っている場面に出会いました。衝撃的でした。なぜなら，私の頭にはテストといえば何が出るかわからず不安に思った記憶しかなかったからです。テストに何が出るかわからないということは学習者にとっては授業で何を学べばよいかわからないにつながっていきます。

　「言語活動を通して学ぶ」というのは文法的な正確さのみを求めているのではありません。目的・場面・状況によって適切に対応できる能力を求めています。また，相手に配慮した伝え方も工夫する必要があります。授業では大きな○（マル）を貰ったのにテストの場面では大きな×（バツ）をつけられたのでは「知識・技能」の観点からの評価では適切であっても，「思考・判断・表現」の観点の評価としては適切ではなく，指導と評価は一体化して

いるとはいえません。この1年間の「思考・判断・表現」の評価を見ていると，どうしても従来の「知識・技能」の評価観からなかなか抜け出ることができないように思われます。それでは，いずれ言語活動も骨抜きにされることになります。指導観とともに，評価観も見直しが迫られています。

5．読み書きの指導について

5.1　読み書きの前に音声で十分に慣れさせる

　私たちは，どのようなプロセスで日本語の文字を身につけ，そして読めるようになり，また，書けるようになったのでしょうか。おそらく多くの人が，例外なく，まず，日本語の音声を聞き，そして話せるようになってから，「ひらがな」を学習したと思います。そして，次に「カタカナ」「漢字」を学習していきます。「ひらがな」「カタカナ」「漢字」は1文字ずつ，個別で学習することもありますが，それと同時に，絵本などの短い物語を読んだり，また，日記など，短い文章を書いたりしながら，文字の学習を進めていきました。小学校を卒業したら，さらに，中学校で，高等学校で，人によっては大学で，あるいは大学を卒業してからも，さらに読み書きを学んでいったのではないでしょうか。

　外国語教育においても，母語の場合と基本的には同じ順序で学ぶことが妥当であると考えられています。つまり，文字指導の前に，まずは十分な音声による指導がなされていなければならないということです。小学校での日本語の文字指導は，犬（いぬ）がどういうものであるか，わかっていることを前提に，「いぬ」という文字を教えていることを考えるとわかりやすいでしょう。小学校の文字指導の際に，ひらがなが書けるからといって「そしょう」や「りこん」などを書かせることはありません。児童は「訴訟」や「離婚」という言葉を聞いたことはないし，意味もわかりません。初歩的な段階で，意味のわからない語を使って「ひらがな」の指導をする先生はいません。そのように考えると文字の指導の前に，音声の指導が十分になされるべきであることが理解できます。

　新しい学習指導要領により，小学校中学年には外国語活動，そして高学年には外国語が導入されました。中学年は「聞くこと」「話すこと」を中心に行い，そして高学年になってから，「聞くこと」「話すこと」を中心としながらも，段階的に「読むこと」「書くこと」の学習に移っていきます。母語の

時と同じように，まさに音声で十分に慣れ親しませることが先で，そのあとに文字の学習が始まることになります。

小学校に外国語活動が導入される以前の中学校では，十分に聞いたり，話したりする機会がないまま，読んだり，書いたりということを始めていったのではないかと思われます。今思うと，大きな負担が学習者にかかっていたことが想像できます。英語が難しい，わからないという多くの学習者を生み出すことになったことも納得できます。

小学校の中学年に外国語活動，高学年に外国語が導入され，英語を聞いたり，話したりするという期間が設けられたということは，言語学習の自然な流れに沿うものであり，また，学習者の負担を軽減するという点からも画期的なことだと筆者は考えています。

5.2 読む指導

英語の読む指導においても，「音声で十分に慣れ親しんだ語句や表現がわかるようにする」ことであって，初めて見る語句や文を読めるようにすることではないことに留意することが大切です。つまり，「発音と綴り」の規則を学んで，初めて見る単語であっても，それを音声化して読めるようにすることではありません。発音と綴りを関連づけて指導することは中学校で指導することとされています。小学校では，英語の文字には名称を表す読み方があり，文字には名称とは別に音があるということを理解させることまでが目標として求められていることです。例えば，B には「ブッ」という音があることが理解できれば，bed, bag, big などの語を思い出すことができるようにすると考えるとわかりやすいと思います。

2021 年 2 月に沖縄県浦添市立内間小学校 6 年生の授業を参観する機会がありました。授業の 1 場面で，次の文をペアで読ませる活動がありました。

Thank you for a good time.
I like music.
I want to join the brass band.
I want to play the trumpet.
See you in April.

筆者が観察していた児童は Thank you for a good time.　I like music.　I

want to join the … までは声に出して読んでいました。しかし brass band のところで読めなくなりました。そこで聞いていた児童が「b で始まっているから『baseball』じゃない？」と音読していた児童に聞きました。言われた子は教科書の付録についているカテゴリー別のスポーツの語彙リストで確認しようとしたのですがスポーツの語彙リストにはありませんでした。そして，2 人とも途方にくれてしまいました。

　この 2 人の児童は授業にも積極的に参加しており，ごく一般的か，むしろ普通以上によくできる児童ではないかと思われます。それでも brass band は読めませんでした。bを頼りにbaseballと読んだ児童の努力は素晴らしかったのですが，やはり文字を読むことができるようになるには，かなりの時間と，丁寧な指導が必要だということが理解できます。

　筆者は 2020 年の 4 月から半年にわたって，ある中学校の先生の研究に指導助言者として関わりました。その際に，4 月に入学したばかりの中学 1 年生を対象に文字がどの程度読めるかの調査を行いました。調査の方法は極めてシンプルで，1 回目は英文を見て意味がわかるかどうかを記入させ，2 回目は同じ英文を教師が音読して意味がわかるかの調査でした。I like cats. は音声として聞けば 85% の生徒は意味がわかっていたのですが，文字を見ただけで意味がわかった生徒は 50% 程度でした。つまり聞けばわかるが，文字を見ただけではわからないという生徒がかなりいることになります。単語レベルでも yellow と発音されると 90% 以上の生徒は意味がわかるのですが，見ただけで理解できた生徒は 40% と半分以下になりました。

　この調査をほかの学校でもやってみないと，これが果たして一般的な状況といえるかどうかはよくわかりません。しかし，私の実感とは大きく外れるものではありません。「読む」というのは，日本語の場合もそうですが，「聞く・話す」と比べると，かなり難しいもので，意識的な学習が必要です。当然，個人差も大きく出てくるものと思われます。母語習得においても「聞く・話す」は個人差が表れにくいですが，「読む・書く」になると個人差が出やすくなるのを考えると理解しやすいでしょう。

　実は，先ほどの brass band の話は本単元のタイトルにもなっていました。単元のタイトルではありますが，児童は絵のように眺めているのではないかと思われます。児童の意識を文字に向けさせることが必要です。教科書には文字がたくさんあります。また，授業を参観していると，児童は文字を読んでいるようにも思うことがあります。しかし，文字には絵が添えられている

ことが多く，児童は絵を読んでいる（？）のではないかと思われます。

　そこで小学校では文字そのものに意識を向けさせることが必要です。筆者は「指追い読み」がシンプルで効果的と考えています。私の所属していた琉球大学教育学部の附属小学校では *We Can!* を使用している時期に，単元末のストーリーを帯活動で指追いさせる実践を行っていました。研究として実践したわけではないためにその効果は検証することはできませんでしたが，文字に慣れさせる効果的な方法の１つだと考えられます。

5.3　書く指導

　「書くこと」の指導の目標は，「語順を意識しながら」「音声で十分に慣れ親しんだ」語句や文を「書き写す」ことです。書きながら，英語と日本語の語順が異なることに気づかせることは，文の構造を理解するという点から，とても大切な活動です。

　筆者は，語と語の区切りに注意して書くことによって英語の基本的な構文を意識することができることに大きな意義を感じています。わかりやすい例で説明すると，「How are you?」という表現を聞いた児童は，この表現がhow と are と you の３つの単語からできていることには気づいていないと思われます。１つの塊として，「元気ですか」という意味であることがわかっている程度です。しかし，書く段階になると how と are と you は３つの単語からできていることに気づくことになります。「How are you?」の How が天気を聞く時の「how is the weather?」の how と同じことに気づくことにもなります。それがわかるようになると「How is your mother?」の how も同じ how であることがわかり，言葉を分析的に捉えることにつながり，意味も推測することができるようになります。文構造への理解も深まります。

　また，実は音声で慣れ親しんだ英文を書き写すという活動には，音声では気づきにくい「I like dogs」の s や，「I have a racket」の前につく a などに，あらためて気づくことにもなります。学習指導要領では小学校は「文構造の指導」と示しており，中学校は「文法の指導」と示しています。s や a などは指導の対象ではありません。しかしながら，a がつくべきところに a を入れないで指導するということではありません。s がつくべきところに s をつけずに指導することなど，あってはなりません。文法の解説になってはなりませんが書くことによって児童自らが，s や a の存在に気づいていくことは，外国語学習のプロセスからいっても大切なことです。

繰り返しになりますが，小学校での書くことの目標は「自分のことや身近な事柄について，例文を参考に，音声で十分に慣れ親しんだ簡単な語句や基本的な表現を用いて書くことができるようにする」ことです。ここのポイントは「例文を参考に書く」という点です。あくまでも，音声で十分に聞けたり話したりできるようになっている表現について，例文を参考にしながら，語の一部を自分が表現したい内容に置き換えて，しかも，その単語も書き写すことができるような条件の下で書くということを目指しています。

　いずれにしても，小学校での書く活動は，かつて中学校や高等学校でやっていたような「次の日本語を英語に訳しなさい」というようなものとは全く異なるものです。本格的な「書く」活動というよりも，「書くことに慣れ親しむ」活動と考えた方がよいでしょう。もちろん，これらの「読むこと」「書くこと」の指導についても「言語活動」を中心に行うことになります。したがって，「読むこと」「書くこと」の指導においても「目的，場面，状況」などを設定して活動を行うことが大切です。

　先述した沖縄県浦添市立内間小学校の授業では，中学校の部活動や行事について説明してくれた中学生へ，例文を参考に「お礼の手紙」を書く活動が次の時間に設定されていました。ただ，書き写すのではなく，「中学生に対してお礼の気持ちを伝えるために書く」という目的をもたせて書くことが大切だと思います。この授業では，第1時と第2時に実際に児童が進学する中学校の先輩やALTの先生からのビデオレターを視聴していたので，具体的な人物を想定して書かせることになります。活動がよりリアルなものになり，意欲も高まるものと思います。受け取る相手を生徒にしたり，ALTにしたりして変えてもよいかもしれません。相手によって書く内容も異なってくることでしょう。これこそ，リアルな場面での言語活動，「思考・判断・表現」の場面です。

6．おわりに

　「英語は『教わったように教えるな』」は故・若林俊輔氏の言葉です。筆者が中学校教員をしていた30年前頃のことです。しかし，その言葉は今も十分に筆者の心を揺さぶっています。自分が教えられたように教えることは抵抗感がありません。そして，無意識かどうかは別にして，自分が教えることになった場合も，その指導法をBelief（信念）として引き継いでしまいます。コロナ禍にあっても，春には花見を楽しむという習慣は，なかなか変えるこ

とはできませんが，指導観・評価観は変えるべき時期にきています。

引用文献

和泉伸一（2009）．『「フォーカス・オン・フォーム」を取り入れた新しい英語教育』．大修館書店．

文部科学省（2017）．「小学校学習指導要領（平成 29 年告示）解説　外国語活動・外国語編」
　　https://www.mext.go.jp/component/a_menu/education/micro_detail/__icsFiles/afieldfi
　　le/2019/03/18/1387017_011.pdf

Rivers, W. M., & Temperley, M. S. (1978). *A Practical Guide to the Teaching of English as a
　　Second or Foreign Language*. Oxford University Press.

髙木展郎（2019）．『評価が変わる，授業を変える』三省堂

言語活動と読み書きの指導

大城賢

1.「言語活動を通して…」とは

　今般の「小学校学習指導要領（外国語）」（以下「学習指導要領」という）では，目標が以下のように示されています。

> 　外国語によるコミュニケーションにおける見方・考え方を働かせ，外国語による聞くこと，読むこと，話すこと，書くことの言語活動を通して，コミュニケーションを図る基礎となる資質・能力を次のとおり育成することを目指す。

※下線は筆者による

　「言語活動を通して」という文言に注目してみます。「言語活動」とは「自分の考えや気持ちを伝え合う」ことです。従来の英語教育においては，「自分の考えや気持ちを伝え合う」という活動があまりにも少なかったと思います。その反省に立ったものと考えることができます。

　また，もう1つ大切な点は「通して」と示されていることです。説明や練習も大切ではありますが，それを授業のメインにするのではなく，自分の考えや気持ちを伝え合う言語活動を中心にして指導を行うということになります。

　1970年代から広まったコミュニケーション重視の外国語教育においては「Learn to Communicate ではなく Communicate to Learn」（Richards & Rodgers, 2014）ということがいわれていました。コミュニケーションのために学ぶのではなく，学ぶためにコミュニケーションをするという考え方に立つということです。「言語活動を通して学ぶ」ということは，「説明や練習」を中心としていた授業から，自分の考えや気持ちを伝え合う活動を通して外国語を学ぶということになります。それ以前の指導法は「予め決められた文型を導入し，練習し，そして使う」という考え方でしたので，それとは異なる指導法です。あれから半世紀が経ち，日本の英語教育でも，やっとこの考

え方が公に受け入れられたと思うと，個人的には感慨深いものがあります。

　また，この考えをさらに具体的に述べたのが Rivers and Temperley（1978）の「Skill-getting and skill-using continue to proceed hand in hand, and skill-getting activities must be so designed as to lead naturally into spontaneous communication activity.」（p. 4）という言葉です。筆者なりに解釈すると「知識・技能は個別に学ばれるのではなく実際のコミュニケーションを繰り返すことによって学ばれる」ということになります。

　先ほど，筆者は「1970 年代から始まったコミュニケーション重視の考えが日本の外国語教育において公に受け入れられた」と述べました。筆者がその根拠と考えるのは「小学校学習指導要領解説 外国語活動・外国語編」（以下「学習指導要領解説」という）以下の記述です。

> 外国語学習においては，語彙や文法等の個別の知識がどれだけ身に付いたかに主眼が置かれるのではなく，児童生徒の学びの過程全体を通じて，知識・技能が，実際のコミュニケーションにおいて活用され，思考・判断・表現することを繰り返すことを通じて獲得され，学習内容の理解が深まるなど，資質・能力が相互に関係し合いながら育成されることが必要である。

（「小学校学習指導要領解説（外国語活動編）」p.29,
「小学校学習指導要領解説（外国語編）」p.100,
「中学校学習指導要領解説（外国語）」p.7）
※下線は筆者による

　従来の指導では，語彙や文法等を実際のコミュニケーションの場面[1] とは切り離し，個別の学習事項として指導したり練習したりする場面が多くありました。コミュニケーションとは切り離された典型的な指導法がパターンプラクティス[2] です。言語の習得には文の構造を理解し，練習し，自動化することは重要です。しかしながら，文脈から切り離されて文構造の練習をして

---

1) 筆者は「言語活動」は「実際のコミュニケーションの場面」とは必ずしも同一ではないと考えていますが，基本的な考え方は共通していると考えています。

2) パターンプラクティスは文構造を習得するために開発された指導法です。例えば，単語の一部を指導者の指示によって素早く言い換える活動などがあります。I like (oranges). I like (grapes). I like (basketball). I like (baseball). などと（　）の中の単語を次々と入れ換えさせて文構造を習得させようとする指導法です。

いたために，実際のコミュニケーションの場面では，文構造をうまく使えないということも起こりました。また，機械的な練習になっていたために，定着することにもつながらなかったと批判されました。

そこで，「学習指導要領解説」に示されているように，「知識・技能が，実際のコミュニケーションにおいて活用され，思考・判断・表現することを繰り返すことを通じて獲得される」という考えに至ったというわけです。

「実際のコミュニケーションにおいて活用される」ということを別の言葉でいうと，「文脈の中で」ということになります。文構造を理解し使えるようにすることは言語の習得においては，とても大切なことです。だからこそ，パターンプラクティスという指導法は外国語指導者に広く受け入れられ，急速に広がったのです。しかし，前述したように，従来のパターンプラクティスは，文脈と切り離されていたために，学習者は意味を考えることをせず，機械的な繰り返しに終わることが多くありました。その結果，予想されたほど効果を発揮することができませんでした。

「学習指導要領」は「言語活動を通して」指導することを求めています。しかし，語彙や表現の蓄えの少ない小学校段階では，いきなり「自分の考えや気持ちを伝え合おう」といっても難しいところがあります。言語活動に上手くつながるように，文構造に慣れさせる必要があります。そこで，効果的なパターンプラクティスのやり方について次に考えていきたいと思います。

2．習得につながるパターンプラクティスの方法

効果的なパターンプラクティスの指導法を沖縄県浦添市立港川小学校の神村好志乃先生の授業を取り上げて考えていきたいと思います。

授業は2022年6月6日に行われました。本単元の目標となる表現は「What's your favorite fruit? My favorite fruit is ○○.」となっています。指導者は今朝の朝食でパイナップルを食べたことから文脈を作り，「Do you like pineapple?」[3] と児童に質問していきます。神村先生と児童の実際の「やり取り」を見ていきます。

---

3) Do you like pineapples?　と複数にすることもありますが，この場合はサラダの中に切り分けられて入っているパイナップルというイメージなので無冠詞の pineapple にしています。

T	: I had *Ishigakijima* pineapple for my breakfast. I like fruits. <u>My favorite fruit is pineapple.</u>
S1	: パイナップル？舌がなんかしびれるよ。
S2	: 俺，マンゴーがいい。マンゴー派。
T	: *Ishigakijima* pineapple is very sweet and delicious. *Kota-san*, do you like pineapple?
S3（こうた）	: No.
T	: Oh, no. <u>What's your favorite fruit?</u>
S3（こうた）	: <u>My favorite fruit is mango.</u>
T	: Oh, your favorite fruit is mango. Very good. *Hana-san*, <u>do you like pineapple?</u>
S4（はな）	: No.
T	: ええぇ？なぜみんな（パイナップルが好きじゃないの）…
S	: 舌がしびれる…（しばらくパイナップルについての話が続く）
T	: じゃ，はなさんに聞いていい？　<u>What's your favorite fruit?</u>
S4（はな）	: <u>My favorite fruit is blueberry.</u>
T	: Why?
S4（はな）	: It's delicious.
T	: It's delicious. Very good. ブルーベリー食べたことがある人？
S	: あるある。ケーキに載せているのを食べた…
T	: *Ami-san*, Do you like pineapple?
S5（あみ）	: No.
T	: <u>What is your favorite fruit?</u>

S5（あみ）	: <u>My favorite fruit is melon.</u>
T	: *Ami-san*'s favorite fruit is melon. Why?
S5（あみ）	: It's delicious.

※下線は筆者による

　指導者は「Do you like pineapple?」に対する児童の答えは「No.」が多いことを見越しています。そして，「No.」と答えた児童に「What's your favorite fruit?」と尋ね，児童から「My favorite fruit is melon.」を引き出しています。この表現に慣れさせるため，指導者と児童が「文脈」の中で何度も繰り返し「やり取り」を行っています（下線参照）。これはパターンプラクティスと同じ形なのですが，従来のパターンプラクティスと大きく異なる点は，「文脈」があることと，児童が意味（自分が一番好きなもの）を考えて発話していることです。

　従来は以下のように，パターンプラクティスと称して（　　）の部分を入れ替えさせる練習が多く見られました。

What's your favorite（fruit）?	My favorite fruit is（melon）.
What's your favorite（sport）?	My favorite sport is（baseball）.
What's your favorite（subject）?	My favorite subject is（science）.

　（　　）の中を入れ替えていくだけですから，もちろん文脈はありません。（　　）の中に自分が好きなものを入れさせたとしても，何のために聞いているのか，何のために答えているのかがわかりません。このような機械的な練習では，やがて学習者は意味を考えなくなってしまい，記憶にも残らなくなってしまうと考えられます。

　前述したように，語彙や表現の蓄えが少ない児童に，いきなり自分の考えや気持ちを伝え合わせることは難しいものです。自分の考えや気持ちを伝え合う基本となるのが「文構造」です。したがって自分の考えや気持ちを伝え合うためには文構造に慣れ親しませる必要があります。神村先生の指導は従来のパターンプラクティスの欠点を補っており，習得・定着につながることが多いに期待されると考えられます。

3．単元を見通した授業づくりと中間指導

　授業を行うには「単元を見通した授業構成」を考えることが大切です。これは従来から大切にされてきたことです。そして，基本的に本時の授業は，「年間指導計画⇒単元指導計画⇒本時の指導」の順序で考えていきます。筆者が今般の「学習指導要領」の改訂に伴って大切と考える点は，①「単元目標を児童と共有する」ということと，②「単元全体を通して目標を実現する」という指導観に立つことです。

　①の「単元計画を児童と共有する」という点がなぜ重要かというと，今般の学習指導要領では「主体的に学習に取り組む態度」の育成が目標となっているためです（詳しくは後述します）。児童が主体的に学習に取り組むためには，児童自身が単元の目標を自分事としていなければなりません。目標が理解できてはじめて，自らの目標を立てることができ，目標に向かって粘り強く取り組む態度も，自らの学習をふり返ったり，自己調整をしたりする態度も育成されます。

　また，単元の計画を立てる際に大切なことは「学習指導要領」が求めている指導観に立って単元計画を作成することです。従来のような「目標となる文構造を説明して，練習して，使わせる」という指導観に立つと，第1時〜2時は「説明」を中心に，第3時〜4時は「練習」を中心に，そして単元の最終段階の第5時〜6時は「使わせる」ことを中心にした単元構成になってしまいます。これは「ブロック積み上げ型」の単元構成といわれるものです。前述したように，今般の「学習指導要領」は「言語活動を通して資質・能力を育成する」ことを求めています。「ブロック積み上げ型」の単元構成になってはいけません。

　直山（2021）は「英語学習は『漆塗り』の方が適切な例えで，傷が付いたり割れが入ったりしても，何度も上から塗り重ねて完成させるイメージ」と述べています。「傷が付いたり割れが入ったりしても」というのは，はじめから完璧なものを求めないということです。しかし，間違いをそのままにすることではありませんから，塗り重ねて，完成度を高めていくことになります。「言語活動を通して」というのは，単元の最後に「言語活動」を設定するのではなく，単元のはじめから「言語活動を通して」学ぶということです。別の言葉でいうと「使いながら学ぶ」という指導観に立つことが単元づくりにおいても大切ということです。

　さて，ここで大切なことがもう1つあります。傷が付いたり，割れが入っ

たりしたところを漆で塗り重ねていくように，単元を通して，何度も繰り返し，児童の気づきを促すようにすることです。児童は，習得の度合いによって，さまざまな場面で個別の「気づき」を体験します。個別の「気づき」を全体で共有し，学びを深める場が「中間指導」です。この「中間指導」において，自分の知識が欠けていたことに気づいたり，使ってみたが間違っていたことに気づいたりします。中間指導は活動の途中で指導を行うことから，その名称を使うようになりました。その役割は「使う」と「学ぶ」をつなぎ，児童の深い学びを促進することです。ここを充実させることが言語の習得を促すものにもなります。

4．「主体的に学習に取り組む態度」の育成と評価

4.1　「～している」「～しようとしている」の検討

　「主体的に学習に取り組む態度」の評価は，「思考・判断・表現」と対（つい）にして評価することとされています。「『指導と評価の一体化』のための学習評価に関する参考資料（小学校外国語・外国語活動）」（以下「参考資料」という）の指導案においても，単元の目標の文言は全く同じで，文末だけが「～している」，「～しようとしている」と異なっています。髙橋（2021）は，このような記述の仕方では「多くの教師は何も考えずに機械的に表記し，異なる観点にこれまた機械的に同じ評価を与えるようになれば，そもそも別な観点を設定して評価する意味は失われます」と指摘しています。筆者は，「～している」と「～しようとしている」の文言は「主体的に学習に取り組む態度」の１つの側面ではありますが，全体を捉えてはいないのではないかと考えています[4]。

　さて，「学習指導要領解説」には以下の記述があります。

> 「主体的に外国語を用いてコミュニケーションを図ろうとする態度」とは，単に授業等において積極的に外国語を使ってコミュニケーションを図ろうとする態度のみならず，<u>学校教育外においても，生涯にわたっ</u>

4）「知識・技能」も「主体的に学習に取り組む態度」も，最終的に「思考・判断・表現」に帰結すると考えると「主体的に学習に取り組む態度」も「思考・判断・表現」として対にして評価することが可能と考えます。しかし，それだけでは３つの観点を目標に掲げた意義が弱まってしまいます。

て継続して外国語習得に取り組もうとするといった態度を養うことを
目標としている。これは，学校教育法において，学力の重要な要素と
して「生涯にわたり学習する基盤が培われるよう」，「主体的に学習に
取り組む態度」を養うことを掲げていることを踏まえたものである。

（「小学校学習指導要領解説（外国語活動・外国語編）」p.74，
「中学校学習指導要領解説（外国語編）」p.16）
※下線は筆者による

　「〜している」と「〜しようとしている」と文末が異なるだけの文言を見
ていたのでは，「生涯にわたって学び続ける」という目標が見落とされてし
まいそうです。結局，改訂前の「積極的にコミュニケーションを図ろうとす
る態度」とほとんど変わらないものとなってしまいます。これでは，改訂さ
れた「学習指導要領」の趣旨を生かすことができないのではないかと不安に
なります。

4.2　「学習の進め方」の視点

　また，「参考資料」では「主体的に学習に取り組む態度」に関して以下の
ように記しています。

　「ここでの評価（「主体的に学習に取り組む態度」の評価）は，児童生
　徒の学習の調整が「適切に行われているか」を必ずしも判断するもの
　ではなく，学習の調整が知識及び技能の習得などに結び付いていない
　場合には，教師が学習の進め方を適切に指導することが求められる。」

（「参考資料」pp.9-10）
※下線は筆者による

　筆者は，「主体的に学習に取り組む態度」の観点から大切なことは「学習
の調整が知識及び技能の習得などに結びついていない場合には，教師が学習
の進め方を適切に指導することが求められる」という点であると考えていま
す。「学習の進め方」というのは「学習方略（学び方）」を指していると考え
られます。そして，この「学習方略（Learning Strategies）」を身につける
ことによって，生涯にわたって継続して外国語習得に取り組もうとする態度
を養うことが可能になると考えられます。

　コミュニケーション能力の研究においては「コミュニケーション方略

(communication strategies)」という概念があります。「学習方略」と「コミュニケーション方略」は，元々は異なる概念です。コミュニケーション方略とは，自分が言いたい単語がわからない時に何とか伝えようとする能力です。例えば，おばあさん（grandmother）がわからない時に「my mother's mother（私のお母さんのお母さん）」と言い換えることです。また，コミュニケーション方略には効果的に伝えることができる能力も含まれます。例えば，単に fish とするだけでなく big をつけて big fish とすると伝えたい魚のイメージが表現できる場合などがそれにあたります。「学習方略」とは，単語を覚える時は「カテゴリーごとに覚える方が効果的（例えば果物，スポーツ，教科など）」とか，「絵のついたカードで単語を覚える方が覚えやすい」などの学習上の方略です。

4.3 「主体的に学習に取り組む態度」の評価

さて，「主体的に学習に取り組む態度」として評価する児童の姿はどのようなものでしょうか。「参考資料」の中から児童の具体的な姿が記された箇所を抜き出してみます。「参考資料」においては「学習方略」と「コミュニケーション方略」が区別されていません。ここでは，筆者の方で区別し整理してみました（数字は筆者による）。

---

①関連してさらにできることを言っている（コミュニケーション方略）
②相手に伝わっているかを確認しながら話している（コミュニケーション方略）
③自分で修正しながら話している（コミュニケーション方略）
④既習の語句や表現を使っている（コミュニケーション方略）
⑤何とか伝えようとしている（コミュニケーション方略）
⑥グループの友だちからのアドバイスを生かして練習している（学習方略）
⑦自分でも言い直して練習している（学習方略）
⑧教師がゆっくりと話した英語モデルを生かしている（学習方略）
⑨周りの友だちや教師の支援を得ながら理解している（学習方略）
⑩英語のうまい伊藤さんの話していることも参考にしている（学習方略）
⑪雪祭りについて調べている（学習方略）

---

⑫家で姉に聞きながら勉強しようと思う（学習方略）

⑬雪祭りについてしっかり調べた（学習方略）

⑭友だちに教えてもらったら書けるようになった（学習方略）

⑮シートに書かれていることばを4線のそばにおいて書いている（学習方略）

⑯教師のアドバイスを受けている（学習方略）

⑰友だちのやり取りを見て，そのよさを取り入れたり，工夫したりしている（学習方略）

⑱児童の発表の様子を見て，そのよさを取り入れたり，工夫したりしている（学習方略）

「参考資料」に示されている①〜⑤は「コミュニケーション方略」と呼べるものです。「コミュニケーション方略」はコミュニケーションの場面（評価の観点でいえば「思考・判断・表現」の場面）で発揮されるものです。例えば，「やり取り」や「発表」の「思考・判断・表現」の場面で「①関連してさらにできることを言っている」や「②相手に伝わっているかを確認しながら話している」という場合などは「コミュニケーション方略」が発揮された場面と捉えることができます。したがって，この場合の「主体的に学習に取り組む態度」は「思考・判断・表現」と対（つい）にして評価することが可能です。

一方，⑥〜⑱の「学習方略」は「思考・判断・表現」の場面では見ることができません。「⑥友だちからのアドバイスを生かして練習」，「⑮4線のそばにおいて書いている」などは言語活動（「思考・判断・表現」）の場面ではなく，学習（「知識・技能」）の場面になります。

「参考資料」の①〜⑱で示されている「方略」については，当然，指導することによって，学習者がその「方略」を活用して，コミュニケーションをスムーズに運ぶことができたり，効果的に知識・技能を身につけたりすることが可能となります。ここにフォーカスして指導していくことが，生涯にわたって学び続ける学習者を育成することになると筆者は考えています。

尾関（2006）は「英語の能力を伸ばしつつ，学習者の自律を育てる学習ストラテジー指導は，残念ながら，日本の学習指導要領ではほとんど言及されておらず，日本の英語教育に広く普及しているとは言えません」と述べています。今般の学習指導要領において，遅ればせながら，日本の英語教育にお

いても「学習ストラテジー」への言及がなされたことは，今後の児童生徒の学習改善に大きく資するものになると筆者は考えています。

さて，これまでの議論を踏まえて「主体的に学習に取り組む態度」の評価の考え方をまとめてみます。

表1　主体的に学習に取り組む態度の評価

「参考資料」の記述	評価のポイント
①知識及び技能を獲得したり，思考力，判断力，表現力等を身につけさせることに向けた粘り強い取り組み	・知識及び技能を獲得するために「粘り強い」取り組みを行っているか。 ・思考力，判断力，表現力等を身につけるために「粘り強い」取り組みを行っているか。
②　①の粘り強い取り組みを行う中で，自らの学習を調整しようとする側面	・知識及び技能を獲得するために「学習方略」を使って自らの学習を調整しようとしているか。 ・思考力，判断力，表現力等を身につけるために「コミュニケーション方略」を使って自らの学習を調整しようとしているか。

表1においては「主体的に学習に取り組む態度」の評価を大きく①「粘り強い取り組み」と②「自らの学習を調整しようとする側面」に分けています。「粘り強い取り組み」は「参考資料」の説明にある通り，「知識及び技能」を獲得したり，「思考力，判断力，表現力」を身につけさせる際に見ていく必要があります。これは，従来の「態度」にあたるものです。「粘り強さ」は指導が可能かどうか，議論が分かれるところです。目に見えないことが多く評価も難しいものです。

一方，「自らの学習を調整しようとする側面」は，知識及び技能を獲得するために「学習方略」を使って自らの学習を調整しようとしているか，思考力，判断力，表現力等を身につけるために「コミュニケーション方略」を使って自らの学習を調整しようとしているか，という視点に立って児童を見ていくことになります。「自らの学習を調整しようとする側面」は，無意識の場合もありますが，意識的に指導することが可能です。そして目に見えることも多いので評価も可能となります。

「コミュニケーション方略」と「学習方略」という考え方を援用すること

によって，「主体的に学習に取り組む態度」の全体像が理解しやすくなり指導と評価のヒントが得られるものと考えています。ただし，「コミュニケーション方略」は研究者により種類や分類が異なっており，「学習方略」には「コミュニケーション方略」を含める考え方もあります。大和ほか（2006）においては，両者を含めて「学習方略」としています。また，この2つは厳密に区別することが難しい場合もあります。**表1**の「①粘り強い取り組み」と「②学習の調整」の間が点線になっているのはそのためです。「参考資料」においても「これら①②の姿は実際の教科等の学びの中では別々ではなく相互に関わり合いながら立ち現れるものと考えられることから，実際の評価の場面においては，双方の側面を一体的に見取ることも想定される。例えば，自らの学習を全く調整しようとせず粘り強く取り組み続ける姿や，粘り強さが全くない中で自らの学習を調整する姿は一般的ではない」と記しています。

　ところで，「主体的に学習に取り組む態度」は長期にわたる指導が必要です。「主体的に学習に取り組む態度」がエンジンとなって「知識・技能」や「思考力・判断力・表現力」の学習が行われます。記録に残す評価は，ある意味「主体的に学習に取り組む態度」の結果が反映されたものと考えることができます。例えば，「聞くこと」の「知識・技能」や「思考力・判断力・表現力」の記録に残す評価は単元終末のある時点で一斉に行うことができます。「聞こうとしている（主体的に学習に取り組んでいる）」からこそ「思考力・判断力・表現力」につながっていると考えるならば，「主体的に学習に取り組む態度」は「思考力・判断力・表現力」と対にして考えることができます。しかし，これまで述べてきたように，そのように単純に考えてしまうと，「主体的に学習に取り組む態度」の観点を設けた意味がありません。

　そこで筆者の提案は「主体的に学習に取り組む態度」は形成的評価を中心に行い，その結果が表れる場面として，記録に残す評価は，形成的評価を踏まえて，「知識・技能」や「思考力・判断力・表現力」と合せて評価するという考え方に立つということです。

　石井・鈴木（2021）は「総括的評価（記録に残す評価）では，子ども一人ひとりについて，確かな根拠をもとに客観的に評価することが求められます。一方，形成的評価なら，指導の改善につながる程度の厳密さで，ポイントになる子どもを机間指導でチェックし，子どもたちとのやり取りを通して，理解状況や没入度合いなどを直感的に把握するので十分です」と述べています。支援が必要な児童に対しては，これまでも机間巡視などを通して指導を行っ

てきたと思います。石井・鈴木（2021）が述べるように，形成的な評価はポイントになる子どもを机間巡視でチェックする方法で構わないと思います。そして，ここでの児童の様子を指導者のメモなどの形で残しておき，児童の「ふり返りシート」も活用しながら，総括的評価を行うとよいのではないかと思います。

4.4 「学習方略」の授業実践例

さて，ここで，「学習方略」を指導する授業とはどのようなものなのかについて，前述の神村好志乃先生の授業から見ていきたいと思います。授業は 2022 年 9 月 14 日に行われたものです。単元は「Unit 4, My summer vacation was great.」となっています。単元の目標は「AET の家族や友だちに自分のことをさらに知ってもらったり，友だちのことを知るために楽しかった夏休みの思い出を伝え合い，夏休みにしたことやその感想についての具体的な情報を聞き取ったり，相手に伝わるように話したりする」となっています。本時は第 2 時で，以下は前年度にこのクラスを担当していた綾乃先生が，自らの夏休みの思い出を，ビデオ映像を通して児童に伝える場面です。授業は次のように展開していきました。

好志乃先生：Hello, Ayano-sennsei.

綾乃先生　：Hello, Yoshino-sennsei.

好志乃先生：How was your summer vacation?

綾乃先生　：It was great. My summer vacation was great.

好志乃先生：Wow. Why?

綾乃先生　：I went to Yambaru（山原）river. I enjoyed fishing and swimming. I got many <u>small</u> fish. I enjoyed barbeque <u>with my family</u>. It was delicious. My summer vacation was great.

好志乃先生：Thank you.

＜ビデオの「やり取り」を聞いて児童と内容の確認をしていきます＞

好志乃先生：さあどうだった？

S　　　　　：バーベキュー，川に行った，スモールフィッシュ，ファ
　　　　　　ミリー，デリィシャス・・・

好志乃先生：じゃ，どんな表現がいいと思った？

S　　　　　：<u>many small fish</u> と言っていた。

好志乃先生：何がいいの？

S　　　　　：small と言っていた。詳しく言っていた。

好志乃先生：<u>そうね。Small と言っていたね。詳しく言っていたね。</u>
　　　　　　<u>Small も使えそう？ Big も使えるね。</u>ほかには？

S　　　　　：マイファミリー（with my family）もあった。デリィシャ
　　　　　　ス（delicious）もあった。

好志乃先生：そうね。いろいろ使えるね。じゃ，次のビデオを見てみ
　　　　　　ようか。綾乃先生，面白いけど，<u>表現にも（注目して）</u>
　　　　　　<u>聞いてみてね。</u>

※下線は筆者による

　この授業では綾乃先生の夏休みについてビデオを視聴させ，この中から「自分の発表に使える表現はないか」と児童に促しています。そして，神村先生は，「small が使えるね」と small に注目させ，さらに big も児童の表現に取り入れることが可能なことを示唆しています。ただ fish と伝えるよりも，small fish と言った方が，捕まえた「魚」をイメージしやすく，より詳しくその時の状況を伝えることができます。「聞くこと」においては内容を捉えることが最も大切なことはいうまでもありません。しかし，それができるようになったら，内容を捉えることだけに集中するのではなく，自分の発表に使えそうな表現はないかと表現にも注目させながら聞くことが言語習得を効果的に促進していきます。そして，このような「学習方略」が身につけば，この単元の学習だけではなく，次の単元でも，あるいは次の学年でも，ずっと使える学習方略を身につけることができます。

5. おわりに

本章で述べたことをまとめます。

(1)「言語活動を通して指導する」という考えに立って授業を作る。

(2) まずは「させてみる」⇒間違いが出る⇒中間指導（気づきを共有する場，友だちから学ぶ場）⇒さらに「やってみる」。

(3) 文脈の中で文構造（パターン）を学ばせる，慣れさせる。

(4)「主体的に学習に取り組む態度」の評価は「学び方」の指導があってはじめて可能となる。

(5)「学び方」を授業に取り入れれば，児童が「学び方」を使えるようになる。主体的な学習者，自律的な学習者になることが期待できる。

(6)「主体的に学習に取り組む態度」の評価は形成的評価に重点を置く。総括的評価では「知識・技能」と「思考・判断・表現」と合わせて見取る。

　今後の課題としては特に小学校で必要となる「学習方略」のリストアップと指導事例の蓄積と考えています。「学習方略」としては①教科共通の方略，②外国語特有の方略，③領域（聞く，話す，読む，書く）特有の方略があると考えられます。これらを整理，リストアップして，外国語を指導する先生方へ届けることができればと考えています。そして，「学習方略」を指導した結果，生涯にわたって学び続ける態度が育成され，「知識及び技能」や「思考力，判断力，表現力」の向上につながるかどうかを検証していきたいと考えています。

引用文献

石井英真・鈴木秀幸（編著）(2021).『ヤマ場をおさえる学習評価』図書文化.

尾関直子（2006).「はじめに」大学英語教育学会学習ストラテジー研究会（編著）『英語教師のための「学習ストラテジー」ハンドブック』(pp. vi-vii) 大修館書店.

髙橋一幸（2021).『改訂版 授業づくりと改善の視点』教育出版.

直山木綿子（2021).『小学校外国語教育の指導と評価』文溪堂.

大和隆介（2006).「第3章　授業で学習ストラテジーをどう指導するか」大学英語教育学会学習ストラテジー研究会（編著）『英語教師のための「学習ストラテジー」ハンドブック』(pp. 23-36).

Jack C. Richards and Theodore S. Rodgers(2014). *Approaches and Methods in Language Teaching*, Cambridge University Press.

Rivers and Temperley(1978). *A Practical Guide to the Teaching of English as a Second or Foreign Language*, Oxford University Press.

9 小学校外国語教育における
指導と評価の一体化と
音声を中心とした指導の大切さ

堀田　誠

1．はじめに

　小学校学習指導要領（平成 29 年告示）によって，小学校高学年で外国語，小学校中学年において外国語活動が導入されることになり，それが全面実施となったのは 2020 年度のことです。2020 年度以降，全国各地で小学校外国語活動・外国語の熱心な指導が行われてきました。そうした中で，新しい学習指導要領が全面実施となったこの時期，今一度，指導者が留意すべきことはいくつかあります。そこで，本章では，その中から，2 つの話題を取り上げて考えていきます。1 つ目は，指導と評価の一体化に関することです。2 つ目は，小学校高学年における音声を中心とした指導の大切さについてです。

2．指導と評価の一体化

　学校教育においては，児童生徒が目指すべき姿を明確にした評価に照らして，それが達成されるように，具体的な指導を案出したり改善したりする必要があります。評価と指導は互いに関連しあっています。そのため，指導と評価の一体化を目指すことが重要視されています。中央教育審議会初等中等教育分科会教育課程部会（2019）には，指導と評価の一体化に関して次のような記載があります。

> 「指導と評価の一体化を図るためには，児童生徒一人一人の学習の成立を促すための評価という視点を一層重視することによって，教師が自らの指導のねらいに応じて授業の中での児童生徒の学びを振り返り学習や指導の改善に生かしていくというサイクルが大切である。すなわち，新学習指導要領で重視している「主体的・対話的で深い学び」の視点からの授業改善を通して各教科等における資質・能力を確実に

育成する上で，学習評価は重要な役割を担っている。」

（中央教育審議会初等中等教育分科会教育課程部会，2019，p.4）

　このことは，文部科学省国立教育政策研究所教育課程研究センター（2020）においても次のように記載されています。

　　「指導と評価の一体化を図るためには，児童生徒一人一人の学習の成立を促すための評価という視点を一層重視し，教師が自らの指導のねらいに応じて授業での児童生徒の学びを振り返り，学習や指導の改善に生かしていくことが大切である。すなわち，平成29年改訂学習指導要領で重視している「主体的・対話的で深い学び」の視点からの授業改善を通して各教科等における資質・能力を確実に育成する上で，学習評価は重要な役割を担っている。」

（文部科学省国立教育政策研究所教育課程研究センター，2020，p.5）

　このように，指導と評価の一体化は，いわゆるPDCAサイクルにのせる形で，指導を終えて評価を行ったあとに児童生徒の学習状況を評価し，そのあとの新たな指導の改善に取り組むことの重要性をあらためて強調したものです。しかし，指導と評価の一体化というキーワードは，これまで述べたように，指導のあとに行われる評価の結果を見て，そのあとで，次の教育の機会の指導改善につなげようとする意味だけではありません。児童生徒の目指すべき姿並びにそれを評価する場面を指導前に想定し，児童生徒が目指すべき姿が実現されるようにするため，評価に照らして児童生徒への指導のあり方を考えようとする意味での指導と評価の一体化を目指すことも重要です。小学校外国語活動・外国語において，指導者は評価を前提として具体的な指導を考えることが大切です。文部科学省国立教育政策研究所教育課程研究センター（2020）の『「指導と評価の一体化」のための学習評価に関する参考資料　小学校外国語・外国語活動』には，次のページのような学習評価の流れが示されています。

図1　学習評価の進め方

評価の進め方	留意点
1　単元の目標を作成する	○　学習指導要領の目標や内容，学習指導要領解説等を踏まえて作成する。 ○　児童の実態，前単元までの学習状況等を踏まえて作成する。
2　単元の評価規準を作成する	
3　「指導と評価の計画」を作成する	○　1，2を踏まえ，評価場面や評価方法などを計画する。 ○　どのような評価資料（児童の反応やパフォーマンスなど）を基に，「おおむね満足できる」状況（B）と評価するかを考えたり，「努力を要する」状況（C）への手立てなどを考えたりする。
授業を行う	○　3に沿って観点別学習状況の評価を行い，児童の学習改善や教師の指導改善につなげる。
4　観点ごとに総括する	○　集めた評価資料やそれに基づく評価結果などから，観点ごとの総括的評価（A，B，C）を行う。

（文部科学省国立教育政策研究所教育課程研究センター，2020，p.37）

図1の「2」→「3」への流れに示されているように、指導者は、1つの単元において、児童の学びが実現されたのか、資質・能力が育成されたのか、児童の望ましい学習状況が確認されたのかという評価の視点に基づいて、単元内の指導と評価を考え、指導の改善を図ることも求められています。

中央教育審議会(2016)は、「(1)学習指導要領等の枠組みの見直し」に触れ、次のような課題について述べています。

> 「○ (前略) 言語活動の導入により、思考力等の育成に一定の成果は得られつつあるものの、教育課程全体としてはなお、各教科等において「教員が何を教えるか」という観点を中心に組み立てられており、それぞれ教えるべき内容に関する記述を中心に、教科等の枠組みごとに知識や技能の内容に沿って順序立てて整理したものとなっている。そのため、一つ一つの学びが何のためか、どのような力を育むものかは明確ではない。
> ○ このことが、各教科等の縦割りを超えた指導改善の工夫が妨げられているのではないか、指導の目的が「何を知っているか」にとどまりがちであり、知っていることを活用して「何ができるようになるか」にまで発展していないのではないかとの指摘の背景になっていると考えられる。」

(中央教育審議会, 2016, p.15)

そして、上記の課題を解決するために、中央教育審議会(2016)は、次のように具体的な記述を行っています。

> 「○ 教育課程において、各教科等において何を教えるかという内容は重要ではあるが、前述のとおり、これまで以上に、その内容を学ぶことを通じて「何ができるようになるか」を意識した指導が求められている。」

(中央教育審議会, 2016, p.15)

さらに、中央教育審議会(2016)は、「③外国語教育の充実」に関して、次のように具体的に言及しています。

「○ 次期学習指導要領においては，第２部に示すとおり，言語能力の
　　向上に関する議論も踏まえつつ，小・中・高等学校を通じて育成
　　を目指す資質・能力を明確にし，「外国語を使って何ができるよう
　　になるか」という観点から，外国語の資質・能力の具体的な内容
　　を明確にした上で「聞くこと」「読むこと」「話すこと（やり取り）」
　　「話すこと（発表）」「書くこと」の領域別の目標を含む一貫した教
　　育目標を学習指導要領に設定することとしている。」

（中央教育審議会，2016，p.87）
※下線は筆者による

　つまり，指導者は，「外国語を使って何ができるようになるか」という観点で，児童の学びの状況，資質・能力，児童の望ましい学習状況というものを具体的に思い浮かべて，目指すべき児童像を念頭において，授業の目標を決定することが求められているということができます。すなわち，単元の指導後の評価による PDCA サイクルにのせた指導と評価の一体化の重要性も然る事ながら，もう一方では，単元の最終の評価を見据えて，目標を設定し，その目標を実現するための指導のあり方を検討する意味での指導と評価の一体化もあります。

　したがって，この指導と評価の一体化を実現するためには，「外国語を使って何ができるようになるか」という視点で，実際に学習者ができることを明確にし，かつ，評価できるようにしておくことが大切です。そして，授業のねらいを見れば，評価の方法や判断の基準がイメージできる表現で書き示すことが必要です。いかなる指導を行えば学習者が到達目標に巡り着くことができるのかを指導者が意識することが大切です。その大切さは，文部科学省初等中等教育局（2013）で次のように記述されています。

「〈授業と評価〉
・言語を用いて何ができるようになるかという観点から計画した授
　業を実施。単元の目標や評価規準を意識して授業を実施することが重
　要！」

（文部科学省初等中等教育局，2013，p.2）

　このように，外国語の授業においては，言語を用いて何ができるようにな

るかということを意識して単元の目標，授業のねらいを設定して，授業を実施することが大切であるとしています。

ところで，「外国語を使って何ができるようになるか」という表現を用いるという見方に関連して，文部科学省初等中等教育局（2013）は，「～することができる」という形で設定すること，すなわち，「CAN-DOリスト」の形での学習到達目標を設定することが重要であると説明しています。文部科学省（2013）は，「CAN-DOリスト」の形での学習到達目標の具体的な書き表し方として，次のように記載すべき指針を示しています。

「本手引きにおける学習到達目標は，（中略），4技能を用いて何ができるようになるかを「～することができる」という具体的な文（能力記述文）によって表すものである。能力記述文は，以下の要件を備えていることが望ましい。
①ある言語の具体的な使用場面における言語活動を表している。
②学習活動の一環として行う言語活動であり，各学校が適切な評価方法を用いて評価できる。」

（文部科学省初等中等教育局，2013，p.7）
※上の①及び②という番号は，便宜上，筆者が記したものである。

文部科学省初等中等教育局（2013）は，上の①のように，ある言語が実際に使用される言語活動が表されている表現にする必要があると言っています。これは，ある読者が，学習到達目標として書き表された記載を読めば，その授業における言語活動をその読者が思い浮かべることができるような文言となっていることを示しています。学習者である児童が，～という英語を用いて，～することができることがわかる表現にすることが大切であることを示しています。指導者以外の人がこの学習到達目標を読んでも言語活動を思い浮かべることができるようにするというのはとても重要です。なぜなら，この学習到達目標は，やがて，授業の中で，学習者である児童とともに共通理解を図る必要があるからです。また，②に示されている点も大変重要です。②は，学習到達目標の文言を読めば，具体的な評価方法が予想できるような書き表し方にする必要があるということです。前述のように，今回の学習指導要領において留意すべきことは，評価を通して，指導の適宜や指導改善を図ることです。そのため，学習到達目標を読めば，評価の方法も推測するこ

とができるような文言を用いて記すことが大事です。

　こうした「CAN-DO リスト」の形での学習到達目標の具体的な書き表し方に関連して，高田（2013）は，CAN-DO リストのディスクリプタを記述する際に原則として必要となる要素を 3 つ挙げています。それらは，「①どのようなタスクが，②どのような言語の質でできるか，③どのような条件下で」（p.104）という 3 要素です。

　文部科学省（2017b）には，小学校外国語活動，外国語ともに，次のことが記されています。

「各単元や各時間の指導に当たっては，コミュニケーションを行う目的，場面，状況などを明確に設定し，言語活動を通して育成すべき資質・能力を明確に示すことにより，児童が学習の見通しを立てたり，振り返ったりすることができるようにすること。」

（文部科学省，2017b，pp.53, 132）

　高田（2013）が述べる「①どのようなタスクが，②どのような言語の質でできるか，③どのような条件下で」という要素のうち，①と③を文部科学省（2017b）に記された用語に置き換えて考えてみると，

　　　①どのようなタスクが　→　言語活動を通して育成すべき資質・能力
　　　③どのような条件下で　→　目的，場面，状況

と理解することができます。②については，どのような英語表現を用いて言語活動を行うのかということになるので，下のように理解できます。

　　　②どのような言語の質でできるか　→　用いる英語表現

　このように考えると，「各単元や各時間の指導に当たっては，コミュニケーションを行う目的，場面，状況などを明確に設定し，言語活動を通して育成すべき資質・能力を明確に示すことにより，児童が学習の見通しを立てたり，ふり返ったりすることができるようにする」（文部科学省，2017b，pp.53, 132）ためには，授業の目標を明確にすることが必要であり，上記の 3 つの要素を入れて書き表すことにより，指導者と学習者がともに目標に関する共

通理解をもつことができるといえます。具体的な文の形にしたものは次の通りです。

~~~~~の目的，場面，状況において，
　　~~~~~の英語表現を用いて，
　　　　~~~~~をすることができる。

　上記，文部科学省初等中等教育局（2013），高田（2013），文部科学省（2017b）を基にして，授業の目標に含まれる要件を図に示したものが**図2**です。

図2　授業の目標を明確化するための要件

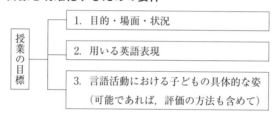

　ところで，到達目標を設定し，その到達目標に基づいて指導の中身を考えようとする授業設計方法として，Backward Design（Wiggins & McTighe, 2005, 2011）があります。**図3**は，その設計手順の流れを示したものです。

図3　Backward Design（Wiggins & McTighe, 2005）

Stage 1	**Identify desired results.** What should students know, understand, and be able to do?
Stage 2	**Determine acceptable evidence.** How will we know if students have achieved the desired results? What will we accept as evidence of student understanding and proficiency?
Stage 3	**Plan learning experiences and instruction.** What enabling knowledge (facts, concepts, principles) and skills (processes, procedures, strategies) will students need in order to perform effectively and achieve desired results? What activities will equip students with the needed knowledge and skills?

（Wiggins & McTighe, 2005, pp. 17-19 から抜粋，引用）
※筆者が作成

ここで，Backward Design の考え方に基づいた指導と評価の一体化の方法について述べます。Backward Design（Wiggins & McTighe, 2005）によれば，授業の目標，評価，どのような学習活動を設定するか考える時，3つのステージを順序立てて検討していく必要があります。この考え方に基づいて，日本の学校における指導者が用いる語に置き換えると，次の**図4**のように置き換えて考えることができます。

図4　授業設定手順

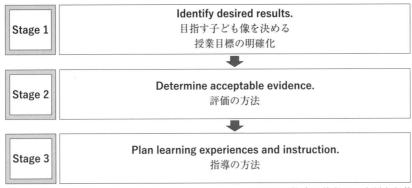

※**図3**の枠内に筆者が日本語を記載

　図4から授業設計のための手順について見てみます。まず，第1に指導者が確定すべきことは，「目指す子ども像を明確にする」，「授業の目標を明確にすること」であるといえます。その際，明確化に必要なのが，「〜〜〜〜〜の目的，場面，状況において，〜〜〜〜〜の英語表現を用いて，〜〜〜〜〜をすることができる。」という3つの要件を入れることです。第2に指導者が決めることは評価の方法です。この評価の方法を考える時には，文部科学省初等中等教育局（2013）に述べられていたように，各学校において指導者が実現可能な評価方法を用いて評価できることが必要となります。評価の観点や具体的な方法については，文部科学省国立教育政策研究所教育課程研究センター（2020）を参照することになりますが，何を根拠にして，どのように評価していくのかを指導前に明確に決めておくことは極めて重要です。そして，それこそが指導と評価の一体化を実現するために不可欠です。第3に指導者が行うことは，授業の目標を達成するための具体的な指導を選択することです。通常，児童は，さまざまな学習活動が配置された1単位時

間の授業を受けることになりますが，児童が授業の目標を達成できるようにするためには，どのような学習活動を授業内に配置すればよいか指導者は深く考える必要があります。また，このことは，1つの単元における単元指導計画を立案する場合にも適用できるものです（Wiggins & McTighe, 2005, 2011）。

3．音声を中心とした指導の大切さ

　本稿で取り上げる2つ目のテーマは，音声を中心とした指導の大切さということです。2020年度から小学校高学年の授業では，文部科学省検定教科書が使用され，アルファベットの文字を用いた学習活動が開始されています。文部科学省（2017b）には，外国語科においては，「音声で十分に慣れ親しんだ外国語の簡単な語句や基本的な表現を推測しながら読んだり，語順を意識しながら書いたりして，自分の考えや気持ちなどを伝え合うことができるよう指導する」（p.65）ことが記されています。しかしながら，筆者がかつて目にした高学年外国語の授業場面では，単元指導計画の第1時の授業において，指導者がいきなり英文を黒板に板書し，「どんな意味かわかるかな？」と子どもたちに語りかける授業の姿がありました。文部科学省（2017b）には，「音声で十分に慣れ親しんだ」という文言が強調されているにもかかわらず，黒板に書かれた英文を児童がノートに書き写すことから始まる授業が見られることは今後の小学校外国語活動・外国語教育を考える上で懸念すべきことであると考えます。

　平成29年の学習指導要領改訂の前までの小学校外国語教育（英語教育）は，聞くこと・話すことが中心に取り扱われるものでした。さらに時代を遡れば，『小学校学習指導要領（平成10年告示）』（文部科学省，1998）によって，総合的な学習の時間の中で，国際理解の一環として外国語会話等を行うことが認められましたが，この時は音声を中心としたコミュニケーションを授業で取り扱うことが強調されていました。文部科学省（2001）には，次のような記載があります。

> 「コミュニケーションは，主に音声と文字を媒体として行われる。しかし，英語の文字と音声を同時に媒体として意思の伝達を図ろうとすることは，小学校の子どもにとっては，負担が大き過ぎて，英語嫌いを生み出すことにつながる。

小学校において子どもが英語に慣れ親しんでいく過程を観察してみると，英語の音声だけで十分にコミュニケーションを図ることができると言える。さらに，音声による言葉だけでなく身振り手振りや表情などによっても，意思を伝達できるものである。
このようなことから，小学校の英語活動においては，身近で簡単な英語を聞いたり，話したりする活動を中心に行っていくことになる。」

（文部科学省，2001，pp. 3-4）

　文部科学省の上記のような確固たる基本方針があって，小学校における英語活動では，聞くこと，話すことが中心となる授業が展開されることになりました。そのあと，おおよそ20年の間，小学校には，英語のアルファベットの文字を用いない外国語教育（英語教育）の指導文化が全国各地の小学校現場で花開いたといえます。アルファベットの文字を用いない外国語教育（英語教育）という指導の方法は，それまでの日本の中学校や高等学校で実施されていた英語教育の指導方法とは異なる指導の工夫や手順を生み出したといえます。小学校の指導者たちは，アルファベットの文字を用いることなく，外国語（英語）の指導を試みるというさまざまな指導技術の工夫に取り組みました。このことは，小学校における英語教育の歴史において重要な意味をもったといえます。

　さて，時代を今に戻して2020年以降の外国語教育を考える時，2020年より前の20年間にわたって培われたアルファベット文字を用いない音声による外国語の指導文化は，今，ややその勢いを失いつつあるようにも見えることが気がかりです。文部科学省（2001）で記されていたような懸念が20年経って出現してしまうことがないようにするため，私たちは文字に関わる指導のあり方を今あらためて深く省みる必要があります。そこで，本稿では，音声を中心とした指導の大切さについてあらためて考え直してみたいと思います。

　読むこと，書くことの活動では，英語のアルファベット文字を読んだり，書いたりすることになりますが，児童がまず取り組むのは読むことになるでしょう。アルファベットの文字を目で見て取り入れることから読むことが始まります。読むことは，まず，アルファベットの文字の1つ1つに児童は着目することになります。小学校中学年で使用している文部科学省発行の *Let's Try!* 1 と *Let's Try!* 2 には英語のアルファベットが掲載されています。

文部科学省（2017b）では，小学校中学年で読むこと，書くことの目標は設定されていませんが，聞くことの中に，アルファベットに関する目標があります。アルファベットへの着目は，中学年から既に行われています。児童が次に着目しやすいのが，単語です。英単語を読むことに児童の意識が広がっていきます。英語のアルファベットで書かれた英単語を見て，その意味を理解するという認知の過程では，英単語の文字，英単語の音韻，英単語の意味の3つが絡み合っています（**図5**）。

図5　英単語の文字，音韻，意味

※中村・林田（2008, p. 90）によるモデルを参考に筆者が作成

Barron（1986）は，文字を見てその意味にアクセスする2つのルートに言及しています（**図6**，**図7**を参照）。

図6　Direct access の経路

※図は筆者が作成

図7　Indirect access の経路

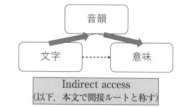

〔点線矢印のルートが利用できず音韻を経由する場合〕
※図は筆者が作成

図6は，英単語の文字を読んで（見て），その英単語の意味を理解しようとする時，文字を見た瞬間に意味がわかる（意味にアクセスできる）という場合です。例えば，中学生以上の英語に熟達した学習者であれば，understand という英単語を見た瞬間にすぐに意味を理解することができるものと推測されます。

一方，**図7**のように，文字を見た瞬間には意味がわからないという場合も

あります。

　例えば，ある学習者が，ある英単語の綴り字を一目見ただけではその意味がわからなかった場合，その学習者が次に行うことは，英単語の綴り字を手がかりにして音韻を作り出すことになるでしょう。そして，その作り出した音韻と，学習者自身が既に保持している英単語の音韻の記憶の中に，似たような音韻をもつ英単語がないか照合する作業に取りかかることになります。もしも，学習者自身が既に保持している音韻の記憶の中に似た音韻をもつ英単語があれば，学習者はその思いついた英単語の意味であろうと推測を働かせることになります。学習者がこの間接ルートを利用するためには，2つの条件があります。第1の条件としては，英単語の綴り字からその英単語の音韻を作り出す力があるかどうかという点です。アルファベットの書記素と音素の関係を知っているかどうかが鍵となります。第2の条件は，第1の条件によって作り出された音韻と似た音韻の記憶を学習者自身が保持しているかどうかという点です。第1の条件によって，仮に，英単語の音韻が作り出せたとしても，学習者自身がそれに似た音韻の記憶を保持していない場合には，照合することができず，結局，意味に巡り着くことができないことになります（Hotta & Hirano, 2011）。つまり，英単語の音韻の記憶が豊富でない学習者は，間接ルートを利用できないことになります。間接ルートを利用するためには，学習者自身が英単語の音韻を豊かに保持している必要があります。言い換えれば，音声で十分に英語に慣れ親しんでおく必要があるといえます。そして，多くの英単語について，文字の表象としてだけでなく，英単語のもつ音韻の表象も十分に蓄えておく必要があります。音声による理解可能な英語のインプット（Krashen, 1982）を受けた学習者や，音声を中心とした言語活動を通して，英語の音に十分慣れている学習者であれば，照合可能な音韻に関する知識が蓄えられる可能性があり，それが，読むことや書くことの支えとなります。

　このように，文字で書かれた英単語に出合った児童が，その意味に巡り着くためには，直接ルートと間接ルートがあり，間接ルートを利用するためには，英単語の綴り字から音韻を作り出す知識及び，その文字で書かれた英単語の音韻の保持が必要です。そのため，小学校における外国語活動・外国語においては，読むことの力を支える土台として，音声を中心とした指導は今後も重要視される必要があります（文部科学省，2017c）。

4．おわりに

　本章では，小学校外国語活動・外国語の授業において，指導者として留意すべきこと，指導者として配慮すべきことを述べてきました。小学校学習指導要領（平成10年告示）が全面実施となった平成14年以降，小学校における英語教育の名称は，英語活動から外国語活動へ，そして，外国語活動・外国語へ移り変わり，20年が経過しました。小学校における外国語（英語）教育は新たな段階に入り，そして，今後もさらに指導者がさまざまな工夫を重ねていくことになると思われます。そうした中で，やはり，常に指導者が意識すべきことは，目の前の児童とともに授業を作り上げること，児童が意欲をもって取り組めるような授業づくりを行うことです。小学校外国語活動・外国語において，指導者が児童の笑顔とともに歩み続ける姿勢をこれからも継続することが大切です。

引用文献

Barron, R. W. (1986). Word recognition in early reading: A review of the direct and indirect access hypotheses. *Cognition, 24*, 93-119.

中央教育審議会（2016）.『幼稚園、小学校、中学校、高等学校及び特別支援学校の学習指導要領等の改善及び必要な方策等について（答申）』
https://www.mext.go.jp/b_menu/shingi/chukyo/chukyo0/toushin/__icsFiles/afieldfile/2017/01/10/1380902_0.pdf

中央教育審議会初等中等教育分科会教育課程部会（2019）.児童生徒の学習評価の在り方について（報告）』
https://www.mext.go.jp/component/b_menu/shingi/toushin/__icsFiles/afieldfile/2019/04/17/1415602_1_1_1.pdf

Hotta, M., & Hirano, K. (2011). The effects of phonological representation on Japanese sixth-grade students' recognition of English words.『教育実践学論集』第12号，157-168.

Krashen, S. D. (1982). *Principles and practice in second language acquisition.* Pergamon Press Ltd.

文部科学省（1998）.『小学校学習指導要領（平成10年告示）』
https://www.mext.go.jp/a_menu/shotou/cs/1320008.htm

文部科学省（2001）.『小学校英語活動実践の手引き』開隆堂出版

文部科学省（2017a）.『小学校学習指導要領（平成29年告示）』
https://www.mext.go.jp/content/20230120-mxt_kyoiku02-100002604_01.pdf

文部科学省（2017b）.『小学校学習指導要領（平成29年3月告示）解説 外国語活動・外国語編』
https://www.mext.go.jp/component/a_menu/education/micro_detail/__icsFiles/afieldfile/2019/03/18/1387017_011.pdf

文部科学省（2017c）.『小学校外国語活動・外国語研修ガイドブック』
https://www.mext.go.jp/a_menu/kokusai/gaikokugo/1387503.htm

文部科学省国立教育政策研究所教育課程研究センター（2020）.『「指導と評価の一体化」のための学

習評価に関する参考資料　小学校外国語・外国語活動』https://www.nier.go.jp/kaihatsu/pdf/hyouka/r020326_pri_gaikokg.pdf

文部科学省初等中等教育局（2013）.『各中・高等学校の外国語教育における「CAN-DO リスト」の形での学習到達目標設定のための手引き』

https://www.mext.go.jp/a_menu/kokusai/gaikokugo/__icsFiles/afieldfile/2013/05/08/1332306_4.pdf

中村典生・林田宏一（2008）.「語彙アンケートから見た日本・韓国の小学生の語彙習得の傾向」『小学校英語教育学会紀要』第 8 号，89-96.

高田智子（2013）.「CAN-DO リストのディスクリプタの含むべき要素は?」投野由紀夫（編）『英語到達度指標 CEFR-J ガイドブック』(pp. 101-104). 大修館書店 .

Wiggins, G. & McTighe, J.（2005）. *Understanding by design*（Expanded 2nd ed.）. ASCD.

Wiggins, G. & McTighe, J.（2011）. *The understanding by design guide to creating high-quality units.* ASCD.

コミュニケーション
ストラテジー

Knoepfler Christpher Alan

1. はじめに

　コミュニケーションを行う際，ネイティブ同士の会話でも誤解が生じる場合があります。どれくらいの割合で生じると思いますか？　例えば，以下の2人の会話を見てください。

A：I had a great weekend! I went to the ◎△＄♪×￥●＆％＃？！
　　with Kate.
B：Huh? You went where?

　ネイティブ同士でも相手の言っている英語が聞き取れず，会話上の誤解が生じる場面というのは多く見られます。Enfield（2017）の研究によると，平均1分24秒当たり1回の誤解が生じるということがわかっています。この研究は英語だけでなく，さまざまな言語による会話を基にしたデータから分析されているのですが，とにかく会話の中で誤解が生じるのは自然なことなのです。

　誤解を解消するスキルに Repair というものがあります。会話上の問題を解決するスキルが英語で会話をする際に非常に大事になってきます。個人的な話になりますが，私は日本に来て12年ぐらいになります。たくさんコミュニケーションがうまくいかないことを経験しています。しかし，時間が経つうちに，日本人同士でもコミュニケーションがうまくいっていない場面を見て，少し安心しました。自分だけではなく，日本人同士でも苦労する自然なことであることがわかりました。

　本章では，コミュニケーション上の問題を解決するための方法として，コミュニケーションストラテジーを取り上げ，小学校における英語教育の中で，どのように指導すべきかについて紹介します。

2. コミュニケーションストラテジーとは?

　会話の誤解を解消する方法として，コミュニケーションストラテジーがあります。例えば，英語を話す際，「Last night, I went to this great restaurant. I ate … 何て言うんだっけ?」という場面を見ることがあります。この場合，次に出てくる英語（ここではラザニア）がわからないのだと思いますが，この問題を乗り越えるにはいくつかの方略があります。1つ目は，思い出す時間を稼ぐために，「Um … ah … How do you say …」と言うことができます。2つ目としては「You know, the pasta dish with layers … It's Italian you know …」と言えなかった英語を別の表現に言い換えることもできます。3つ目はジェスチャーを使って，「You know the pasta dish with the layers like a pasta and tomato sources and cheese.（手のひらを下にして横に3回スライドさせるジェスチャーで，パスタとトマトソース，チーズが層になっていることを相手に伝える)」こともできます。さらに，その会話をあきらめる，または中断するということもあります。例えば，「Um … never mind.」と言って，そもそもこのトピックについて話さないことにするとか，思い出せないから話をしないということもできます。

　このような方略のことをスタイル維持といいます。上記の例でいうと，会話の時間稼ぎと別の表現に言い換える，ジェスチャーを使うことをAchievement Strategies といい，コミュニケーションの問題を乗り越えようとする働きがあります。会話をあきらめる方略は Avoidance Strategies といって，会話を打ち切ることにより，これ以上の会話を拒むことで会話を収束させることができます（Dörnyei & Scott, 1997; Nakatani, 2010)。小学生に英語を指導する際，特にやり取りの中では Achievement Strategies を使用することを選んでほしいと思います。これらの方略を使うことで，よりやり取りの量を増やすことができます。

　日本の英語教育の目標として，コミュニケーション能力の育成が学習指導要領で掲げられています。コミュニケーション能力は，Canale (1983) の定義が一般的で，文法能力・社会言語学的能力・談話能力・方略的能力の4つがあり，その中でも本稿で扱う方略的能力はコミュニケーションがうまくいかない際，言い換えたり例を挙げたりしてコミュニケーションを円滑に継続する能力です。言い換えればコミュニケーションがうまくいかない際に乗り越えようとする力です。

　また，コミュニケーションを円滑にするために，自分に欠けている能力を

補完しようとする方略のことをコミュニケーションストラテジーといいます（望月他，2016）。この定義は少しネガティブな印象がありますが，実際は自分に欠けている能力を補うためだけのものではありません。コミュニケーションというのは完璧なものではなく，誤解やミスコミュニケーションはよくあることなので，話し手だけの問題ではないのです。

3．コミュニケーションストラテジーの種類

もう少しストラテジーについて，幅広く考えてみましょう。代表的なストラテジーに以下のようなものがあります（**表1**）。

表1　ストラテジーの種類

Strategy	Example
Response for maintenance/ active response 会話を維持するために 反応する	I went to the beach. ⇒ **Oh, the beach!** I like to play video games. ⇒ **Oh, me too!**
Asking follow-up questions さらに質問する	I like baseball. ⇒ **What player do you like?** I want to be a doctor. ⇒ **Why?**
Requesting and giving help 助けを求める	**How do you say 神社 ?**
Requesting and giving clarification 内容を確認する	**What?** **Could you say that again?**
Getting time to think 時間を稼ぐ	**Umm … ah …** **Just a minute …**
Gesture ジェスチャー	手で物の形を示す

（泉，2017; Nakatani, 2010. Naughton, 2006）

ストラテジーにはいろいろな分け方や分析方法がありますが，教育現場でよく使用されるストラテジーについて解説します。それぞれのストラテジーと例を見てください。

「会話を維持するために反応する」について，相手の言っていることに興味を示すために「Oh, the beach!」と繰り返したり，「Oh, me too!」と相槌を打ったりするなどがあります。「さらに質問する」については，小学校での英語の授業でもよく使われている方略だと思います。"Why?" と理由を聞くことや追加の質問をすることにより，話が広がり，会話の停滞を防ぐ効果もあります。次に，「助けを求める」ですが，これは学習者同士ではこの方略を使うことはあまりないかもしれませんが，学習者が ALT や先生に聞いたりする場合は使えると思います。「内容を確認する」は相手の話が聞き取れなかった時にもう一度言ってもらったり，もう少しわかりやすく言い直してもらったりするなど，誤解を生じさせないために必要な方略です。「時間を稼ぐ」は意外と重要な方略です。人間は会話の中で 1 秒以上沈黙があるとなんとなく違和感を覚えるといわれており，考えている時には "Umm … ah …" などの表現を使った方がよいと思います。「ジェスチャー」も使いやすい方略といえると思います。

　『小学校外国語活動・外国語研修ガイドブック』（文部科学省，2017）にはコミュニケーションストラテジーという言葉や方略的知識という言葉は出てきませんが，同じような概念が示されています。

> 「話すこと」によるコミュニケーションを行う際に欠かせないことが「対話を続けるための基本的な表現」である。我々が母語で対話をする際にも，相手の話した言葉を繰り返して，話し手が伝えたい内容を確かめたり，相手の話したことに何らかの反応を示したりすることで対話は続くものである。

（文部科学省，2017，p.84）

　次のページは研修ガイドブックの Small Talk の部分（**表 2**）ですが，先ほどのストラテジーでは取り上げませんでしたが，「対話の開始」や「対話の終了」についての記載があります。

表2 対話を続けるための基本的な表現例

対話の開始	対話の始めの挨拶 Hello. /How are you? /I'm good. How are you? など
繰り返し	相手の話した内容の中心となる語や文を繰り返して確かめること 相手：I went to Tokyo. 自分：(You went to) Tokyo. など
一言感想	相手の話した内容に対して自分の感想を簡単に述べ，内容を理解していることを伝えること That's good. /That's nice. /Really? /That sounds good. など
確かめ	相手の話した内容が聞き取れなかった場合に再度の発話を促すこと Pardon? /Once more, please. など
さらに質問	相手の話した内容についてより詳しく知るために，内容に関わる質問をすること 相手：I like fruits. 自分：What fruits do you like? など
対話の終了	対話の終わりの挨拶 Nice talking to you. /You, too. など

（文部科学省，2017，p.84）

4．コミュニケーションストラテジーを扱う意義

　それでは，なぜ小学校英語でコミュニケーションストラテジーを扱う必要があるのでしょうか？　泉（2017）は，ストラテジーを指導することで学習者の不安を軽減し，コミュニケーションを楽しみ，成功体験を通して自信をつけさせることができるとしています。また，望月他（2016）では，母語話者同士でも互いの発話を理解しようとして聞き返したり，確認したり，言い換えたりするなどのストラテジーを使用することにより，学習者同士のコミュニケーションが成功することにつながり，積極的に授業に参加しようとする動機を高め，言語能力が発達することが期待されるとしています。学習者の主体性を養うためにもコミュニケーションストラテジーを扱うことは重要だと思います。学習者が主体的に学習に参加し，自分で問題を解決することにつなげることもできるのではないでしょうか。自分で責任をもって，何かコミュニケーション上の問題が生じた時，先生やALTに依存しないで自分で問題を解決しようとする姿を養うことができるようになると，大変素晴らしいのではないかと思います。

実際の授業の例を見てみましょう。以下は琉球大学附属小学校5年生のやり取りの様子です（泉他，2020，p26）。Small Talk として，学習者同士が自分の宝物についてやり取りをしています。

JTE：It's Small Talk Time. You are going to talk about your treasure for your school life with your partner. Remember? No Japanese.

Ss　：うぉーーーー

JTE：Challenge. No Japanese, challenge. You have one thirty. No Japanese. Ready? Start.

S2　：Hello. What is your treasure for … school … life?

S3　：Un … my treasure is my glove.

S2　：Glove?

S3　：Un … baseball. Baseball.（ボールを取るジェスチャー）

S2　：Uh-huh. That's nice.

S3　：How about you?

S2　：My treasure is … my glass.（メガネをさわりながら）

S3　：Really? Why?

S2　：Because … uh … blackboard no see.

S3　：OK, OK. I see.（タイマーが鳴る。終了）

　この学習者のやり取りの中に，どのようなコミュニケーションのトラブルがあるでしょうか。また，トラブルを乗り越えるために，どのようなストラテジーを使用しているでしょうか。少し考えてみましょう。

　この対話にはさまざまなストラテジーが使用されています。最初に S2 が「Glove?」と言って，内容を確認しています。「これ何という意味？」と確認しているので，S3 の言ったことが伝わらないというトラブルが生じます。そこで S3 は「Un …」とどうやって Glove を説明しようかと考え，ジェスチャーというストラテジーを用いて「Baseball.」と言って伝えようとしています。そのあと，S2 が「That's nice.」と言って相手の宝物をほめるコメントをし，対話が一度終了します。そのあと，S2 も glass（glasses：メガネの誤り）をジェスチャーのストラテジーを用い伝えており，さらに S3 が理由を尋ねることで追加の質問を行うストラテジーを使用しています。このやり

取りが素晴らしいのは，英語の誤りは少しあるのですが，ストラテジーを用いることで，何とか自分の言葉で伝えようとしていることです。また，メガネが大事な理由としてS2が「uh …」と時間を稼ぐストラテジーを利用したあと，「blackboard no see.」と相手に理由を伝えようとしているのが素晴らしいと思います。おそらく，「メガネがないと黒板が見えないから」と言いたかったと思うのですが，小学生の英語力では言えないところを日本語の直訳というストラテジーで乗り越えたとも考えられます。この2名の学習者の対話のように，ストラテジーを用いることができるように指導できるとよいと思います。

5．コミュニケーションストラテジーを含んだ英語表現

　次に，小学校で使えるストラテジーを含む表現をまとめてみました。どのような場面で使えそうか考えてみましょう。以下の表（表3）から書かれている場面に合う表現を選択肢から選んで入れてみてください。

表3　授業で使えるストラテジーを含む表現と場面

場面	記号
1．時間を稼いだり，考える時間が必要であることを伝える	
2．相手が何と言っていたかわからなかったため，もう一度言ってほしいとお願いする	
3．相手が言った内容を確認したい	
4．自分が伝えたい言葉を知らない時や思い出せない時に助けを求める	
5．相手の話に反応して興味を示す	
6．会話を伸ばす・広げる（相手にもう少し話せさせたい時）	
7．優しく断る・否定する	
8．やり取りを終わらせる	

選択肢（複数回答あり）

a. Well	b. Humm?	c. Naaah	d. How about you?
e. Anything else?	f. It is so-so	g. ジェスチャー	h. Sounds nice
i. OK, thank you	j. Oh, me too	k. 繰り返す	l. How do you say …?

それぞれ解説しますと，1番の時間稼ぎの場面ですが，先ほども述べた通り，少しでも沈黙があると相手に違和感を与えます。まだ話したいのだけれども，言葉が出てこない，ちょっと待ってほしいと言えることは重要なスキルではないかと思います。この場面で使えるのは a. Well や g. ジェスチャーで自分が考えていることを示すことができます。

　2番と3番は同じ表現が使えます。「もう一度言ってください」の意味で「Pardon?」という言葉がよく使われますが，私の個人的な意見ですが，「Pardon?」というのは少し硬い表現で，どちらかというと子どもや友だち同士で話す際は，「Humm?」とか「What?」と使うことの方が多いです。また，相手の言葉を繰り返して言う際に，上がり調子のイントネーションで話すことで，相手の話していることが理解できない，もしくはもう少し詳しく話してほしいと伝えることができます。また，ジェスチャーも使えます。なので，b. Humm?, g. ジェスチャー，k. 繰り返すが使えます。

　4番の助けを求めるは，先ほど学習者同士ではあまりないと説明しましたが，これができるようになると素晴らしいと思います。学習者同士でお互いに知らない単語や表現を教え合えるようになると，先生が教えるよりも効果が高いといわれています。l. How do you say …? は，ALT や先生に聞く時にも使える表現です。

　5番は相手の話に反応することですので，h. Sounds nice や j. Oh, me too が使えると思います。日本語でいう相槌に当たります。

　6番の会話の拡張ですが，例えば，"What did you do on summer vacation?" と聞かれて，"Oh, I went to the sea." と答えられると，すぐに会話が終わってしまいます。ほかにも話したいことがあるのに，少し遠慮して話していないとも考えられるので，e. Anything else? と言うことで，もう少し夏休みのことについて詳しく話してくださいと言うことができます。

　7番の優しく断るは方略的なスキルだけでなく，社会言語学的なスキルでもあります。社会言語学的スキルとは，その場に応じた表現や相手のことを考えた表現を用いること，例えば敬語のようなものが該当します。子ども同士の会話ではよく，「Do you like …?」という表現を使いますが，聞かれたものが嫌いと答える時に「No!」と言うと，相手が傷ついてしまうかもしれません。英語ではそのような場合，遠回しに優しく断ることが多いです。例えば，c. Naaah や f. It is so-so のように，やんわりと意思を示す表現が使われます。

　8番はやり取りを終わらせるので，i. OK, thank you や "Bye bye" などが使

えます。話をいきなり終えるのではなく，これらの表現を使うことで，より自然な形で会話を終了させることができます。これらの表現は日本語でも同じことを言うので，簡単だと思います。

6．コミュニケーションストラテジーの指導例

　ストラテジーの指導について考えてみましょう。小学校の教室で先生が，"Smile"とか"Eye contact"，"Big Voice"と書かれたポスターを教室に掲示することで，コミュニケーションのポイントを示していることを目にします。これ自体は大変素晴らしい取り組みだと思いますが，学習者の中には，「何でいつも笑ってなきゃいけないの？」，「何でじろじろ見なきゃいけないの？」，「いつでも大声でいいの？」と思っている児童もいるかもしれません。もう少しコミュニケーションの目標を踏まえて指導することも必要かもしれません。

　例えば，大きな声やアイコンタクトはコミュニケーションを行う際に大切なことではありますが，感情を無視して大きな声で話すことは正しいとはいえません。ルールとしてストラテジーを教えるのではなく，コミュニケーションの目標を踏まえることが大事なことです。「相手と仲良くなりたい」，「わかりやすく話すためには何をしたらいいのか？」などを考えてから，どのようなストラテジーを使うべきかを考えるべきだと思います。例えば，アイコンタクトは何のためにするかを考えてみると，話している人は相手の顔を見ることにより，自分の話していることが伝わっているかを確認することができます。また，話を聞いている人はちゃんと聞いていること，伝わっていることをアイコンタクトにより伝えることができます。学習者の主体性を育てるのであれば，ルールとして教えるのではなく，自分たちで考え，よりよいコミュニケーションを行うにはどうしたらよいのかを考えるべきではないでしょうか。

　次に，"Simple is best"（学習者の認知負荷を抑える）という考えが大切です。英語でのやり取りというのは，学習者にとって負荷が高い活動です。複雑な言語を使うとさらに負荷がかかるので，あまり多くのコミュニケーションストラテジーの使用を期待しすぎない方がよいかもしれません。学習者が自分たちのレベルに合ったコミュニケーションストラテジーを使用することが大切で，使うことができたらぜひほめてあげてください。例えば，会話を継続するために，さらに質問する際，中学生や高校生であれば完璧な疑問文を考

えて質問することができますが，小学生はまだ疑問文のインプットが十分ではありませんので，高い期待をするのはまだ早いと思います。例えば，以下の対話の際，

A：I want to see my cousin.
B：Does your cousin live in Sapporo?

Bさんのような完璧な疑問文を作ることは小学生には難しいです。ですが，以下の表現はできると思います。

A：I want to see my cousin.
B：Cousin ... in Sapporo?
（ジェスチャーでいるところ（札幌）を示す）

何とか伝えようとすることは素晴らしいことだと思います。もちろん，先生が近くにいたら，Recast をすることで，正しい英語に近づけてあげることもできます。
　確認のストラテジーの例として，以下のような場合はどうでしょうか。

A：I like Tamamori Yuta.
B：Oh, I don't know who that is. Who is Tamamori Yuta?

Bさんが玉森裕太のことが誰だかわからない場合，上記のような質問を中学生以上であればできると思いますが，小学生であれば，

A：I like Tamamori Yuta.
B：What? Who?（わからない顔をしながら）

と言うことで，シンプルな表現とジェスチャーにより，どこの玉森裕太なの？　ということを確認することができます。
　最後のポイントは Modeling communication strategies（見せること）です。先生と ALT が一緒に学習者の前で会話をし，その中でストラテジーを使って見せることにより，指導することができます。これは Small Talk だ

けでなく，やり取りの例，例えば買い物やレストランでの場面での活動の際，
対話のモデルを示すこともできます。以下は小学校 5 年生の道案内の場面の
JTE と ALT の対話です。どのようなストラテジーが使用されているか考え
てみましょう。

JTE ：What time did you come to school this morning?

ALT ：I came to school at 7：15.

JTE ：Seven fifteen One five（指を見せながら）? So early. How do
　　　you usually come to school?

ALT ：I come to school by subway.

JTE ：By subway?

ALT ：Yes.

JTE ：Subway.

ALT ：Yes. I take the subway.

JTE ：Subway? Subway? What? Subway train?

ALT ：Oh, a train is a JR train here（ジェスチャー）. And underground
　　　is the subway（ジェスチャー）.

Ss ：地下鉄

JTE ：Underground is the subway.

ALT ：Yes. I take the subway and walk（ジェスチャー）.

Ss ：歩く

JTE ：I see.

（泉他，2017，p. 28）

　　まず，ALT が学校に到着した時間である "seven fifteen" の時間について，
指を使ってジェスチャーで確認しています。そのあと，「So early.」と一言
感想のストラテジーを使用しています。そのあと，やり取りが続いていく中
で，JTE が "subway" という単語がわからない（というフリ）ので，「Subway?
Subway? What? Subway train?」と言って，繰り返しと助けを求めるストラ
テジーを使用しました。それに対し，ALT が JR と地下鉄の違いについて，
ジェスチャーを使って説明してくれます。子どもたちはそこで subway が地
下鉄であることに気づき，JTE に「地下鉄！」と教えています。もちろん，
JTE は subway の意味を知っていたと思いますが，小学校の先生は子どもた

ちに答えさせるために，あえて知らないふりをすることがあるので，そのような指導テクニックを使っています。このように，JTE と ALT との Small Talk の中で，さまざまなストラテジーをさりげなく使用することにより，このあとの学習者の活動で使用することができそうなストラテジーを非明示的に指導することができます。

　Small Talk を利用したストラテジーの指導については，YouTube の文部科学省チャンネルに掲載されている，Small Talk の進め方についての動画も参考になります（文部科学省，2020）。本書の実践編第 8 章を担当している，岩切宏樹先生の授業の一部なのですが，大変素晴らしい実践が紹介されています。この動画の中で，Jake 先生という ALT と岩切先生が冬休みについての話をしていて，以下のようなことを話しています（動画の 0:43 ～ 1:29）。

Jake　　：I went to Udo Shrine with my mother.

Iwakiri：Oh, Udo Shrine with your mother.

Jake　　：My mother came to Miyazaki from Australia（飛行機のジェスチャー）.

Iwakiri：How was it?

Jake　　：It was lucky.

Iwakiri：Lucky? Why?

Jake　　：I enjoyed throwing lucky stones（石を投げるジェスチャーと写真を提示）.

Ss　　　：あっ！

Jake　　：Do you know lucky stones（石を投げるジェスチャーと写真を提示）?

Ss　　　：Yes!

Jake　　：Yes. I made it three times（指でジェスチャー）.

Iwakiri：Show the lucky stones（石の写真を提示）. This is the lucky stone（石の写真を指差しながら）.

Jake　　：Three times（指でジェスチャー）.

（文部科学省，2020）

このSmall Talkの中で，Jake先生の言った「I went to Udo Shrine（鵜戸神宮）with my mother.」のあとに，岩切先生が「Oh, Udo Shrine with your mother.」と繰り返しのストラテジーを使用しています。そのあと，Jake先生に岩切先生が「How was it?」と一言感想のストラテジーを使用しています。それに対してJake先生は「It was lucky.」と応えています。この理由は少し子どもたちにはわかりづらいですよね？　そこで岩切先生が「Lucky? Why?」と繰り返しと理由を尋ねることによる会話を広げるストラテジーを使用しました。そのあと，Jake先生がLucky Stonesを3回投げたと話しています。このLucky Stonesとは宮崎の鵜戸神宮の名物である運玉投げのことで，本殿から海岸を見下ろしたところにある亀形の岩に向かって運玉と呼ばれる石を投げ入れることができれば願いが叶うといわれています。宮崎の子どもであればおそらくこの運玉のことを知っていると思いますが，Luckyとこの運玉を投げたことが結びついていない可能性があります。そこで，Jake先生は石を投げるジェスチャーのストラテジー，岩切先生は鵜戸神宮と運玉の写真を見せ，子どもたちの理解を深めるストラテジーを使用しました。投げた回数もジェスチャーを使用するとともに，2回繰り返すことで理解を確かなものにしています。

　この動画の最後の方で，岩切先生が，「ジェイク先生が上手に聞こえるのは先生のおかげなんだよ（6：59〜）」と言っています。これは，岩切先生がJake先生に質問したことで，Jake先生の言っていることがわかりやすくなった，つまり子どもたちにとって上手に聞こえる（＝内容が理解しやすくなった）と子どもたちに伝えています。岩切先生がさまざまなストラテジーをさりげなく使用することで，子どもたちにもその重要性を気づかせることが可能となるかもしれません。

　ほかにもこの動画の中で，いとこという単語の意味がわからない子どもがいたのですが，クラス全体で英語でどのように言ったらよいのか考え，ある子どもが以下のように言いました。

S　　：My mother's sister's children.
Jake：Your mother, sister, children. Oh! your cousin!

　このように，自分が知っている言葉でJake先生に伝えることができたことがわかります。このような子どもたちを指導することが理想だと思います。

7. どのようにコミュニケーションストラテジーを指導すべきか

　どのようにストラテジーを指導するかをまとめてみましょう。まず，子どもたちのやり取りを観察しましょう。Small Talk の時や，通常のやり取りでもよいのですが，どのような場面で日本語を使用しているのか，どのような場面でコミュニケーション上の問題があるのかを知り，それに合わせた指導が必要だと思います。例えば，以下のような子どもたちの対話をよく見かけます。

A：じゃあやろう

B：うん，俺から行くよ．Where do you want to go?

A：うん，なんだっけ？Korea. I want to go to Korea.

B：韓国ってこと？

A：うん。

B：じゃあ，あなたは，where do you want to go?

　キーセンテンスである，「Where do you want to go?」は英語で言えていますが，一番大事なところである，やり取りの進行は全部日本語で行っています。ここはぜひ指導してほしいところです。例えば，会話の最初はどのような英語で始めたらよいのか，相手の言っていることがわからない時や確認したい時はどのように確認したらよいのかを子どもたちと一緒に考え，指導してはいかがでしょうか。

　授業中に上記のような対話をする子どもたちを見つけたら，ぜひ中間指導を行ってください。これがとても大事です。子どもたちが困っている時に指導すると，そのあとの定着がよくなるといわれています。「『Where do you want to go?』と相手に聞く前に，何を話したらいい？」や，「相手の行きたい国がわからない時はどうやって聞いたらいい？」とクラス全体に問いかけてもよいと思います。

　次に，場面に応じ使用できそうなストラテジーを事前に予測することも大切です。子どもたちが自分でどのストラテジーを使えばよいのかを判断することは難しいです。なので，授業の場面や単元を計画する際に，事前に先生が「この会話／単元ではこのストラテジーが使えそうだな？」と考え，授業で取り入れてはどうでしょうか。例えばレストランでの場面の活動だとしたら，どのようなストラテジーが使えそうでしょうか。レストランでは店員さ

んが注文や値段の確認をするとか，お会計の際にお金のやり取りをするなどの場面が想定されます。そこで，注文内容を繰り返すことや，注文内容を確認するストラテジーを含む表現を事前に指導することができます。また，お金のやり取りでは数字の言い方を間違えやすいので，ジェスチャーや繰り返し，確認などのストラテジーを指導することも大切です。また，スモールトークでレストランのメニューについて話すのであれば，さらに質問するとか，興味を表すための反応などのストラテジーも重要になります。

　以上のように，本章では小学校における英語指導で重要なコミュニケーションストラテジーについて紹介しました。コミュニケーションストラテジーを指導することで，子どもたちのコミュニケーション能力を高め，自分の言葉で英語を使いこなしていくことにつなげていくことが，これからの小学校外国語活動・外国語科の指導の中では重要になっていくと確信しています。

引用文献

Canale, M. (1983). From communicative competence to communicative language pedagogy. In J.C. Richards & R. Schmidt (Eds.). *Language and communication* (pp.2-27). Longman.

Dörnyei, Z., & Scott, M. L. (1997). Communication strategies in a second language: Definitions and taxonomies. *Language learning, 47*(1), 173-210.

Enfield, N. J. (2017). *How we talk: The inner workings of conversation.* Basic Books.

望月昭彦・久保田章・磐崎弘貞・卯城祐司 (2018).『新学習指導要領にもとづく英語科教育法』大修館書店.

文部科学省 (2017).『小学校外国語活動・外国語研修ガイドブック』文部科学省.

文部科学省. (2020).『小学校の外国語教育はこう変わる!⑦ 〜 Small Talk の進め方〜』https://www.youtube.com/watch?v=ezbJbj26H_g

Nakatani, Y. (2010). Identifying strategies that facilitate EFL learners' oral communication: A classroom study using multiple data collection procedures. *The Modern Language Journal, 94*(1), 116-136.

Naughton, D. (2006). Cooperative strategy training and oral interaction: Enhancing small group communication in the language classroom. *The Modern Language Journal, 90*(2), 169-184.

泉恵美子 (2017).「小学校英語における児童の方略能力育成を目指した指導」『京都教育大学教育実践研究紀要』第 17 号，23-33.

泉恵美子・小泉仁・築道和明・大城賢・酒井英樹 (編) (2020).『すぐれた小学校英語授業：先行実践と理論から指導法を考える』研究社.

11 CLIL と小学校英語

柏木賀津子

1．はじめに

筆者の勤めてきた大学は，指導対象が大学院生（現職の教諭で），小中学校教諭や指導主事であることから，英語が教科となった小学校で授業参観をしたり，一緒に授業やカリキュラムを作成したりすることが多くあります。教科としての英語授業のスタートにあたり，授業での児童の様子を見ていると，一定の指導法に基づいた豊かなインプットや，英語の音と文字への気づきなどを取り入れている学級では，児童は英語の授業を楽しんでいる姿があります。また身近な話題に触れて学び合う活動では生き生きしていることが伝わります。一方で，年齢や発達段階に合っていない指導方法では，「英語は難しい」という感想が漏れ伝わってきます。教える側が今一度，日本の児童に合った英語指導を研修することは，今，最も重要だと感じます。

「理論―実践―見取り―教材化」の流れで，「実際の授業」に近づけ，教科としての英語指導に１つでも具体的な提案ができればと思っています。

本章では，主に（1）（2）（3）の３点について述べます。
（1）「おはよう！私の朝食―SDGs を取り入れた小学校外国語科の授業」
（2）英語の音と綴りの関係に気づかせる指導
（3）グローバルシチズンとして 21 世紀を生きる子どもたち

2．おはよう！私の朝食
―SDGs を取り入れた小学校外国語科の授業

2.1 「おはよう！私の朝食（SDGs）」授業の背景

"定番" と "創作" の単元づくり

「教科となってからも，"創作" 単元は創ってよいのでしょうか。」という問いがありました。筆者は，21 世紀の社会を生きる子どもを育てるためにも，創る（Create）べきだと考えています。

奈良県の小学校担任として英語を担当していた頃（2003 年頃），まだ英語

教科書がなかったため，単元づくりや学校の国際理解と英語カリキュラムを，学校の教員たちと話し合って作成していました。『英語ノート』という初めての教材ノートが導入された際には，『英語ノート』の単元に，それまでの学校の独自カリキュラムを組み合わせていました。『英語ノート』通りの，「自分の1日を紹介しよう」「道案内をしよう」など，“定番”レッスンもあれば，思い出深い“創作”単元としては，「奈良の世界遺産と月行事」や「奇跡の星—地球」（**図1**）がありました。また全校では，縦割りオリエンテーリングでの「クイズ大会」を行い，校区道案内，食べ物やスポーツについて，6年生が下級生にクイズを出すというコーナーを作っていました。6年生が英語で学んだことを，本気で復習して発信側になるという意義深い時間でした。一方では，語彙を増やすための朝ペア学習や，英語の音と綴りの関係（本稿ではフォニックスと記す）を取り入れ，初めての絵本をデコーディングしてクラスで読み合う取り組みをしていました。また，紙芝居を使ってミニ演劇に取り組んだ際には，まだ文字は読めないのに，学びたてのフォニックスで自分のセリフを探し，それを拠り所に演じる姿もありました。学年からその1年間でよかった単元に2重丸をしてもらい，毎年カリキュラムを前進させ，全校の先生と共有するために印刷機の横に掲示をしていました。手づくりのカリキュラムは時間がかかりますが，教員仲間で工夫するうちに授業づくりのコツが掴るというよい点がありました。

　このような時期に比べると，教科としての英語は，教科書と詳しい指導書やデジタル教材があり，「○月には合計8時間の内容や指導方法」などと明確になったといえます。しかし，ここで，「教科書を教えるのか，教科書で教えるのか」を，考えてみたいと思います。盛りだくさんの内容をすべて教えなければならないとしたら，英語の授業で，児童が自ら考えたり創り出したりする時間はなくなり，教師が目の前の児童や地域の特性から学校ならではのユニーク性のある英語授業はできないことになってしまいます。少し思い返してみましょう。理科では教科書の実験をすべてこなしているでしょうか。社会では紀元前から現代まですべての時代の歴史的事実を教え込んでいるでしょうか。国語では，「相手に理由や事実を示しながら説明する」というコア概念の指導で，説明文をすべて解説しているでしょうか。例えば，説明文のモデル題材が「動くおもちゃ」であっても，カリキュラム・マネジメントを行い，児童に合った題材に入れ替えることがあり，別途，語句や新出を補充します。2020年学習指導要領においても，カリキュラムの担い手は「教

員」であり，学習指導要領の内容をよく読み，それを実現するのは，「教員」であるとされています。学校の研修でこのようなカリキュラム連携を話し合い，育てたい力を明確にして，単元の指導と評価を一体化していくことは，非常に重視されていることです。

図1　奇跡の星―地球

図2　「考える」ワークシートの例

次に，どのように"創作"するとよいのでしょうか。**図2**のワークシートを見てください。1日の動作を表す英単語を「覚える」ワークシートと異なり，「CLIL：水の大切さ」について，1日にどれぐらいの水を使っているか回数と量（ℓ）を書き込んで，友だちとやり取りしながら「考える」ワークシートです（柏木・伊藤，2020a）。英語の表現を自然に使えるしかけのある活動として，このようなワークシートが作成できるということは，教師の創造性の第一歩になります。

北海道はほかの府県から見れば広大で，豊かな食べ物と美しい自然に憧れをもたれるという土地柄です。また厳しい寒さや自然に合った衣食住，湿原の食物連鎖は，ほかの府県にはないダイナミックな話題です。例えば5，6年生の教科書に目標表現として出てくる，「It's from ....」や「It's delicious.」などを使って，北海道の地産地消や，北海道の産物が日本でも産地の上位にランクするのはなぜかということに結びつけた単元を"創作"することが可能です。

「What's this? It's a melon. It's from Hokkaido. It's delicious. It's juicy. In Hokkaido, it's cool. *So we can keep melons fresh.*」

北海道はメロンの産地としては国内2位ですが，夏でも涼しく収穫期が長いことが特徴だそうです。上記のように，*Italic* の文以外は，小学生も慣れ親しめる表現です。北海道の名産をもっと紹介して，そのよさや理由を1つ考えることもできるでしょう。児童は他教科での背景知識をもっていたり，メロン栽培を見ていたりするでしょう。検定教科書『*New Horizon Elementary* 5』（東京書籍，2020）では，「ふるさとのメニューを注文しよう」という内容がありますが，この単元の表現やねらいを，学校でカリキュラム・マネジメントを行い，自分の学校らしい単元に"創作"することは難しいことではありません。児童にとっては内容がぐんと自分に近くなります。ここでの目標は，「身近な社会や人とつながりを学び，自分の町のよさを英語で伝える」とすると，このような工夫ができるわけです。

　筆者は，カリキュラム作成では**表1**の1〜6の要素を大切にしており，隠れたカリキュラム（Hidden Curriculum）が，3. 4. 5と考えます。隠れたカリキュラムは，児童や保護者には見えませんが，教師側は子どもが英語を理解し，動詞などのフレーズ表現を豊かにし，音声と音の綴りに気づかせて初出の単語を自力で読もうとするような児童を育てていくために，2年間の見通した計画をしておく内容です。

表1　カリキュラム作成のポイント

1　育てたい力を明確に　（思考・判断・表現）（知識・技能）（グローバルマインド）
2　1の育てたい力への逆向き設計単元配列を　（単元ごとに軽重があってよい）
3　コミュニケーションを行う具体的な言語活動を　（クイズ・タスク・やり取り）
4　単語やフレーズ表現をスパイラルに　（異なる場面で何度か同じ表現に出合う）
5　音声と文字の綴りの関係に気づかせる　（初めて出合う単語への推測ができる）
6　聞いてわかる文や，使ったことがある文の一部の書き写しを　（書いてから使うのではない）

2.2 「おはよう！私の朝食（SDGs）」授業のねらい

本章で扱う内容は，身近な朝食について，さまざまな食材について英語で学び，冷蔵庫に入っている食材や残り物（leftover）を活用していきます。高学年では家庭科で「ごはんとみそ汁」の調理を学んでおり，社会では，世界の国と日本の輸出入の関係を学んでいます。英語ではこの背景知識を活性化し，高学年の好奇心を呼び起こしながら，日本と世界のつながりについてSDGsの観点を取り入れ，朝食からみていきます（柏木・伊藤，2020b）。

授業のねらい
・【語彙と表現】
身近な食材や朝食メニューづくりの英語表現を学ぶ
・【聞く・話す・やり取り】
先生の朝食や「外国」の朝食について，ティーチャートークを聞いたり真似て使ったりする。自分の「Mottainai Menu」を紹介する。
・【読む・書く】
食材の単語の先頭の音と文字の結びつきを学び単語を読もうとする。ティーチャートークの一部を書き写すことができる。
・【思考・判断・表現・SDGs・異文化】
世界には食べ物が不足している地域があることを学び（写真やグラフ），食品ロス（Food Waste）が問題になっていることから，消費期限の表示を調べたり，自分のできることとして「Mottainai Menu」を考えたりする。社会や家庭科の背景知識を活用する。

2.3 「おはよう！私の朝食（SDGs）」（2時間計画）の流れ

まず，1時間目の授業の流れは，以下のようなものです。

1	**導入** お腹が空いたので，冷蔵庫の前で，朝ご飯のメニューを考える。	Input 意味から
2	**単語や表現** 冷蔵庫に入っている食材や残り物（leftover）の表現に慣れ親しむ。	

	冷蔵庫と朝食の食材 	
3	**帯学習** 音声と文字の綴り（先頭の音と文字の一致） 単語レベルのデコーディング **食材の「先頭の音と文字」** 	フォニックス （先頭の音）
4	**ティーチャートーク** S先生のトークを聞く（日本・フィンランド）。 先生の朝食についてトークを聞く。もう一皿栄養の あるものを食べたいので，残り物を使ったメニュー について聞く。 **先生の朝食 Teacher Talk**　　　**フィンランドの朝食** 　　	Input 目標表現

5	絵や文で，先生のトークの再現をする。	Intake　想起
	朝食に出てきた単語さがし **（単語を読む活動）** 	**やり取りした表現の一部** **（一部をなぞって書く）** 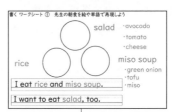
	何度も聞いた文の一部を写し書きする（なぞり書きでもよい）。	
6	残り物（leftover）から，フードロスについて考える。世界には食べ物が不足して困っている国や，食品ロス（Food Waste）を減らす議論がされていることを知る（グラフや写真集『地球の食卓』）	・Input　受容語彙 ・SDGs　地球について考える ・グローバルマインド
	残り物（Leftover）から **My Mottainai Menu の導入** 	**SDGs 調べ学習** **英語で表現したいマインドを** 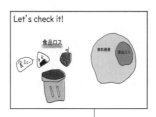

　担任が行う英語の授業としては，1 時間目と 2 時間目の間に冷蔵庫の食材について，「調べ学習」を児童に告げておくと，児童自身が身近な食材や，家庭科の学びを結ぶことができます。また『地球の食卓 – 世界 24 か国の家族のごはん』（メンツェル・ダルージオ，2006）の本を活用して教師が写真を見せながら英語で語りかけた内容（フォトランゲージ）を家庭でも思い出すことができます。英語の授業のことが，家庭の話題にも上り，「今日は単語をいくつ覚えたか？」というようなやり取りではなく，冷蔵庫の残り物や

スーパーのチラシから、「自分の朝食と世界との関係」、「残り物と食品ロスを減らす工夫」について話題になるような「調べ学習」ができます。児童の中には、家の人に我が家の「もったいないメニュー」をインタビューした例も出てくるでしょう。このようにして、「英語で表現してみたい」というマインド（心）を育てる学習を挟んで、2時間目へと誘います。このような活動は学習者の自律性と学習志向性を育みます。

この授業で教師が聞かせていく主な語彙や表現は以下のようなものです。

What do you want to eat (have) for breakfast? What's in the fridge?
I have an avocado.
I have a tomato, etc. I have leftovers, too. I can make a *Mottainai*
Menu. I usually eat rice and miso soup. I want to eat salad, too. These
are leftovers. Carrots. Lotus roots（レンコン）. I want to eat *Kinpira*
（きんぴら）.

2時間目の授業の流れは、以下のようなものです。

1	**導入　想起**	Input
	冷蔵庫の前で、食材を取り出しながら、食材と世界の関係や、残り物（Leftover）を上手く使う例をトークで聞かせる。	想起から
	児童が調べた内容をトークに活かす。	
	家の人にインタビュー「冷蔵庫のもったいない調べ」	
	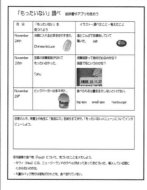	

2	単語や表現 ティーチャートークを聞いて，食材と世界のつながりを考える。	Input 学習言語 SDGs
	外国から来ている食材もある 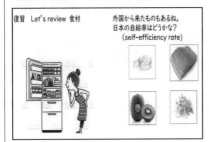	
	自給率グラフと関連づける 	
	世界地図や，食料自給率のグラフなど，地図帳の資料を見ながら自分の朝食と世界のつながり，食品ロスの問題について知る。	
3	ヤム先生のトーク（フィリピンの朝食）やリカルド先生のトーク（メキシコの朝食）を聞いて絵や文で表す。何度も聞いた文の一部を写し書きする（なぞり書きもよい）。　　　　　　　　**図3，図4**	Input 目標表現 繰り返し ひとまとまりの表現 一部入れ替え （Output）
4	自分の朝食を考え「マイもったいないメニュー」を伝える。何度も聞いた文の一部を入れ替えて，自分の朝食を表現する。新しい単語などを絵辞書で調べる。　　　　　　　　　　　　　　　　　**図5**	

5	自分の考えた朝食を，ペアやグループで伝え合う。メニューのイラストとともに，文の写し書きを完成し，ラップブックなどにポートフォリオとして蓄積する。	慣れ親しんだ表現を写し書き
6	**チャレンジリスニング** リカルド先生のトーク（メキシコの朝食）を聞いて，絵や文で表す。「もったいないメニュー」の共通点を見つける。　　　　　　　　　　　　　**図6**	外国の食文化の違い「もったいないメニュー」の共通点 SDGs を考える

　この授業では，発展教材として，筆者がこれまで国際交流などでともに働いてきた海外の友人や生徒に連絡して外国の「My Breakfast」の写真をインターネットで送ってもらったので以下に紹介します（**図3・4**）。この動画と友人の紹介英語を聞いて私はとてもワクワクしました。なぜかというと，「My Breakfast」には面白い共通点と異文化の両方があったのです。皆さんも写真から想像してみてください。また，「SDGs は共通の話題ですが，あなたの国の Mottainai Menu（もったいないメニュー）はありますか？」と尋ねると即座に返事がきました。「野菜入り卵」「焼きめし」は世界でも朝食に使われるということもわかりました。日本の「レンコンのきんぴら」「残り物を使っておみそ汁」「野菜でお漬物」のように，世界の朝食でも，ビタミンを含むヘルシーな食べ物を摂るようにしているようです。

図3
フィリピンの朝食（ヤム先生）

図4
メキシコの朝食（リカルド先生）

図5

My Mottainai Menu

自分の「もったいないメニュー」
を表現

描く・書くワークシート ③　自分の「もったいないメニュー」を作ろう。

チラシやイラストも
活用しよう

I eat rice and miso soup.

I want to eat (　　　　　), too.

図6

メキシコの朝食（録音）

Teacher Talk

Good morning! This is a typical Mexican breakfast. I usually have scramble eggs for breakfast. Next, we have black beans with cheese. We have a *tostada*. I drink coffee with my cup of Chiapas in Mexico. And I sometimes eat fruits.

作成：Ricardo Estrada（メキシコ）

どうですか？共通点や異文化は見つかりましたか？

共通点	異なる視点や異文化
・朝食はヘルシーな食材が多い ・果物や野菜が入っている ・自分の国で生産できる安価なものが多い 　（アボカドはメキシコ産　魚はフィリピン産） ・残り物を上手く使っている	・盛り付け（一皿盛・お椀に分ける） ・海外は果物は丸ごとテーブルに置いている ・ナプキンやセッティングの色合いが違う ・主食の食材が違う（米　とうもろこし）

　児童のつぶやきは日本語でよいのですが，英語でやり取りをしていると，ぽつりぽつりと覚えた表現を使う様子も見られます。教師は可能であれば，"Japanese breakfast is healthy. People in many countries eat fruits and vegetables. They use leftovers." などと表現してあげてもよいでしょう。主食（staple food）や自給率（self-efficiency rate）などは目標表現ではありません。文脈の中で図を指して使えば心に残ることはあるでしょう。異文化やSDGsについて考える場面では，母語での思考を重視してよく，無理に英語で言う必要はありません。図や写真を見ながら，「聞いてわかる語彙」（受容語彙）を増やし，「話すために使える語彙」（産出語彙）については，Small

Talk でアウトプットの機会をもてるようにしていきます。ここでのスピーキングフレームは，"I want to eat（メニュー）. It's from（国名)." を繰り返して使っています。筆者は**表2**のような概念でこの授業での受容語彙と産出語彙を整理しています（柏木・伊藤，2020a)。

　豊かな内容を取り込もうとする時に，異なる言語場面でひとまとまりの表現パターンを蓄積すること，その表現の一部が入れ替わるやり取りを経て文構造に気づくということ，児童が既存の知識から新しい知識へと深く思考することは，意外に同時に処理されており，言語習得が最も深い認知をもって促進されているのです（柏木，2018；Kashiwagi，2019)。

表2　授業で触れる単語や表現の整理表

朝食に関する単語	rice　corn　fish　miso　bean　tomato　sprout etc.
ほかの場面でも使える表現	Avocados are from Mexico. It's delicious/spicy/healthy.
思考&目標表現（産出語彙）	I eat(have) salad. I want to eat（メニュー）.
絵や図でわかる学習言語 （**Language for School**） （受容語彙）	Japan ranks first.（グラフを読む） leftover（残り物） Food Waste（食品ロス）

3．英語の音と綴りの関係に気づかせる指導

3.1　音声からの文字指導のポイント

　この章で紹介してきた「冷蔵庫にある食べ物」や「My Breakfast」では，既習の単語だけでなく，偶然目にする単語が出てきます。それらの単語はTeacher Talk の中で出合う未知語です。児童にとってそれらが全くの未知語であると，その単語は読めません。また読めたとしても日本語やローマ字の仕組みで「言い当てている」にすぎません。そこでこの章で述べる音声から文字への指導ステップを帯学習で少しずつ指導する方法を紹介します。児童がフォニックスの先頭音を見たり聞いたりして単語の音声と文字を結びつけやすいように筆者が整理をしたものです。しかしながら，小学校段階で，

音声と文字の綴りを中学校のように詳しく教えることは，発達段階に合っていません。そこで，意味のある内容のやり取りを助けるように，文字を読む推測が働くようにサポートをする方法が重要です。

3.2　デコーディング（単語を読む）への5つのステップ

　英語の読みは，音と文字が対応する日本語と異なり複雑です。英語の単語が自分で読めるようになるには，英語のかたまりの音（音韻）を耳で聞き分け，そのかたまりの音と綴りの関係を学ぶ活動を通して，自律的に読める（デコーディング）ようになる段階的指導が大切です。意味のあるやり取りの中で初めての単語を見ても，音声で聞き取り，頭韻と脚韻のかたまり（オンセット・ライム）から読む（デコーディング）する力があれば，コミュニケーションをストップせずに，推測して読みながら学ぶことが可能です。しかし，デコーディングの力を育てていない場合は，未知語が出てくると中学校段階においても辞書なしに次の活動には進めません。意味に浸る活動や複数の情報を比較して思考する活動は，音声で聞き取り，ある程度初めて出合う単語を読む力が必要となります。この最初のステップとなるような音韻・音素の認識をもって，児童が自分で文字が読めそうだという手応えを得るにはどのような指導が必要なのでしょうか。

　英語の音声面は，英語らしい音の創り出し（発音）と，音声と文字の結びつきの導入に分けられます。この両方を支えるのは音韻（音素）認識の指導ですが，日本ではあまり指導されてきていません。日本語は，音と字が一対一に対応する表音主義に近く，「つくし」は，1つの音に1つの平仮名が当てられ音声と綴りであまり苦労することがありません。英語は，表音主義から離れた綴りをもちます（「a」1つでも，cat, take, father, water，と多くの音を表す）。教師は，日本語と同じように英語もすぐ読めるはずだと思い込みやすいのですが，現状の中学生が音素認識なしで「英単語が読める」のは記憶型学習によるもので，英語の音素認識（ship：/sh/i/p/の3つの音素）をもって個々の音素の発音で「読める」こととは，異なります。

　表3は，アメリカ合衆国における移民の子どもたちが5年をかけて受ける指導「音声から文字への5ステップス」（Bear et al., 2007）から，筆者が日本に応用して整理したものです（柏木・中田，2018）。現在は，英語を外国語として学ぶ学習者への文字指導の重要性を世界比較で提唱するJoshiら（2019）の視点を加え，「10のパッケージ」（柏木他，2020）として検証をま

とめました。またその 199 頁に 10 回パッケージを示しています。今後，小学校では，**表3**のステップ 1，2 の音韻認識指導が重要だと考えられます。また，ステップ 3 から 5 が小中連携で時間をかけて行われることが大切であり，国語としてのローマ字の習熟徹底が，英語の音声と綴りとの違いに気づかせるための基本になります。

表3　音声から文字への 5 ステップ

段階	概念	代表的な例
1	Pre-phonemic （音韻認識以前）	ローマ字指導の徹底　文字認識 大文字・小文字の一致　音韻を聞き取る遊び
2	Phonemic awareness （音韻認識） Blending（音をつなげて 単語を作る）	先頭音の聞き分け　例（C-c/D-d） 音素（phonemes）のカテゴリー　例（Odd- One-Out） 音素をつなげる　例（cat：c/a/t）
3	Rhyming & Alliteration （終わりと出だしの音） Blending Within word pattern （真ん中の音）	ライミング　sail- mail アリタレーション　black-bloom 単語パターン内の発見と一般化：foot-wood 音素をつなぐ　bl-/st-/pl- m+ice/b+oo+k/ 単語と綴り　フォニックス基礎
4	Syllables （音節） Prefixes &Suffixes （接頭辞・接尾辞）	音節単語のカテゴリー化　oc・to・pus オンセット・ライム　gr・een /p・ost 単語カテゴリー（word tree）とコアの意味 例（co-/-ation） 単語と綴り　フォニックス応用
5	Decoding （音素認識から読む） Advanced reading・ writing	音素カテゴリー化　フォニックスルールハント 詩やストーリーをペアで読む（shared reading） 絵と短いストーリーを書く

（柏木・伊藤，2020a）

3.3　段階的指導のありかた

（1）5ステップス段階的指導のあり方

　筆者は「読むことへのレディネス」を育てるため，「5ステップス」（柏木，2015）及び「10パッケージの活動」（柏木他，2020）を作成しています。小学校担任による指導であること，音声から学んだ児童ということを想定し，次のページの3つのCを基本として作成したものです。

・Classroom（40人学級で，担任が取り組む文字指導）
・Communication（友だちとペアワークやグループワークでできる文字指導）
・Cognition（音韻や音素・パターンに気づくよう，子どもの認知力に深く働きかける指導）

　また，筆者は，日本語を理解の土壌としている児童が学ぶこと，小学校のカリキュラム（例：小学校3年生は国語でローマ字を学ぶ，小4，小5では，社会科等で，大文字の頭文字での表記に親しむ機会が多い等）を踏まえ，大人向けのフォニックス・シークエンス（フォニックスを教える研究成果としての順番）を部分的に入れ替え，児童の学びやすさ（learnability）を観察した上で，学級担任の教えやすさ（teachability）を重視しています。音節（syllable）の操作では左から右へと分解させる方が最初は適しており，フォニックスの音読みを学び始めた学級では「先頭音」を気づかせる活動（音探しや単語ペア探し）が教えやすいといった視点です。

　「5ステップス」を作成するにあたって，**表3**「音声から文字への5ステップス」のうち，ステップ1，2，3の内容をさらに5つのステップに細分し，4，5は，中学校段階に適していると考えます。Bear et al.(2007)による指導法，オーストリアの小学校3年生の英語副読本等の指導やワークシート構成を参照し，「なぞる」「覚える」「写す」といった指導のみよりも，「見つける」「探す」「似ているものを見つける」「組み合わせる」「歌や音声から拾い出す」「コミュニケーション活動を通して出合った表現を書き写す」といった，高学年らしい認知力を必要とし，ペアやグループで行う活動を取り入れています。「友だちと助け合い，手間ひまをかけて学ぶ」方が，理解への認知的手続きをするので定着が早いと考えられます（次のページ，ステップ4，5は中学校でも継続して指導）。

ステップ1	・音韻を体で感じる
	・歌の同じ響きで指を折って数える
	・絵本を聞く（一部を声に出して真似る）
ステップ2	・音韻の場所を耳で確かめる
	・音韻に合わせたおはじきの操作
	・アルファベット大文字の形認識
	・名前読み（A, B, C:エイ，ビー，スィー / e i, b i:, ci:）
	・歌や絵本を聞く
ステップ3	・音韻を感じ syllable の拍をとる
	・アルファベット小文字の形認識
	・音読み（a, b, c:ア，ブッ，クッ / æ, b, k）
	・先頭音と文字の一致・絵本を聞く
ステップ4	・先頭音（b）の聞き分け（例：bag, box, cat）
	・アルファベット大文字と小文字の一致
	・9つの音素認識（例 sh, ch, ee/ ʃ, ʧ, i:）
	・絵本の短い文を目で読む（クローズド・タスク）
	・9つのサイトワード（例:You, is）
	・短い単語の写し書き
ステップ5	・語尾の聞き分け
	・オンセット・ライム（f・ox）
	・母音の聞き分け（a,e,i,o,u/ æ, e, i, ɑ, ʌ）
	・本の短い文を目で読む（デコーディング）
	・最初の9つの音素認識（例：oo, wh, the/ u, w, ð）
	・絵本で音素のルールハント
	・次の9つのサイトワード（例：What, can, the）
	・短い文の一部分の単語を書く（サイトワードとは，フォニックス通りには読めないが，機能語等「I, You, He, She, They, We, that, a, the, What, am, is, of など」でよく使う単語を，見ること（sight）によって覚えるとよい単語である。例えば，絵本で "What""He" などは文頭で使うので，大文字のままのカードで見せる）

（2）「音声から文字への5ステップス」の活動例（小学校）

　以下に，5ステップスの主な活動から数例を紹介します。各活動は8分程度で2回ずつ程度行うとよいでしょう。ゆっくりスパイラルに行います。

① 音韻認識を育てる活動例（ステップ1，2から）

　おはじきゲーム：同じ音韻が繰り返し出てくる歌に耳をすまして同じ響きが何回あったか，耳と手で呼応させる。文字は見せない。

図7　音のかたまり認識

例：Fox Mox in the box.（ライム /-ox）

例：Fat Cat sat on the mat.（ライム /-at）

例：Mrs. Price had two pet mice, very nice, two pet mice.（歌）

② シラブルの活動（ステップ2から）

　絵本や授業で馴染んだ，1音節・2音節・3音節の単語を聞かせて，syllable の切れ目やアクセントに気づかせる。文字は見せず，絵だけを見せて手やカスタネットで拍をとる。強拍では強くしたり高くしたりする。

図8　シラブルの活動

音節数	活動に使う単語	拍の強弱
1音節 （1拍）	p<u>ea</u>r　　pl<u>u</u>m　　c<u>a</u>ke　　ch<u>ee</u>ze	●
2音節 （2拍）	<u>or</u>・ange　　p<u>o</u>p・corn	●●
3音節 （3拍）	str<u>a</u>w・ber・ry　　c<u>u</u>・cum・ber	●●●

③ アルファベット・ジングルの帯（小文字）

図9　小文字の帯

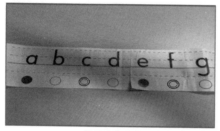

〇印は有声音，◎印は無声音

アルファベット・ジングルを聞き，絵の単語カードを使ってグループでチャンツに乗せて言うなどの活動でアルファベットの音に慣れ親しむ。アルファベットの小文字の帯で，26文字の音の特徴が定着するようにする（**図9**）。その際，日本語と異なる音の出し方に注意を向けるとよい（例：f: fish，r: rabbit，u: umbrella）。有声音（音を出す時に喉に手を当てると震える音 a.b.d.g など）と，無声音（音を出す時に喉に手を当てると震えない音：c, f, h, k, p, q, s, t, x）の区別を，〇と◎印で示しておくと，発音する時にわかりやすい。母音（ここでは a, e, i, o, u）にも印をしておくとよいが，英語らしい音の出し方は，音源を活かし中学校の英語指導との連携を図る。

④ Odd-One-Out で先頭音

図10　先頭の音

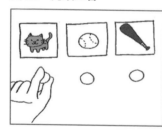

文字を見せずに，3つの単語を聞いて（例：cat, ball, bat），先頭の音が1つだけ違う単語を選ぶ。そのあとに単語の文字を見せて，アルファベットの音と先頭の文字を結ぶ。単語の音声を聞いて，先頭の音に合う文字を選んだり，文字絵を結んだりする（例：絵を見て➡□og: dog　□at: cat　□en: ten）同じ先頭の音で始まる単語を集める（例：p（プッ）で始まる➡pen, pig）

⑤ 絵本のクローズド・タスク（ステップ 4 から）

図 11　クローズド・タスク

クローズド・タスク：6 つ程度の音素から推測して，読める絵本（decoding を目的とした絵本）などを先に選び，逆向き設計でそこに含まれる音素カードのマッチングゲームを行う（例：foot の絵と -oo-, u,）。そのあとに絵本を読み聞かせ，ルールハントを行う（絵本を聞いてインプットの中で耳でわかるかたまりの音（音素），-oo-, -at などのルールが何回出てくるか見つける活動）。学んだルールを見つけながら読むという自己効力感を自分で感じるような手法でデコーディングを行う。

⑥ オンセット・ライムと分化（ステップ 5 から）

図 12　オンセット・ライム

オンセット・ライム：1 ペアに 26 のアルファベット小文字を 1 つ渡す。教師が絵カード fox や dog を見せ，その文字を持っている子どもは前にスペル順に並ぶ。オンセット・ライム（例：先頭音 f ＋語尾 -ox の組み合わせである）を視覚と音の組み合わせで学び合う。

⑦ デコーディング（ステップ 5 から）

絵本を活用したデコーディング「I Can Read」の例としてアフリカの動物や子どもが出てくる『Handa's Surprise』（Browne, 1995）を読み聞かせ，繰り返しのある内容に親しんでから，デコーディングをする（例：The elephant eats a mango.）。この活動は，話を覚えるぐらい慣れ親しんでから行い，さらに地球と動物たちや食物連鎖の内容に活動を広げることができる。

ほかの絵本でも，慣れ親しんだ表現が繰り返し出てくるものがよい。

図13　デコーディング

　以上のように，文字指導でも，学級やグループで助け合って学べるような活動であることが重要です。本章の「おはよう！私の朝食（SDGs）」の授業でも，文字指導は5つのステップの中から系統的に6〜8分程度の活動を帯学習で入れています。

4．21世紀を生きる子どもたち

　多くの日本の児童にとって，英語は初めて出合う外国語です。日本では，まだ触れたことがない外国語なのに，4技能を一度に教えてきた時代が長く続いていました。この方法では，本来ならもう少し楽しくできる学びを難しいものにしてしまいます。目の前の児童は，教師（大人）とは大きく異なる学び方が得意です。本章で用いた指導の流れは，用法基盤モデル（Tomasello, 2003）による子どもの言語習得の仕組みを用いており，次のページの図にまとめています。図の中央—「意味のある活動」が中心で，事例（ひとまとまりの表現）の蓄積とその一部入れ替えが，ルール発見へと導きます。しかし，児童は概ね50時間程度の学びを貯めてくるとその気づきを記号的・図式的に理解し記憶したくなります。そのルール発見を支えてくれるように，図の左—「『読む』の指導」（音と綴りの関係の初歩）から，英語らしい音のかたまりがわかってくることが児童の動機づけとなります。そのことでまた「意味のある活動」に広がりがでます。図の右—「『書く』の指導」は，やり取りを通して慣れ親しんでから一部写し書きをするとよいでしょう。入れ替えた部分からルール発見を促すこともできます。これらを小学校のみで指導せず，児童の残したポートフォリオ（絵やコメント）とともに伝え，中学校教

員にバトンを渡すことが大事です。

　21世紀を生きる子どもたちは，教師から注入された授業で暗記を強いられることでは，これからの不確実性の時代を生きていくことはできません。むしろ，英語という「ファインダー」を通して世界を覗いてみること，その驚きや発見を友だちとやり取りして考えた経験が，英語も含めたグローバルシチズンとして自立した学習志向性を育むと考えられます。SDGs（平和・環境・貧困・イノベーション等）と関連づけた授業は，世界の学校でも取り組まれており，使われる言語は「Language for School（学校のための言語）」です。社会に役に立ちたいという子どもたちの夢を支える表現になります。この話題は難しいものではなく，下図のような言語習得への流れを自然に創っていくことで，授業にも取り入れることができます。

図14　用法基盤モデルによる子どもの言語習得モデル

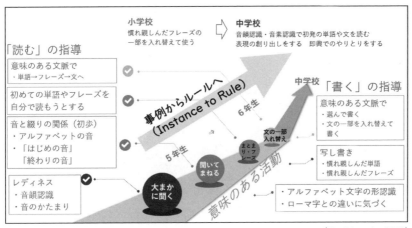

(Kashiwagi, 2019)

引用文献

Bear, D., Invernizzi, M., Templeton, S., & Johnston, F. (2007). *Words their way: Word study for phonics, vocabulary, and spelling instruction*. Prentice Hall.

Joshi, M. (2019). The Componential Model of Reading (CMR): Implications for assessment and instruction of literacy problems. In D. Kilpatrick, M. Joshi., & R. Wagner (Eds.), *Readingdevelopment and difficulties : Bringing the gap between research and practice*. (pp.1–18). Springer.

柏木賀津子（2015).『音声から文字への5ステップス』https://www.kashiwagi-lab.com /sla-clil%E6%95%99%E6%9D%90/ ダウンロード

柏木賀津子(2018).「第3章 英語教育と文の理解」『朝倉日英対照言語学シリーズ 英語教育と言語研究』（西原哲雄編）朝倉書店.

Kashiwagi, K. (2019). *Early Adolescent learners' noticing of language structures through the accumulation of formulaic sequences: Focusing on increasing the procedural knowledge of verb phrases* [Doctoral dissertation, Kyoto University]. https://doi.org/10.14989/doctor.k21866

柏木賀津子・伊藤由紀子 (2020a).『小・中学校で取り組む　はじめての CLIL 授業づくり』大修館書店.

柏木賀津子・伊藤由紀子 （2020b）.『とっておき!魅せる英語授業プラン　思考プロセスを重視する中学校・高校 CLIL の実践』明治図書.

柏木賀津子・中田葉月 (2018).「音韻認識からはじめる『読むこと』への緩やかな5ステップス」『JACET 関西支部紀要』, *20*, 136-155.

柏木賀津子・山下桂世子・鈴木渉・北野ゆき・中田葉月 （2020）.「エビデンスベーストの英語の読み書き—小学校外国語科を支える 10 回パッケージ文字指導—」 *JES Journal, 22*, 184-199

ピーター・メンツェル，フェイス・ダルージオ （2006）.『地球の食卓—世界 24 か国の家族のごはん』（みつじままちこ訳）. TOTO 出版.

Tomasello, M. (2003). *Constructing a Language: A Usage-Based Theory of Language Acquisition.* Oxford University Press. ・

東京書籍 （2020）.『NEW HORIZON Elementary 5』

実践編

1

３年生
Hello. How are you?

新海かおる

1. 授業について

埼玉県春日部市立藤塚小学校　第３学年　外国語活動

　小学校外国語教育のスタートとなる本単元は，児童が外国語の音と初めて出合う重要な単元になります。授業の第一印象は，今後の活動に大きな影響を及ぼすので，まず，児童にとって，外国語活動は楽しく，安心して参加できる授業であることを印象づけたいと思います。楽しい体験を通して，「外国語活動の授業って楽しい。」「もっとやりたい。」「次回も楽しみだ。」と子どもたちが実感できるようにしたいと思います。

　そこで，第１時で Clapping Game を取り入れてみました。「間違っても大丈夫。」「間違ってしまうからおもしろい。もう一度やれるから嬉しい。」など，安心して楽しく活動できる雰囲気の中，間違いを恐れずに英語を使っていく子どもたちを育てたいと思います。

　そして，「先生が話していた英語がわかった。」「英語がいっぱいの授業だったけど，意味がわかったから大丈夫。」と思える授業を提供したいと思います。そのためには，目の前の子どもたちの興味・関心に合った内容，児童の実態に合った無理のない活動を設定することを大切にします。

　また，「推測すること」の楽しさも味わわせたいと考えています。「英語がわからないからどうしよう。」と不安に感じさせず，「わからない英語もあるけれど，わかる英語を見つけて推測してみよう。」と呼びかけ，「わからないことがあっても，ジェスチャーやわかる英語があれば何とか伝わる。」という学習集団にしていきたいと思います。

　日本語でも挨拶は大事です。本単元では，コミュニケーションの基本である挨拶を学ばせます。顔や声の表情も豊かに，気持ちのよい挨拶をしていき

ます。ALT と 1 対 1 で，クラスみんなの前で挨拶する場も設定し，上手に挨拶ができた友だちに自然と拍手をしたり，自分の順番が来るのをドキドキワクワクしながら待ち，ネイティブスピーカーと話せたという成功体験をさせたりします。

挨拶の一つとして，相手の状態を気づかう表現「How are you?」も扱います。この質問への受け答えとして，通常の挨拶では「I'm fine.」や「I'm good.」で答えるように指導していきますが，給食前の授業で「I'm hungry.」や，真夏の暑い日には「I'm hot. I'm thirsty.」などを使う可能性があることも考慮し，感情や状態を表すさまざまな表現にも触れておきます。

短時間で 10 個程の気持ちや状態を表す語彙を扱うので，児童が英語で表現するのが難しいことも考えられます。その時に役立つのがジェスチャーや表情です。顔や声の表情，ジェスチャーも，コミュニケーションにおいて大切な表現手段であることに気づかせ，大いに活用させたいと思います。

本単元は，小学校での 4 年間の外国語学習の始めなので，他教科の学習と同様に，外国語活動での学び方，学習規律，classroom English などにも折に触れ指導していきたいと考えています。

外国語活動の学び方で大切なのは，「よく見る，よく聞く」ことです。また，わかった英語を真似して呟くことも英語習得への過程になります。コミュニケーションにおいて，相手が話したことを繰り返して（真似して）言うことで，共感的な理解を示すことにつながります。

授業を進める上で，使用頻度の高い classroom English は，具体物を見せたり，ジェスチャーをつけたりしながら使用していきます。Stand up. / Sit down. / Let's sing a song. / Open your textbooks. / Close your textbooks. / Take out your pencil and your ruler. など，続けることで，児童が意味を理解して反応できるようになっていきます。学年が上がるにつれ，言葉だけで伝わるようになり，授業中の英語使用時間が増えるようにしたいと思います。中学校での「英語の授業は英語で」にも対応できる子どもたちに育てていくための第一歩を，3 年生の外国語活動の第 1 時から始めていきたいと思います。

本校の外国語活動では，テキスト *Let's Try!* の指導計画に合わせ，NHK for School の『えいごリアン』NHK for School (n.d.) を活用した授業展開を行っ

ています。『えいごリアン』は，視聴することで，英語の意味と言語材料が使われる場面がわかり，たっぷりと英語を聞かせられる上質な視聴覚教材です。児童にとっては，豊富な映像を頼りに，話されている英語の意味が理解でき，言語材料の使用場面が数種類あって，何度も同じ表現を聞くことができるので，見終わった時にはその表現が耳に残っています。まさに，英語が意味をもって使われる場面や状況を見ることができます。指導者にとっては，大がかりな授業準備が不要で，子どもたちと一緒に番組を楽しみながら，児童にどのように英語を聞かせればよいか（語りかけ方）や，理解できていない児童にはどのように対応すればよいか（支援の仕方）も映像を通して学ぶことができる教材です。

　視聴後，聞こえた英語を発表させています。指導者は，児童が発した音声を現代の標準的な発音で返しながら，子どもが英語を聞き取ったことを称賛します。子どもたちから英語を引き出すことで，知っている英語がたくさんあるという自信をもたせるようにしていきたいと思います。そして，聞くことの大切さを，体験を通して繰り返し学ばせたいと思います。

2. 授業の構成

2.1　単元名

はじめまして，よろしくね！
Let's Try! 1　Unit 1　　Hello! ～あいさつをして友だちになろう～
Let's Try! 1　Unit 2　　How are you? ～ごきげんいかが？～

2.2　単元の目標

　世界にはさまざまな言語があることに気づくとともに，相手に伝わるよう工夫しながら，挨拶をし合う。

【知識及び技能】
・世界にはさまざまな言語があることに気づくとともに，挨拶や名前の言い方に慣れ親しむ。
・表情やジェスチャーの大切さに気づき，感情や状態を尋ねたり答えたりする表現に慣れ親しむ。

【思考力，判断力，表現力等】

・先生や友だちと仲良くなるために，相手に伝わるように自分の名前を言ったり，表情やジェスチャーを工夫したりしながら挨拶をし合う。

【学びに向かう力，人間性等】

・表情やジェスチャーをつけて相手に伝わるように工夫しながら，挨拶を交わそうとする。

2.3 単元の評価規準

話すこと（やり取り）

知識・技能	思考・判断・表現	主体的に学習に取り組む態度
・世界にはさまざまな言語があることを知り，Hello. I'm Shinkai Kaoru. の表現を用いて，英語での挨拶の仕方や名前の言い方に慣れ親しんでいる。 ・表情やジェスチャーのはたらきを知り，How are you? / I'm fine. の表現を用いて，感情や状態を尋ねたり答えたりする表現に慣れ親しんでいる。	・先生や友だちと仲良くなるために，相手に伝わるように声の大きさや話す速さ，表情を工夫しながら挨拶し合っている。	・相手に伝わるように，表情やジェスチャーなども工夫しながら挨拶を交わそうとしている。

2.4 言語材料

【表現】

Hello. / I'm Shinkai Kaoru. / Nice to meet you. Nice to meet you, too. / Good bye. See you. / How are you? / I'm fine.

【語彙・語句】

挨拶（Hello. Hi. Good morning. Good bye. See you）

気持ち・状態（fine, happy, tired, hungry, sleepy, sad, hot, cold, thirsty）等

2.5 単元計画（全3時）

※3が本時

時	◆目標　・主な学習活動
1	◆英語での挨拶や名前の言い方に慣れ親しむ。 ◆先生や友だちと仲良くなるために，相手に伝わるように自分の名前を言う。 ・外国語ルームの座席や使い方（ルール），指導者の名前，学習の仕方，テキストを確認する。 ・歌　♪ Hello Song 　　　♪ The Days of the Week ・外国語活動の始まりの挨拶を体験する。 ・Clapping Game T：Clap your hands for 食べられるもの . Clap your hands for something we can eat. 　Spaghetti（拍手）　pizza（拍手）　hamburger（拍手）　sandwich（拍手）　spoon × T：Clap your hands for 赤いもの . Clap your hands for something red. 　strawberry（拍手）　apple（拍手）　tomato（拍手）　ketchup（拍手）　tomato juice（拍手）　apple juice × ・『えいごリアン』① Hi, I'm Yuji. Nice to meet you. 視聴し，聞き取れた英語を発表する。 ・ALTと初対面の挨拶をする。 T：任意の出席番号カードを提示し，誰なのかを尋ねる。 　Who is No. 5? S：出席番号が該当する児童は手を挙げる。 T：手招きをしながら，Come to the front. T：Hello. 　I'm Shinkai Kaoru.

What's your name?
S：自分の名前を言う。

慣れてくると「I'm（自分の名前）.」と言う児童が出てくるので，大いにほめることで，次の児童から「I'm（名前）.」の文で言える児童が増えてくることが期待できる。

T：Your name is …. Nice to meet you.
S：Nice to meet you, too.

・机の整頓の仕方，並んで静かに教室に戻る移動の仕方を確認する。

・終わりの挨拶を体験する。

2	◆英語の挨拶や名前の言い方「Hello. I'm（自分の名前）. Nice to meet you.」に慣れ親しむ。 ◆世界にはさまざまな言語があることに気づく。 ・始まりの挨拶をする。 ・歌　♪ Hello Song 　　　♪ The Days of the Week ・『えいごリアン』① Hi, I'm Yuji. What's your name? 視聴し，聞き取れた英語を発表する。 はじめまして。マンスールさん！ マヨケチャ「はじめまして。ポヨ！」 TV タイム「世界の人とあいさつ」 世界の人と自己紹介ゲーム ・前時と同様に ALT と挨拶をする。 T：Who is No. 12? と言って，前時とは違う出席番号カードを提示し，誰なのかを尋ねる。 S：出席番号が該当する児童は手を挙げる。 T：手招きをしながら，Come to the front.

	T：Hello. 　　I'm Shinkai Kaoru. 　　What's your name? S：I'm（自分の名前）. T：Your name is …. 　　Nice to meet you. S：Nice to meet you, too. ・世界の挨拶を知ろう *Let's Try!* 1　Let's Watch and Think（p.2） ・耳をすませばタイム *Let's Try!* 1　p.4　Let's Listen ・終わりの挨拶をする。
3	◆ "How are you?" "I'm fine." など，感情や状態を尋ねたり答えたりする表現に慣れ親しむ。 ◆表情やジェスチャーの大切さに気づく。 ・始まりの挨拶をする。 ・歌　♪ The Days of the Week ・『えいごリアン』②Hello! How are you? 視聴し，聞き取れた英語を発表する。 ・ごきげんいかが？カード当て ・ジェスチャー・ゲーム S1：ジェスチャーをする。 Ss：I'm happy. S1：Yes. I'm happy. ・今の自分の気分を伝える T：How are you?

Ss：I'm fine.

・耳をすませばタイム
Let's Try! 1　p.8　Let's Listen

・（予備の活動として）ジェスチャーを知ろう
Let's Try! 1　Let's Watch and Think ②（p.9）

・終わりの挨拶をする。

2.6　本時について

（1）本時の目標
表情やジェスチャーの大切さに気づき，感情や状態を尋ねたり答えたりする
表現に慣れ親しむ。（知識及び技能）

（2）言語材料
【表現】
How are you? / I'm fine.
【語彙】
気持ち・状態（fine, happy, tired, hungry, sleepy, sad, hot, cold, thirsty）

（3）教具
えいごリアン DVD，DVD プレーヤー，気持ち・状態の絵カード，吹き出し
マークのカード，目隠し用紙，PC（デジタル教材）

※『えいごリアン』について
・NHK for School 内 https://www.nhk.or.jp/school/ で，「えいごリアン」を
　検索します。
・「並びかえ」を「更新順」にします。
・更新順にすると，放送順の新しいものから順番に並ぶので，リストの最後
　から見ると，放送された順に見ることができます。

（4）展開（3／3時）

Time	児童の活動内容と使用する表現	・指導上の留意点　○評価の観点
0	**Greeting** T ：Let's start our English lesson. 　　　Hello, everyone. Ss：Hello, Ms. Shinkai. T ：How are you? Ss：I'm fine, thank you, and you? T ：I'm fine, too, thank you. 　　　How is the weather today? Ss：It's（sunny, fine, cloudy, 　　　raining）today. T ：What day of the week is it 　　　today? Ss：It's（Friday）. T ：It's May 19th. 　　　Let's start the English lesson.	・外国語活動が始まる雰囲気を高める。 ・既習の挨拶を活かす。 ・How are you? は，本時の基本表現であるが，前時までに歌♪ Hello Song で慣れ親しんでいるので扱うこととするが，答えられなくても問題視しない。 　　また，How are you? は，健康観察ではなく，日常の挨拶として尋ねているので，I'm fine, thank you. のような，相手に心配させない答え方を勧めている。
3	**Warm-Up** ♪ The Days of the Week	・曜日カードを提示し，英語の音声と意味を一致させる。 ・強勢を意識できるようなジェスチャーをつけて歌う。
6	活動① ・『えいごリアン』② Hello! How are you? を視聴する ・グループの友だちと協力して聞き取れた英語を10個見つける。	・視聴の約束を確認する。 ・15分間 All English の番組を視聴しながら，英語を聞き取る力を養うために，児童が聞き取れるであろうと予想した語句を呟くことで，聞き取り方を学ばせたい。 ・学習し始めの時期なので，グループで10個の英語が見つけられるように，3人組のグループで活動させる。

		(今後，児童の実態を考慮し，2人ペアにする予定である。)
	・聞き取れた英語を発表する。	・「ほかのグループが発表した英語は発表できないルール」にすることで，友だちの発表もしっかりと聞く姿勢を育てる。
		・児童が発表した英語を recast（現代の標準的な発音で返す）し，児童が英語を聞き取ったことを称賛する。
		・子どもたちから英語を引き出すことで，知っている英語がたくさんあるという自信をもたせるようにしていきたい。
24	活動② **「ごきげんいかが？　カード当て」** ・気分を表す絵カードの人物が，どんな気分と言っているかを考え，その人物になりきって答える。 ※児童は，日本語や英単語で答えて構わない。指導者が英文に直して，何回も聞かせることで，英語表現をインプットしていく。 T ：絵カードに向かって，How are you? S1：Happy. S2：眠い。 T ：Happy? Sleepy? 　　Let's check. 　　Yes. I'm happy.	・気分カードを少しずつ見せていきながら出題する。 ・イラストの人物の近くに吹き出しマークのカードを添えることで，誰が話している言葉かわかるようにする。 ・児童が答えた英語や日本語を，I'm happy. などの英文で聞かせ，意味（イラスト）と，英語の音を結びつける。 ・表情やジェスチャーもヒントとして与える。

- ・活動 ④ で *Let's Try!* 1 p.8 Let's Listen を行うため，そこで出てくるイラストを活動②で扱っておく。

- ・ほとんどの児童がやり方を理解できてくる後半に，児童が英語で答えやすい問題（イラストカード）にするなど，出題順も工夫したい。

- ・本時は，happy / tired / hungry / angry / sleepy / sad / fine / thirsty / hot / cold の順に扱う。

31	活動③ 「ジェスチャー・ゲーム」 ・指導者が言った気分をジェスチャーで表現してみる。	・児童は，絵カードのイラストを真似たジェスチャーをしがちだが，同じジェスチャーをする必要はないことを伝える。

・指導者や代表児童が，ジェスチャーで出題する。
S1：ジェスチャーをする。
Ss：I'm fine.
S1：Yes. I'm fine.

- ・出題者以外の児童がジェスチャーを理解できたかを確認してから発話させる。

- ・慣れてきたら，児童の実態に合わせ，1人で答えさせることもある。

- ・今の自分の気分を表す表現を使ってみる。
T ：How are you?
S1：I'm happy.

- ・言えない場合は，ジェスチャーでも構わないことを伝え，表情やジェスチャーの重要性に気づかせたい。

	S2：I'm hungry. S3：I'm fine. S4：I'm hot. S5：I'm thirsty.	・言えていない児童が多い時は，input不足であると考えられる。この場合，今の自分の気分に合っているものを選ばせ，指導者が言う表現を真似させる。 ○表情やジェスチャーの大切さに気づき，感情や状態を尋ねたり答えたりする表現に慣れ親しんでいる。 《行動観察・発表》
39	活動④ **「耳をすませばタイム」** ・*Let's Try!* 1　Let's Listen（p.8）の音声を聞き，当てはまるイラストを線で結ぶ。 ・1問目をやって答え合わせをし，やり方をつかむ。 ・2問目以降は，続けて行う。 ・答え合わせをする。 ・登場人物になりきって，気分を言ってみる。 T ：Hi, Takeru. How are you? Ss：I'm fine. T ：Oh, you are fine. That's good. 	・PCから聞こえてきた英語の音声を，指導者がゆっくり繰り返して聞かせることで，特別支援学級から参加している理解が困難な児童の助けにもなるようにする。 ・指導者が，声を変えたり，表情やジェスチャーを加えて聞かせたりすることで，全員が正解できるようにしていく。 ・最初の2人分だけを扱う。 ・児童にとって初めての学習方法なので，まずは，経験させることを大切にしたい。今後，この学習方法にも徐々に慣れさせていく予定である。

	・再度，今の自分の気分を言う。 T ：How are you? S1：I'm happy. S2：I'm hungry. S3：I'm fine. S4：I'm hot. S5：I'm thirsty. 	・先程と気分が変わって構わない。先程は言い方がわからなくて言えなかった，上手く言えなかったが，今は言えるようになったなどの児童の学びを考慮したい。 ・できれば，Let's Listen の問題が全問正解で I'm happy. と快い気分で授業が終わるとよい。 ・「ジェスチャー・ゲーム」，「耳をすませばタイム」での児童の様子を見ながら，1人で言えそうな場合には，代表児童に発表させることもある。
	活動⑤ **予備の活動** ・*Let's Try!* 1 Let's Watch and Think ②（p.9）を視聴し，外国のジェスチャーを知る。 ・ジェスチャーを真似してやってみる。	・時間があったら行う。 ・ジェスチャーから，どのような意味を表しているかを考えさせる。 ・実際にやってみることで，日本のジェスチャーと比較し，似ているところ，違うところに気づかせたい。
44	**挨拶** T ：That's all for today's English 　　 lesson. 　　 Everyone, stand up. 　　 See you next time. Ss：See you.	・Check your desks. / Check your pink stickers on the floor. などの指示を出し，机の整頓をさせる。 ・Make two lines. と指示を出し，教室に戻るために2列で並ばせる。

（5）本時の感想

　児童が聞き取れた英語として発表した言葉から，子どもの学びの様子を知ることができます。

　『えいごりアン』視聴後，児童が発表した（聞き取った）英語の語句や表現は次のようなものがありました。

- Hello.
- Good morning.
- Good night.
- How are you?
- I'm sleepy.
- I'm hungry.
- angry
- rabbit
- dog
- doughnuts
- song
- hurry

- 第1時～第2時で学習した挨拶の表現（Hello. / Good morning.）を聞き取り，英語と認識していることがわかります。
- 本時の言語材料（How are you? / I'm sleepy. / I'm hungry. / angry）は，番組内で何度も聞いた表現なので耳に残っていたと思われます。I'm sleepy. / I'm hungry. などは，ひとまとまり（チャンク）として聞いていることがわかります。
- 外来語（rabbit / dog / doughnuts / song）が使われているので意味が理解できている様子や，日本語の発音との違いで英語と認識していることがわかります。

引用文献

NHK for School (n.d.).『えいごりアン・スーパーえいごりアン』
　https://www.nhk.or.jp/school/eigo/eigorian/

3，4年生複式授業 アルファベット

中島次郎

1．授業について

北海道上磯郡知内町立涌元小学校　第3・4学年（複式学級）外国語活動

1.1　どんな地域での実践か

　知内町は北海道の南，渡島管内の西部に位置する人口5,000人弱の町で，小学校3校，中学校1校，高等学校1校が配置されています。町には外国語英語科の教科部会的な位置づけで「知内町英語推進協議会」が設置されており，小学校から高等学校まで各校種の英語教師とALT（外国語指導助手）3名の連携が図られており，連携も密に行われています（昨年度まですべての学校をカバーするALTは2名体制だったが，令和4年度に限りALTの入れ替えも考慮し，3名体制で行われている）。

　加えて，知内町では小学校3校を巡回する外国語専科教員1名が配置されており，すべての小学校の3・4学年の外国語活動，5・6学年の外国語の授業を担任に代わって担当しています。また，すべての授業にALTが同行し，授業を展開しています。つまり，知内町の小学校3学年以上の全児童にとって外国語の授業は，外国語専科教員とALTによって教えられているのです。率直に知内町の英語教育は非常に手厚いといえるでしょう。

1.2　外国語専科の利点

　町内の小学校の外国語に関する全授業を外国語専科教員が担当することで多くの利点があります。一番大きいと思われる利点は，各小学校卒業後，1つの中学校に進学しクラスメイトとなるわけですが，学習してきた内容が同じであるということです。これにより小学校への外国語導入後，中学校英語教員が共通に感じている問題「どこから始めればよいのか」を英語教師間で引き継ぐことができます。出身小学校が異なっても進学する児童の評価基準

が同じなので，中学校としても相対的に学習の習熟度を捉えることができます。

　また，日常的に多忙な担任の負担軽減も専科教員の大事な役割です。とりわけ外国語というこれまで教科になかった授業を実践することはもちろん，それ以前に ALT と打ち合わせし，準備するのは負担に感じる担任もいるでしょう。ほかにも専科教員が行うことで，町内の授業の挨拶や指示が統一できたり，活動の内容が共通だったり，英検 ESG などの取り組みや調査を一手に引き受けられたり，全小学校の卒業児童を知っているので，中学校に乗り入れ授業に行きやすいなど利点は多々あります。

　もちろん課題もあります。まず根本的に小学校外国語専科教員の力量が問われます。各小学校の学級担任との時間割調整や児童理解の日常的な情報交流，評価時の説明や配慮，授業に向けて ALT との打ち合わせなど授業実践以外のところでの知識や経験，調整力を問われることが多くあります。また，各小学校の担任は年間を通して，外国語活動・外国語の授業を行わないので，教科書や教材に目を通す機会は減り，授業実践の経験は乏しくなります。専科教員がいない学校へ異動した時の負担は，単に時数が増える以上のことになるでしょう。

1.3　規模が異なる 3 つの小学校では

　知内小学校（児童数 119 名），涌元小学校（児童数 19 名），湯ノ里小学校（児童数 7 名）があり，知内小学校では 3 〜 6 年生（各 20 名前後）のそれぞれ単学級で，涌元小学校では 3・4 年複式学級（計 9 名）で外国語活動，5・6 年複式学級（計 8 名）で外国語を，湯ノ里小学校では 3 年生（2 名）で外国語活動，6 年生（4 名）で外国語の授業を行っています。同じ町内でも，一般的な単学級での授業，複式学級による授業，少人数学級での授業が存在していて面白いです。

1.4　少人数学級での授業では

　湯ノ里小学校の外国語活動は毎時間，3 年生 2 名と外国語専科と ALT の 4 名で行っています。授業の始まりの挨拶から 1 人ずつしっかりとやり取りができます。活動しても全員と関われます。ALT と話す機会も多く，英語の音声に触れる機会は一般的な通常学級のそれより圧倒的に多いです。授業を行っているというより 4 人グループで英語を使って活動しているという感じ

です。ただ，find someone who … などある程度の人数が必要な活動は難しく，自己紹介やインタビューなど新鮮な状況が必要な活動は環境を作り出す工夫が必要です。5・6年生の外国語では，音声活動に加え「書くこと」に関して手厚い指導とじっくりと練習ができるので，少人数の利点を活かし，授業を行っています。

1.5　複式学級での授業では

　知内小学校は各学年単学級なので，一般的な授業形態で行っていますが，涌元小学校は複式学級のため，3・4年生の外国語活動は毎春，初めて外国語活動を行う3年生に合わせて教科書 *Let's Try!* 1から始めています。同時に学ぶ4年生は前年度の既習内容ですが，3年生の面倒をよく見，活動でも頼りになるお兄さんお姉さんを演じてくれます。時期を見計らって *Let's Try!* 2の内容（天気や曜日など）を扱う時も3年生は違和感なく一緒に学習しています。また，今回の授業で取り上げているアルファベットのように3年生は大文字，4年生は小文字など，同じ教室内で分けて教えることもあります。少人数だと比較的，進度も速く時数に余裕も出るので，年度終わりには *Let's Try!* 2に移行し，4年生の学びを補っている感じです。

　一方，5・6年生の外国語は評価も含めて教科の意味合いが色濃くなるので，学び漏らしがないように配慮しています。具体的には5～6年の2年間通して，どちらの内容も学習できるように各年度の児童の実態に合わせながら進めています。基本はいわゆるAB年度方式で，5年生の内容を中心的に学習した次年度は6年生の内容を中心に進めるといった形です。5年生から英語を「読むこと」と「書くこと」に本格的に取り組むので，6年生の内容を扱う時も，5年生へは十分に配慮する必要があります。「聞くこと」と「話すこと」に関しては5・6年生で一緒に学習する利点は多いです。まず，想定する相手が増えることは伝え合う動機づけに大きく影響します。ゲーム的な活動をする時も選択肢が増え，内容が厚くなります。さらに5年生にとって6年生は非常に頼りになる存在で，6年生にとって5年生は手本を見せるべきよい対象となります。ペア活動では異学年で意図的に組むようにもしています。外国語の授業では，複式学級内で空間を分けて内容を分けて学習するより，ずっと利点が多いと感じます。

　複式学級を担当するとなった当時は，教科書出版のウェブサイトの資料を参考にし，渡島管内で採用されている *NEW HORIZON Elementary* の「異

学年が学び合う良さを活かして」（東京書籍, 2019）と *Junior Sunshine* の「複式学級指導案計画（案）」（開隆堂出版, 2020）は今でも日常的にヒントをもらっています。

2．授業の構成（3・4年生）

2.1　単元名

【3年生】
Let's Try! 1　Unit 6　ALPHABET
【4年生】
Let's Try! 2　Unit 6　Alphabet

2.2　単元の目標

【3年生】
身の回りにはアルファベットで表されているものがあることに気づき，歌を歌ったり，クイズを作ったり，自分の姓名の頭文字を伝えたりしながら大文字の形とその読み方に慣れ親しむ。
【4年生】
身の回りにはアルファベットで表されているものがあることに気づき，歌を歌ったり，クイズを作ったり，簡単な標識や看板を読んでみようとしたり，大文字と関連づけしたりして小文字のそれぞれの形とその読み方に慣れ親しむ。

2.3　言語材料

【表現】
I have .…　Do you have … ? Yes, I do.　/　No, I don't.
【語彙】
アルファベット大文字，小文字

2.4　単元の評価規準

（1）聞くこと

知識・技能	思考・判断・表現	主体的に学習に取り組む態度
〈知識〉活字体の文字を識別し，活字体の文字とその読み方を聞き取ることに慣れ親しんでいる。（3年生は大文字，4年生は小文字も扱う）	発表者がグループ分けしたアルファベットを聞きながら，どんなルールで分けたのか考えている。	発表者のグループ分けしたアルファベットを聞き，どんなルールで分けたのか考えたり，進んでペアで話し合ったりしている。

（2）読むこと

知識・技能
〈知識〉活字体の文字を識別し，それぞれの文字の名前を発音することに慣れ親しんでいる。（3年生は大文字，4年生は小文字も扱う）

（3）話すこと（発表）

知識・技能	思考・判断・表現	主体的に学習に取り組む態度
〈知識〉活字体の文字を識別し，活字体とその読み方に慣れ親しんでいる。（3年生は大文字，4年生は小文字も扱う）	ペアで話し合ってグループ分けしたアルファベットを，どんなルールで分けたのか，クイズを出したり答えたりしている。	ペアで話し合ってグループ分けしたアルファベットを，どんなルールで分けたのか，進んで相手に伝えようとしている。

2.5 単元計画 （全4時）

※1が本時

時	◆目標　・主な学習内容
1	【3年生】 ◆アルファベット大文字の名前と形に親しむ。 【4年生】 ◆アルファベット小文字の名前と形に親しむ。 ・アルファベットソングを通して
2	【3年生】 ◆隠されたアルファベットを探し形に親しむ。 【4年生】 ◆看板や標識からアルファベットを探し，形に親しむ。 ・apple, book, crayon … TAXI, Bus Stop, Telephone …
3	【3年生】 ◆自分の姓名の頭文字をアルファベットで伝え合う。 【4年生】 ◆看板や標識の英語を聞いて探したり読んだりする。 ・I'm Noda Maki, N and M.　I have T.　Do you have S?…
4	【3年生】 ◆文字を自分のルールでグループ化し，伝え合う。 【4年生】 ◆アルファベットで文字クイズを出し合う。 ・Hint, please.　I have 4 letters. Do you have … ?

2.6 本時について

（1）目標

【3年生】

文字を自分のルールでグループ化し，伝え合う。

【4年生】

アルファベットを使って文字クイズを出し合う。

（2）言語材料

【表現】

I have …

【語彙】

アルファベット大文字，小文字

（3）教具

アルファベットカード（掲示用），アルファベットカード（個人用）

（4）展開（1／4時）

Time	児童の活動内容と使用する表現	・指導上の留意点　○評価の観点
0	**挨拶** **アルファベットソング** **カルタ** **3・4年生ペアでアルファベットの復習をする。**	
15	活動① **掲示してあるアルファベットの色の違いに気づき，疑問をもつ。** **3・4年でペアを組みその決まりについて話し合い，考える。** ※東京書籍ピクチャーカードは *Let's Try!* 1の例と同じようにサウンドで色分けされ	・「どうして色が違うのかな」 A, H, K…[ei] sound B, C, D, E…[iː] sound F, L, M, N…start with [e] sound ○思《観察》

	ているので使いやすい。	
30	活動② **3・4年ペアでアルファベットのグループを作る。**  ※4年生でも取り組めるように，表は大文字，裏は小文字のようなカードを準備した。これは1人で学習する時も，形を識別したり，関連づけたりするのに有用だ。	・各ペアがどんなルールでグループ分けしたのか把握する。 ・アイデアが浮かばない時は，形に注目したり学習した頭文字に注目したりさせる。 ○思《観察》
45	活動③ **できたアルファベットのグループを発表する。** 例）「A, E, F, H, I, K …」 ・発表者は考えたグループをクイズ形式で紹介しルールについて考える。 例）「真っ直ぐな線でできている」 **お互いに発表したルールを思い出し教科書にまとめる。** **感想を発表する。** **挨拶**	「ルールがわかった人は手を挙げてください」 ・新しいグループを考えてもよい。 ・小文字でも挑戦する。（4年生） 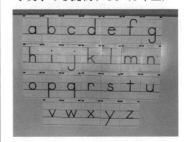 ○思《発表》

最後に，複式学級も含め少人数学級においては，ALT と接する機会が多く，インプットも圧倒的に多くなるなど利点について挙げてきましたが，一般的な単学級においても英語を話す機会を増やせる例を挙げてみます。以下はそれぞれ実践している始業の挨拶ですが，少人数では ALT が一人ひとりに声をかける場面がもてます。一方で，児童数が 30 名前後の一般的な学級では，その役割を子ども同士で行うことで機会を増やすことができ，ウォームアップには最適です。

	少人数学級での始業の挨拶	一般的な単学級での始業の挨拶
日直	起立。気をつけ。これから外国語の授業を始めます。よろしくお願いします。	起立。気をつけ。これから外国語の授業を始めます。よろしくお願いします。
全員	よろしくお願いします。	よろしくお願いします。
JET	English, please.	OK. Let's say hello to your friends each other.
日直	Good morning, Thomas.	※子ども同士で相手を見つけ，どちらともなく質問し，答え，全部終わった組から着席する。教師も ALT もどこかに参加する。
Class	Good morning, Thomas.	
ALT	Good morning, everyone.	
日直	Good morning, Mr. Nakashima.	
Class	Good morning, Mr. Nakashima.	
JET	Good morning, class.	
ALT	How are you, today?	
Each	I'm ～（それぞれの児童に聞いて回る）	
ALT	How's the weather today?	
Class	It's sunny.	
ALT	What's the date today?	
Class	It's January, 31st, Tuesday.	
ALT	What's your schedule?	
Class	Math, Japanese, English, science, music and homeroom.	

| ALT | Good. Let's get started. Have a seat. | Good. Let's get started. |

　一般的な学級で一斉にコーラスの挨拶を行うと，人数の多さに隠れて黙っている子どもがいたり，気分をいつも「I'm fine.」と答えざるを得なかったり，あいまいな天気に自分の意見がかき消されたりということもありますが，子ども同士で挨拶を行えば，自分を表現することでより能動的にその日の授業に向かうことができます。ほかにもインフォメーションギャップの活動では人数が多い方が利点があるし，発表や意見を募る場面でも思いがけない広がりに出合うことがあります。

　少人数学級，複式学級，そして一般的な単学級とそれぞれの利点を活かし，子どもたちにとって大人になってからでも興味を喚起されるような外国語の素地を育むことができればと思います。

（湯ノ里小学校は令和4年度をもって閉校し，知内小学校に統合されました。）

引用文献

開隆堂出版 (2020).『複式学級指導計画（案）外国語活動・外国語科』
　https://www.kairyudo.co.jp/contents/01_sho/2020/eigo/link_e08.htm
東京書籍 (2019).『小学校英語 NEW HORIZON Elementary 異学年が学び合う良さを活かして　複式学級指導計画を作る』
　https://ten.tokyo-shoseki.co.jp/text/shou_current/eigo/data/eigo_keikaku_fukushiki.pdf

4年生
What do you want?

新海かおる

1. 授業について

埼玉県春日部市立武里小学校　第4学年　外国語活動

　本単元では，欲しいものを尋ねたり伝えたりするさまざまな場面を設定し，
「What do you want?」「I want ....」の表現を用いてやり取りができることを
目指します。4月から，それぞれの単元で，児童同士でのコミュニケーショ
ン活動も少しずつ取り入れてきました。本単元で初めて，児童同士の2往復
以上のやり取りに挑戦させます。お店屋さん役やお客さん役に分かれ，欲し
いものを尋ね合うというコミュニケーション活動を通して，「What do you
want?」「I want ....」「Here you are.」「Thank you.」の表現に慣れ親しませます。
児童にとって興味・関心が高い「食材」を扱うことで，コミュニケーション
の楽しさを実感しながら活動することができる単元なので，上記の表現を用
いながら，相手の思いを理解しようとしたり，自分の思いを伝えようとした
りする中で，相手との関係を円滑にするためのコミュニケーションのよさや
大切さを理解させたいと思います。また，外来語として日常生活で使ってい
る食材を扱うことで，言葉（英語）で通じ合うことができた喜びや自信を十
分に感じさせたいと思います。

　その際，「パイナップル」「トマト」など，普段使っている外来語と英語の
発音の違いについても気づかせ，英語での言い方に慣れ親しませていきます。

　Let's Try! 2　Let's Watch and Think（p.27）も視聴させ，日本や外国の
市場の様子に興味をもたせるとともに，それぞれの国の文化の違いや工夫に
も目を向けさせ，自国だけでなく他国も大切にする心を育ませていきたいと
思います。

　教具の工夫として，児童が1人1端末を持っているので，デジタル教材を

プログラミング作成することも試みましたが，校内でのコンピュータセキュリティが厳しく，外部からのイラストを取り込むことができませんでした。また，教師用 PC で作成したものを児童の端末に入れることもできず，今回は諦めました。

しかし，今後，デジタルでの教材開発が進み，端末の使用も容易になれば，黒板で行った活動をデジタル画面上で行うことができ，児童にも同じ教材を使わせられることが期待できそうです。

本授業は，以下のことをお含みおき頂ければと思います。

【児童の学習経験】
・前年度（3 年生の時）は，学習指導要領全面実施 1 年目でしたが，コロナウイルス感染拡大防止のための休校があり，外国語活動の授業時数は大幅に削減され 25 時間の経験のみ。
・対面での活動制限があり，隣の友だちとのペアワークの経験がほとんどなかった。今年度も，「緊急事態宣言」発出中，「まん延防止等重点措置」適用中は，ペアワークやグループワーク，一斉に声を出す活動が禁止されていた。

2. 授業の構成

2.1 単元名

ようこそ 武里○○へ！
Let's Try! 2 Unit 7 What do you want? ほしいものは何かな？

2.2 単元の目標

【知識及び技能】
・食材の言い方や，「What do you want?」「I want .....」の表現を用いて，欲しいものを尋ねたり要求したりする表現に慣れ親しむ。
【思考力，判断力，表現力等】
・注文や買い物，欲しいものを伝え合う場面において，欲しい食材などを尋ねたり要求したりすることで，自分が考えたメニューを紹介し合う。

【学びに向かう力，人間性等】

・相手の考えを確かめながら，欲しいものを尋ねたり，自分の欲しいものを
　伝えたりしようとする。

2.3　言語材料

【表現】

What do you want? / I want …. / Here you are. / Thank you.

【語彙】

色，果物，野菜，飲食物，身近なもの，数字など

2.4　単元の評価規準

1. の【児童の学習経験】を踏まえて評価規準を設定した。

（1）話すこと（やり取り）

知識・技能	思考・判断・表現	主体的に学習に取り組む態度
食材の言い方を知り，What do you want? I want ice cream. の表現を用いて，欲しいものを尋ねたり要求したりする表現に慣れ親しんでいる。	○○屋さんごっこの，注文や買い物，欲しいものを伝え合う場面において，欲しい食材などを尋ねたり，自分の思いに合うものを要求したりすることで，自分のオリジナルメニューを伝え合っている。	相手の考えを確かめながら，欲しいものを尋ねたり，自分の欲しいものを伝え合ったりしている。

2.5 単元計画 （全6時）

※3が本時

時	◆目標　・主な学習活動　★単元構成の工夫
1	◆色当てゲームの場面で，欲しいものを尋ねる表現「What do you want?」や，要求する表現「I want ….」を何回も聞き，「I like ….」との違いを経験する。 ・色当てゲーム T：What color do you want? S：Green. / I want green. T：You want green. （You want to take a green ball. の気持ちで言う） 　　Take one. Is it green? ★色当てゲームの活動を通して，好きな色を答える I like green. ではなく，取りたい色を答える I want green. の表現があることを知る時間としたい。
2	◆自分が作りたいものに合わせ，欲しい色紙を「I want ….」の表現を用いて要求する。 ・何色の色紙が欲しい？ T：What color do you want? S：I want green. T：Here you are. S：Thank you. ・食べたい味は？ T：Let's go to the ice cream shop. I want maccha ice cream. What flavor do you want? S：I want strawberry ice cream. ★第1時とは違う場面であるが，同じ表現（I want green.）を扱うことで，「I want ….」を用いて伝えられるようにしていく。 ★次時を意識し，注文したいアイスクリームの味について，指導者とのやり取りをする。

3	◆パフェ作りの場面で，「I want ….」の表現を用いて，自分が食べたいパフェの具材を注文する表現に慣れ親しむ。 ・オリジナルパフェを作ろう。中身は何を入れたい？ S1：What do you want? S2：I want apple. I want banana. I want ice cream. S1：Here you are. S2：Thank you. ★なるべく冠詞，複数を気にしなくてもよい活動場面を提供する。
4	◆クリスマスプレゼントに欲しいものを伝え合う。 ・クリスマスプレゼントに欲しいものは？ T ：I have a bicycle. But my bicycle is very old. I want a new bicycle for Christmas. What do you want for Christmas? S1：I want a cap. S2：I want a pink bag. S3：I want new soccer shoes. S4：I want a dog. ★提示されたものの中から選ぶのではなく，自分がプレゼントに欲しいものをよく考え，伝える経験をさせることで，want の意味を再確認する。 ★児童の自由な願いを表現させると，冠詞や単複数の扱いが難しくなるので，指導者と児童のやり取りで進めていき，recast しながら正しい英文を聞かせていく。 前時までの無冠詞「I want ….」と，冠詞がある既習表現「I have a pencil. ／I have a 'z'.」と比較しながら聞けるように，意識して聞かせていく。
5	◆自分が食べたいピザのトッピングを注文することで，自分が考えたメニューを紹介し合う。 ・オリジナルピザを作ろう。トッピングは何にしたい？ S1：What size do you want? S2：I want L size. S1：What do you want? S2：I want ham. I want tomato. I want onion.

S1 : Here you are.

S2 : Thank you.

・Let's Watch and Think

外国の市場の映像を視聴し，日本の市場と比べて相違点や共通点を見つける。

★実際の場面で使えそうなピザのサイズを尋ねたり答えたりする表現も扱う。

6 ◆動物パズルを完成させるために，欲しいパーツの番号を伝える。

・動物3ピースパズル

T : What number do you want?

S : I want No. 3.

T : Here you are. Check it. Do they match? Do you want it?

S : Yes, I do. / Yes, please. / No, I don't. / No, thank you.

T : Here you are. / Sorry. You don't want No. 3. Return the card, please.

★欲しいものを伝える場面，それを本当に欲しいかを尋ねる場面でやり取りをすることで，want を用いた表現の幅を広げていく。

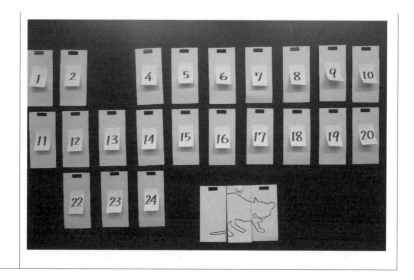

　帯活動として，毎時間，挨拶のあと，アルファベットの小文字に慣れ親しむ活動を行う。

2.6　本時について

（1）目標
・パフェ作りの場面で，「I want ....」の表現を用いて自分が食べたいパフェの具材を注文する表現に慣れ親しむ。

（2）言語材料
【表現】
What do you want? / I want（apple）. / Here you are. / Thank you.
【語彙】
apple, banana, cherries, grapes, kiwi fruit, lemon, melon, peach, pineapple, strawberries, vanilla ice cream, chocolate ice cream, parfait

（3）教具

パフェや具材の絵カード，ワークシート，絵本，PC（デジタル教材），大文字シート，小文字カード，ビンゴシート，歌用の絵カード

（4）展開（3／6時）

Time	児童の活動内容と使用する表現	・指導上の留意点　〇評価の観点
0	**挨拶** T：Let's start our English lesson. Good morning, everyone. S：Good morning, Ms. Shinkai. T：How are you? S：I'm fine, thank you, and you? T：I'm fine, too, thank you. How is the weather today? S：It's（sunny, fine, cloudy, raining）today. T：What day of the week is it today? S：It's（Wednesday）today. T：What time is it now? S：It's（10:45）. T：Let's start the English lesson.	・「How are you?」は，健康観察ではなく，日常の挨拶として尋ねているので，「I'm fine, thank you.」のような，相手に心配させない答え方を勧めている。 ・挨拶だけでなく，天気，曜日，時刻など既習表現を使ったやり取りも行う。
2	**Warm-Up** ♪ ABC Steps ・小文字シートのアルファベットを指さしながら歌う。	・外国語活動が始まる囲気を高める。 ・'a' 'o' の発音に気をつけさせる。 ・小文字の読み方を確かなものにするため，さまざまな順で歌えるよう指示を出す。

		・音と文字を一致させるための質問をする。特に児童が間違えやすい, d, n, q を含んで質問する。 T：What color is 'n'? S：It's yellow.
	♪ What do you want? *Let's Try!* 2　p. 27 Let's Chant	・絵カードを提示し, 歌詞の順番がわかるように支援する。
7	活動① 「**小文字 Bingo Game**」 ・小文字カード n ～ z の中から 9 枚を選んでビンゴシートに並べる。	・HRT は, 選んだカードを手に持つことで 「Do you have …?」が使える状況を作る。
	・ビンゴゲームをする。 S1：(並べたカードの中から) 　　Do you have a 'z'? T ：Yes, I do. I have a 'z'. / Sorry. 　　No, I don't. I don't have a 'z'. / 　　Do you have a 'z'? Ss：Yes, I do. I have a 'z'. / No, I 　　don't.	・持っている小文字カードと持っていなかった小文字カードを分けて黒板に貼る。 ・思いやりルールとして「全員がビンゴになったらおしまい」にする。
	・持っていたら, 自分のカードを裏返しにし, ビンゴゲームをする。	
	・小文字カードをアルファベット順に片づける。大文字シートの上に, 小文字カードを a ～ z の順に乗せながら並べる。	・正しく並べられたかを確認し, 片づけさせる。
15	活動② 「**オリジナルパフェを作ろう。中身は何を入れたい?**」 ・オリジナルパフェの注文の仕方を聞く。	・場面設定をし, トッピングできる具材を紹介する。 ・ルールを伝える。

	・自分の作りたいパフェを紹介する。 （注文できるのは, 3 〜 5 個とする） T ：Welcome to Takesato parfait. 　　What do you want? S1：I want peach. / I want vanilla 　　ice cream. / I want banana. T ：You want .... Here you are. S1：Thank you. ・慣れてきたら, HRT の代わりに, 　代表児童が店員役になりカードを 　選んだり, 注文を聞いたりする。 ・ペアで注文し合う。 S1：What do you want? S2：I want apple. I want chocolate 　　ice cream. I want melon. S1：（ワークシートに記入して手渡 　　しながら）Here you are. S2：Thank you.	・児童の発言を正しい英文にして聞 　かせる。 ・発表者以外の児童に, 同じパフェ 　を考えた児童がいるかを尋ねるこ 　とで, 友だちの発表を聞くことの 　大切さを学ばせる。 ・カットフルーツは単数形で, 丸ご 　とのイチゴ, サクランボ, ブドウ 　は複数形で扱い, イラストにも配 　慮する。 ○食材の言い方や, パフェに入れた 　いものを尋ねたり, 答えたりする 　表現に慣れ親しんでいる。 　《行動観察・発表》

| 30 | 活動③
「STORY TIME（絵本）」
・HRT とやり取りをしながら絵本
　を楽しむ。

・サンドイッチに入れたい具材を考
　え, 発表する。 | ・「I want ....」を中心に, 既習表現
　を用いて絵本でやり取りをする。

・野菜など, サンドイッチの具材の
　語彙を丁寧に聞かせる。 |

		・本来，「I want some lettuce.」など some をつけるのが普通であるが，4年生であることを考慮し，また，やり取りで「Do you like lettuce?」を扱うことから，「I want lettuce.」と some を入れない表現で読み聞かせる。
		・児童の考えを引き出し，発言を正しい英文の形で聞かせる
40	**活動④** **「耳をすませばタイム」** ・*Let's Try!* 2　Let's Listen ①(p. 28) の音声を聞き，当てはまるパフェを線で結ぶ。 ・1問目をやって答え合わせをし，やり方をつかむ。 ・2問目以降は，続けて行う。 ・答え合わせをする。	・デジタル教材では，「I like ....」の音声なので，「I want ....」に書き換えたスクリプトを読む。 ・ゆっくり言って聞かせるなど，児童の様子を見て支援する。
44	**挨拶** T：That's all for today's English lesson. See you next time. S：See you.	

引用文献

小西英子（2008）.『サンドイッチ　サンドイッチ』　福音館書店.
文部科学省（2017）. *Let's Try!* 2.

5 年生
My Hero

相馬和俊

1．授業について

北海道室蘭市立蘭北小学校　第5学年　外国語科

　本単元は，5年生の2学期配当を想定されている単元です。

　3・4年生の外国語活動を経て，5年生の1学期配当の単元における学習では概ね，自分と目の前にいる相手との会話（やり取り），自分の考えや思いの紹介（発表）が主たる表現の形でした。前単元の Lesson 5「Where is your treasure?」においても，ある街の中に置かれた「宝箱」の場所に相手（友だちや ALT など）を道案内し，その中身を紹介するというものでした。基本的な学習活動も「聞くこと・話すこと」の音声中心で，宝物を紹介する単元最終の活動も，My treasure is □．の□にイラストを描き，紹介する（発表する）というものでした。

　それが本単元では，He/She is …. を用いて第三者ができることについて紹介できるようになり，これまでより表現の幅が広がることが期待されています。自分があこがれる人や，身の回りで頑張っている人を紹介し合うことで，いろいろな人のよさを知ったり，自分も頑張ろうという気持ちをもったりすることも期待されています。他教科で学んだ歴史上の人物や，現代社会のさまざまな場で活躍している実在の人々についての知識を生かすことも可能なものとなっています。

　加えて，「聞くこと・話すこと」の音声中心の学習活動を主とした単元構成となってはいるものの，第5学年から含まれる「読むこと・書くこと」の活動も想定されており，前単元より一段英語学習としての階段を上がった感があります。教科書の紙面にも，指導者の裁量によってその扱い方に差が見られそうな部分も前単元より多いと感じます。

　「読むこと」の領域に関しては，特定の大文字に対する小文字を識別し理

解することを目標とした単元です。これまでに大文字，小文字を個別に学習
してきましたが，大文字とそれに対応する小文字の学習は今回からとなります。

　また，「英語を読んで」あるいは「文（英文）を読んで」といった表記
で具体的な学習活動が促される場面が紙面上に出てくるのは，前単元の
Lesson 5 に次いで 2 度目となります。明確な文言として目標に設定されては
いないものの，ここは指導者の考え方・扱い方によってさまざまな試行的活
動が想定されるところでしょう。現段階の本校 5 年生の児童に対して，どの
ように英語を読む姿，どのように英文を読む姿が期待できるのか，指導者な
りに思う姿に迫る具体的な学習活動を仕組みたいと考えます。今回は，「英
文における文字と音声のおおよその一致」を意識させ，指導者と一緒に声に
出して英文を読むことに取り組ませたいと思います。

　「書くこと」の領域に関しては，大文字と小文字の理解を踏まえ，身近な
単語を 4 線上に書き写すことができることを目標としています。先頭の文字
は大文字で，それ以降は小文字で書くというルール（曜日，月，地名，人名
のはじめの文字は大文字にすること）について知り，大文字を使う場面につ
いて気づき，実際に事例を見ながら書き写す活動です。

　本単元では，「書くこと」の活動においても，指導者の裁量によって扱い
方が分かれそうな場面があります。「ヒーローしょうかいのメモ・ポスター
作り」のところです。「イラストを描いて」のように具体的な活動が明確で
はなく，指導者の考え方や学級・児童の実態によってさまざまな扱い方が考
えられます。この場面では今回，「英文を 1 文ではあるが書く」という活動
を試行的に仕組んでみたいと考えています。「単語を書き写す」という単元
の目標からは一歩先んじた活動です。

　Lesson 6 My Hero のページを開くと，これまで一緒に学習を進めてきた
4 人のキャラクターが繰り広げる，「セリフ（英語）の吹き出しを伴った漫
画のような紙面」が印象的に目に飛び込んできます。本単元の特徴的な部分
といえます。児童は，「いったい何と書いてあるのだろう？　何と読めばい
いのだろう？」といった思いをもって第 1 時から学習を進めていくことが容
易に想像できます。この特徴を生かした学習展開を考えた時，「自分も 4 人
のキャラクターのように書いてみたい」という思いに応える学習場面があっ
てもよいのではないかと考えたものです。

　この場合，英語の文章を書く活動は本校 5 年生の児童にとって初出となり

ます。「書くこと」についての先のルールのほかにも，「英文（最初の単語）の先頭は大文字」ということ，1つの言葉（単語）の「まとまった感じ（かたまり感）」や，言葉と言葉の「間（間隔）」について，第1時から教材の工夫を通してできるだけ多くの事例に触れさせ，英文を書くことの抵抗感を和らげる工夫をしていきたいと思います。このことによって，英文を書く際に自らこうした点に気づく児童が出てくるでしょう。

1.1　豊かな言語活動の積み重ね

今回，単元末の言語活動の課題提示「自分自身の My Hero を発表する」は第1時終了時に行います。本単元の前半は，各時に4人のキャラクターが1人ずつ My Hero を紹介していく「繰り返し」が特徴的な展開となっています。児童は，「My Hero を誰にしようか」，そんな思いを膨らませながら学習を進めていくでしょう。音声中心のさまざまな学習活動を「幹」としつつ，4技能5領域の学習活動を効果的に織り交ぜ，児童の発表イメージが少しずつ形作られていくような単元の学習展開にしていきたいと思います。

1.2　「読むこと・書くこと」の言語経験

常々「読むこと・書くこと」の言語経験については，使用している教科書の基本的な単元構成や具体的な言語活動に沿いつつも，児童の思いや願いを一概に否定するのではなく，「読んでみたい・書いてみたい」を1年間を通していかに育んでいくか，どのように具現化していくか，との視点から考えています。「文字から単語へ，単語から文章へ」との基本的な展開を維持しつつ，「行きつ戻りつ・スパイラル」な学びは，児童の実態を踏まえて，ある程度幅や裁量があるものと考えます。本単元では記録される評価規準外の学習として「試行的に・発展的に」取り組んでいるものです。

2.　授業の構成

2.1　単元名

Junior Sunshine 5　Lesson 6　My Hero　あこがれの人をしょうかいしよう（開隆堂出版）

2.2　単元の目標

・あこがれの人を紹介する言い方を理解することができる。
　また，大文字と小文字のルールを理解することができる。
・自分のあこがれの人を紹介することができる。
・他者に配慮しながら，あこがれの人を紹介しようとする。

2.3　言語材料

・He [She] is ....　be good at ...
・アルファベット活字体の大文字と小文字
【既出】I can ....　He [She] can ....　L4

2.4　領域別目標と学習指導要領との関連

聞くこと	あこがれの人についての話を聞いて，理解することができる。	ウ
読むこと	活字体の大文字と，それに対応する小文字を識別することができる。	イ
話すこと（やり取り）	「できること，できないこと」について，伝え合うことができる。	ア
話すこと（発表）	あこがれの人について発表することができる。	ウ
書くこと	例を参考にしながら，発表用のメモやポスターを作ったり，身近な単語を4線上に書き写したりすることができる。	イ

2.5 単元の評価規準

（1）聞くこと

知識・技能
〈知識〉動作を表す語句や，He [She] can ....., He [She] is good at .....，Who is ...?，その答え方について理解している。 〈技能〉第三者ができることや得意なことなど，具体的な情報を聞き取る技能を身につけている。

（2）話すこと（発表）

知識・技能	思考・判断・表現	主体的に学習に取り組む態度
〈知識〉動作を表す語句や，He [She] can ....., He [She] is good at .....，Who is ...?，その答え方について理解している。 〈技能〉できることや得意なことについて，動作を表す語句や He [She] can ....., He [She] is good at ..... などを用いて，自分の考えや気持ちなどを含めて話す技能を身につけている。	自分のあこがれの人についてよく知ってもらうために，その人のできることや得意なことなどについて，自分の考えや気持ちなどを含めて話している。	自分のあこがれの人についてよく知ってもらうために，その人のできることや得意なことなどについて，自分の考えや気持ちなどを含めて話そうとしている。

2.6 単元の計画（全6時）

※4が本時

	◆目標　・主な学習活動　★単元構成の工夫
1	◆ブラウン先生やジムのヒーローについての話を聞いて，おおよそ理解できる。 ・ブラウン先生のヒーロー紹介を聞く。 ・友だちチャンツをする。 ・出席番号で「he/she チェーン・ゲーム」をする。 ・ジムのヒーロー紹介を聞く。 ・ブラインドサッカーの映像を見て，どのような競技なのかを知る。 ・ジムのヒーロー紹介（Let's Listen 2）をもう一度聞いて，キーワードが聞こえたら，その絵か写真をタッチする。 ★ジムのワークシート例(1)を見ながら，ヒーロー紹介を聞いたり言ったりする。  〔紹介例〕 This is Mr. Kawamura Ryo. He is a soccer player. He can run fast. He can kick. He is good at soccer. He is my hero. ワークシート例(1)
2	◆和矢のヒーローについての話を聞いて，おおよそ理解するとともに，できることを表す表現に慣れ親しむ。 ・気持ちを表す言葉で「he/she チェーン・ゲーム」をする。 ・和矢のヒーロー紹介を聞く。 ・Mr. BLACK の映像を見て，どういう人なのかを知る。 ・和矢のヒーロー紹介（Let's Listen 3）をもう一度聞いて，キーワードが聞こえたら，その絵か写真をタッチする。

★和矢のワークシート例(2)を見ながら，ヒーロー紹介を聞いたり言ったりする。

ワークシート例(2)

〔紹介例〕
This is Mr. BLACK.
He is a wonderful yo-yo performer.
He is good at yo-yo.
He is my hero.

・ペアで互いにできることを尋ね合う。グループを作って，互いのペアの相手ができることを紹介し合う。

| 3 | ◆ハンナのヒーローについての話を聞いて，おおよそ理解する。 |

・得意なスポーツで「he/she チェーン・ゲーム」をする。
・ハンナのヒーロー紹介を聞く。
・ハンナのヒーロー紹介（Let's Listen 4）をもう一度聞いて，キーワードが聞こえたら，その絵をタッチする。

★ハンナのワークシート例(3)を見ながら，ヒーロー紹介を聞いたり言ったりする。

ワークシート例(3)

〔紹介例〕
This is Lisa.
She is my sister.
She can dance very well.
She is my hero.

4 ◆美希のヒーローについての話を聞いて，おおよそ理解するとともに，例文を参考に，自分のヒーローについてのポスターを作る。

・美希のヒーロー紹介を聞いて，話していた内容に○をつける。

★美希のワークシート例(4)を見ながら，ヒーロー紹介を聞いたり言ったりする。

ワークシート例(4)

〔紹介例〕
This is Hirano Miu.
She is a table tennis player.
She is good at table tennis.
She is my hero.

・美希のヒーロー紹介の英文を，文字を見ながらおおよそ読むことができる。

★JTE ならびに ALT のワークシート例(5)，(6)を見ながら，ヒーロー紹介を聞く。

ワークシート例(5)

〔紹介例〕
This is Ninosan.
He is my friend.
He is good at calligraphy.
He is my hero.

〔紹介例〕

This is my mother, Deborah.

She is good at making bread.

She can cook very well.

She is my hero.

ワークシート例(6)

・自分が発表するためのポスター（ワークシート）を作る。

★互いのワークシートを交換して読み，それぞれ誰を My Hero にしたのか当ててみる。

| 5 | ◆大文字，小文字のルールを知る。
・abcd Song を歌う。
・対応する大文字と小文字を線でつなぐ。
・大文字で始まる単語を書く。 |
| 6 | ◆自分のヒーローについて発表する。
・自分にとってのヒーロー紹介をする。
・ふり返りをする。 |

2.7 本時の計画

（1）本時の目標

　美希のヒーローについての話を聞いて，おおよそ理解するとともに，例文を参考に，自分のヒーローについてのポスターを作る。

（2）展開（4／6時）

Time	児童の活動内容と使用する表現	・指導上の留意点
0	**挨拶**	・挨拶のほか weather, day, date, time を聞く ・デジタル教科書，大型 TV を使いながら行う。
3	**前時までの振り返り** ・Let's Chant ・前時までの3人のキャラクターの発表について，ポスターを使いながら発表しふり返る。	・発表ポスターを使い，前時までのヒーロー紹介についてふり返らせる。
8	活動① **Let's Listen 5** ・美希のヒーロー紹介を聞いて，話していた内容に○をつける。 ・美希のワークシート例(4)を見ながら，ヒーロー紹介を聞いたり言ったりする。 	・デジタル教科書を使い，美希のヒーロー紹介を聞かせる。確認は，ALT がスクリプトを言って行う。 ・「聞く・一緒に言ってみる・1人で言ってみる」を，児童の様子を見ながら行う。 ・ポスター例（掲示用サイズ）

18	活動②	
	Let's Read and Write	
	・美希のヒーロー紹介の英文を，文字を見ながらおおよそ読むことができる。	・指導者と一緒に指で英文をおおよそなぞりながら読ませる。
	・JTE ならびに ALT のヒーロー紹介を聞く。	・自分のヒーロー紹介のためのワークシート作成への意欲づけの助けとなるように行う。
	  JTE/ALT の発表ワークシート	
	・自分が発表するためのポスターを作る。「This is ….」の部分を書く。	・ヒーロー紹介の1行目だけをまとめた例文（英文）プリントを参考に書かせる。

38	活動③	
	Let's Play	
	・書き終わった児童は，互いにワークシートを見せ合う。	・書き終わった児童のワークシートを共有させる。
43	**Refrection**	
	・本時の活動をふり返る。	・本時の活動をふり返らせる。

（3）本時の評価

　ヒーローを紹介する例文を参考に，自分が発表するためのポスターを作ることができる。

〈ワークシート点検〉 思・判・表 主 書くこと　イ

本時の活動時間を考慮し，ふり返りと評価はワークシート完成時に行う。

2.8　単元の板書例

【第1時】　　　　【第2時】

【第4時（本時）】

2.9　各活動の評価基準項目一覧

	知識・技能	思考・判断・表現	主体的に学習に取り組む態度
聞くこと	LL2・3・4・5	LL2・3・4・5	LL2・3・4・5
読むこと	文字1	文字2・3	文字2・3
話すこと（やり取り）	LP5	LP5	LP5
話すこと（発表）	LT	LT	LT
書くこと	LRW, 文字1・2・3	LRW	LRW

LL = Let's Listen, LP = Let's Play, LRW = Let's Read and Write,

LRT = Let's Read and Think, LT = Let's Try

【本時のワークシートとヒーロー紹介の英文】

This is Hiraiwa Yuuna.

This is Mr.Kawanami Hikaru.

This is Nignting Gale.

This is my grandmother.

例1

This is Haruna.

She is good at *karate*.

She is cool.

She is my hero.

例2

This is Einstein.

He is a scientist.

He is good at science.

He is my hero.

例3

This is Neymar.

He is a soccer player.

He can run fast.

He can kick very well.

He is my hero.

例4

This is my mother, Reiko.

She is kind.

She is good at swimming.

She is good at sewing.

She is my hero.

(大文字，小文字のルールを知ろう（文字2）*Junior Sunshine* 5 p. 97)

5 年生
Where do you want to go?

新海かおる

1. 授業について

埼玉県春日部市立武里小学校　第5学年　外国語科

　本単元では広く世界に目を向けさせます。そして，どこの国かを考えながら聞いたり，自分が得たりした情報から，本当に行きたい国はどこかを，その理由とともに伝えられるようになることを目指します。この時期の児童が世界の国々に対してもっている知識は限られています。しかし，今までの単元を通して，世界の楽器，世界の子どもたちの学校の様子に触れてきているので，ここでは世界遺産や食生活などの情報を交え，動画，国旗，世界地図なども使って世界の国々への興味・関心を深めていきます。

　その過程で，児童は初めて「I want to go to (China).」「I want to see (a panda).」「I want to eat (mango pudding).」など思いを伝える表現を学びます。児童の興味・関心を引きつけながら，児童が理解できる場面設定と聞かせる内容を工夫したいと思います。「I want to ....」の表現に習熟できるよう，まずは行きたい場所を表す表現を，次に，したいことを表す表現を扱い，終盤には，複数文を組み合わせて豊かな表現ができるように，段階を追って丁寧に指導していきます。どの子も「行きたい場所」とその「理由」の2文が言えるようにし，自分の思いを伝える表現を経験させます。接続詞を使って言い表せば，よりその意図がはっきりしますが，小学校段階であることを踏まえ，単文を複数言うことで，意図を表現させ，思いが伝わるようにします。

　また，読み書きの活動に関しては，国旗の視覚情報とともに音声で十分に慣れ親しんだものをなぞる，書き写す活動を取り入れていきます。ワークシートを活用し，自分が言った文の語順を意識しながら読んだり書き写したりできるようにしていきます。その中で，国名は大文字で書き始めることにも気づくようにさせたいと思います。

本時では，言語材料の定着のために繰り返し聞き，表現に習熟できるような場面を設定します。Teacher Talk や，どの国が人気かを確認する調査などで，各児童が行きたい国を話題にすることにより，聞きたくなる，話したくなる工夫をします。そして，本当に行きたい国を考え，伝える活動では，指導者と児童とのやり取りを見せることで，ペアでの活動に見通しがもてるようにしていきます。また，本時の終盤には「書くこと」も行うので，音声で十分に慣れ親しんだ表現をなぞる，書き写すために，「聞くこと」→「話すこと」→「読むこと」→「書くこと」の言語習得の特性を踏まえた授業構成となるようにします。

　やり取りでは記録に残す評価は行いませんが，指導者と児童とのやり取りを通して，児童の学習状況を把握し，recast などで学習改善を図ります。本人が気づかなくても，周りの児童が気づくことで学び合いが起こることも期待できるので，丁寧に recast していきます。

　本授業は，以下のことをお含みおき頂ければと思います。

【児童の学習経験】
・学習指導要領（告示）移行期には，3・4年生で各15時間ずつの外国語活動を経験。
・今年度は全面実施1年目だが，コロナウイルス感染拡大防止のための休校があり，外国語の授業時数は大幅に削減。
・教科書の年間指導計画では，2月実施予定の単元。
・本時は，5年生になって第35回目の授業。

【書くことについて】
・語句を書き写すこと，文をなぞることは経験している。
・本時，初めて，文を書き写すことを行う。

【著作権等について】
・授業映像がウェブ上で一般公開されることを考慮し，音源，教科書，映像資料等について著作権等に配慮した。
・歌は，児童がよく知っている歌をアカペラで実施。普段の授業では，よい

音源の歌を選んで聞かせ，音源と一緒に歌っている。

・外国の様子の動画は，*Hi, friends!* 1，*We Can!* 1 のデジタル教材を使用。

・書き写しでは，教科書巻末の絵辞典や，国旗と国名が載っているプリントなどを見て書き写せるように配慮する必要がある。

2. 授業の構成

2.1 単元名

JUNIOR TOTAL ENGLISH 1　Lesson 9　Where do you want to go?

国・地域

「クラスのみんなといっしょに行ってみたいね，この国，あの国」（学校図書）

2.2 単元の目標

　行ってみたい国や地域とその理由について，短い話を聞いてその概要を理解し，友だちと一緒に行ってみたい場所を伝えるために行きたい場所がどこにあるのか，そこで何がしたいかなどを伝え合ったり，尋ね合ったりすることができる。

　外国語の背景にある文化に対する理解を深める。

　例文を参考に文を読んだり，書き写したりすることができる。

【知識及び技能】

・行きたい場所やその理由を伝え合う表現を聞き，言うことができる。

・行きたい場所やその理由を表す語句や文を読み，書き写すことができる。

【思考力・判断力・表現力等】

・自分が行きたい場所を，理由を入れて伝え，尋ね合う。

【学びに向かう力，人間性等】

・自分から進んで，行きたい場所やその理由について伝え，尋ね合おうとする。

2.3 言語材料

【表現】

Where do you want to go? / I want to go to (France). / Why? / I want to see (a rocket). / I want to eat (pizza).

Do you want to go to (France)? / Yes, I do. / No, I don't.

【語彙】

・国名 (France, China, Australia, Egypt, the USA, Russia など), 祝祭日, 祭り, 飲食物, 食材, 動物, 動作 (go, see, watch, eat, drink, buy, try, enjoy など旅行ですること)

2.4 他教科との関連

4年 社会　都道府県名とその位置
5年 社会　世界の大陸と主な国の位置
6年 社会　我が国と関係の深い国の生活
6年 総合的な学習の時間「世界を知ろう, 日本を知ろう」

2.5 単元の評価規準

1. の【児童の学習経験】を踏まえて評価規準を設定した。

（1）聞くこと

知識・技能	思考・判断・表現	主体的に学習に取り組む態度
〈知識〉国名を知り, 外国についての情報や文化を理解している。Where do you want to go? I want to go to …. 及びその関連語句について理解している。 〈技能〉行きたい場所やその理由などについて, 聞き取る技能を身につけている。	行ってみたい国や場所, その理由を伝えるために, 外国についての短い話を聞いて, その概要を捉えている。	行ってみたい国や場所, その理由を伝えるために, 外国についての短い話を聞いて, その概要を捉えようとしている。 外国語の背景にある文化に対する理解を深めるために, 国がどこにあるのか, そこで何ができるのかなど, 外国についての情報や文化を理解しようとしている。

（2）話すこと（やり取り）

知識・技能	思考・判断・表現	主体的に学習に取り組む態度
〈知識〉国名の言い方を知り，Where do you want to go? I want to go to Egypt. I want to see the pyramids. などの表現について理解している。 〈技能〉行きたい場所やその理由について，Where do you want to go? I want to go to Egypt. I want to see the pyramids. などの表現を用いて，考えや気持ちなどを伝え合う技能を身につけている。	友だちと一緒に行ってみたい場所を伝えるために，行きたい場所やその理由について，簡単な語句や基本的な表現を用いて，お互いの考えや気持ちなどを伝え合っている。	友だちと一緒に行ってみたい場所を伝えるために，行きたい場所やその理由について，簡単な語句や基本的な表現を用いて，自分の考えや気持ちなどを話そうとしている。

（3）書くこと

知識・技能	思考・判断・表現	主体的に学習に取り組む態度
〈知識〉行きたい場所を伝える I want to go to Egypt. の表現について理解している。 〈技能〉国名を書き写すことができる。	本単元で，初めて，文を書き写すことを行うため，次の単元で記録に残す評価を行うこととする。	本単元で，初めて，文を書き写すことを行うため，次の単元で記録に残す評価を行うこととする。

2.6 単元計画（全5時）

※3が本時

時	◆目標　・主な学習活動　★単元構成の工夫
1	◆行きたい場所を伝える表現「I want to go to（県名）.」や，行きたい場所を尋ねる表現「Do you want to go to（県名）?」を知る。 ・日本の世界遺産を知る。 　①日本に世界遺産がいくつあるか，やり取りを通して知る。答えは23。日本の世界遺産の写真を見て，どんな世界遺産か，その世界遺産がどこにあるのか，やり取りを通して知る。 　②T：What is this? 　　S：It's 金閣寺. 　　T：That's right. Where is it? 　　S：It's in Kyoto. 　　T：Where is Kyoto? 　③HRTは，黒板に大きく簡単な日本地図を描き，正解が出たら，世界遺産の写真を黒板の地図に貼る。 　※HRTは，状況に応じて「Is it in Saitama?」「Is it in Hokkaido?」など県名を聞かせ，児童が答えやすいように支援する。児童は，既習表現の「It's ….」「It's in ….」を使い分けて答える。 ・行きたい世界遺産当て Sit Down Game 　①夏休みに家族旅行で，写真の中の世界遺産1か所に行けるとしたら，どこに行きたいかを考え決める。 　②1班の児童は立つ。 　　ALTは，1人の児童に向かって行きたいかを尋ねる。 　　T：I want to go to Kyoto. Do you want to go to Kyoto? 　　S1：Yes, I do. / No, I don't. 　　T：Oh, you want to go to Kyoto. 　　当たった児童は座る。 　③「Do you want to go to（県名）?」の表現に慣れてきたら，やってみたい児童が尋ねる。 　④1班の児童が全員座ったら，2班の児童と同様に行う。

★「I want to go to（県名）.」や「Do you want to go to（県名）?」の言語材料の方に意識が向くように、都道府県名を使用することで英語への負担感を減らす。

| 2 | ◆英語での国名の言い方を知る。 |

◆行きたい場所を尋ねる表現「Do you want to go to（国名）?」を使って尋ねることができる。

・外国の世界遺産を知る。
　①外国の世界遺産の写真を見て、どんな世界遺産か、その世界遺産がどこにあるのか、第1時と同様のやり取りを通して知る。
　②HRT は、黒板に大きく簡単な世界地図を描き、正解が出たら、世界遺産の写真を黒板の地図に貼る。
※児童が世界の国々に対してもっている知識は限られているので、有名な世界遺産を取り扱う。HRT は、国名を聞かせるとともに、状況に応じて「Is it in Asia?」「Is it in Europe?」など、世界地図が理解できるように支援したり、世界の国々への興味・関心をもたせたりする。

・行きたい世界遺産当て Sit Down Game
　①修学旅行で、写真の中の世界遺産1か所に行けるとしたら、どこに行きたいかを考え決める。
　②第1時と同様のやり取りを通して「Do you want to go to（国名）?」を用いて尋ねることができるようにしていく。
　③同じ国に行きたい友だちとグループを組む。
※ ALT は、各グループに「Do you want to go to（国名）?」で尋ね、国名や表現を確認する。

★英語での国名の言い方に意識が向くようにし、日本語と英語での音声の違いに気づかせ言えるようにしていく。

3	◆行きたい国を尋ねたり，「I want to go to（国名）．」の表現を使って答えたりすることができる。 ◆行きたい国を表す表現を読んで，書き写すことができる。 ・今朝食べた朝食は？Sit Down Game ・どの国に行きたいかを伝える。 ・本当に行きたい国はどこかを伝え合う。 ・学びを音と文字で整理し，確認する。 ・読む，なぞる，書き写す。 ★限られた国の中から選んで言う経験を通して表現に慣れさせたあと，全世界の国々から自由に選んで言える場を設ける。この時，第2時で触れた国々の情報も活かされるようにする。 ★次時，食べたいものを扱うので，本時のウォームアップで食べ物名に触れておく。
4	◆見たいものや食べたいものを尋ねたり答えたりする表現「Do you want to see〔eat〕…?」「I want to see〔eat〕….」を聞き，意味を捉え，表現に慣れ親しむ。 ◆「I want to see（a panda）．」の表現を使って自分が見たい動物を伝えることができる。 ・動物園への校外学習で見たい動物は？ ①HRTは，動物園の園内図を提示しTeacher Talkで条件を伝える。児童は，話題の場面を捉える。 　Let's go to the zoo. We can see 5 animals. I want to see a panda, a koala, a lion, a giraffe and an elephant. What animals do you want to see? ②見たい動物を5つ選ぶ。（ワークシートに5種の動物名を記入する。） ③HRT／ALTとやり取りしながら，ビンゴゲームの要領で活動する。 　T：I want to see a panda. Do you want to see a panda? 　S：Yes, I do. ／ No, I don't. ④記入した5つの動物が全部出たらビンゴ。 ⑤ペアに，自分が見たい動物5つを「I want to see ….」で伝える。 ⑥伝えたことをもとに，ペアで相談して，見たい動物を3つ決め， 　We want to see（a tiger）. We want to see（a penguin）. We want to

see（a bear）. で発表する。

・今夜，何を食べたい？
　①HRT の Teacher Talk で話題の場面を捉える。
　　We saw some animals. Let's go home. But, I'm very hungry. Let's go
　　to the restaurant. What do you want to eat for dinner? I want to eat
　　sushi. How about you?
　②食べたいものを伝える。
　　T ：I want to eat sushi. What food do you want to eat?
　　S1：I want to eat spicy curry and rice.
　　T ：You want to eat spicy curry and rice. That sounds delicious.
　　　　S2, do you want to eat spicy curry and rice? No? What food do
　　　　you want to eat?
　　S2：I want to eat beef steak.

・Listening 問題
（ALT と児童のやり取りを聞き，行きたい都道府県とその理由を選んで線
で結ぶ問題）

★外国の料理名や建物名を英語で表現するのは，児童にとってまだまだ難
　しく感じられる。「I want to see ….」や「I want to eat ….」の表現に意
　識が向くよう，児童にとって馴染みのある動物名や食べ物を使って表現
　できる場面設定をする。

| 5 | ◆自分が行きたい場所と，そこでしたいことについて，「I want to go to（場所）.」「I want to see ….」「I want to eat ….」などの表現を使って伝え，尋ね合うことができる。 |

　・クラスのみんなと一緒に行ってみたい場所は？　そこで何をしたい？
　　①HRT/ALT のやり取りを見て，ペアでのやり方をつかむ。
　　　HRT：I want to go to ….
　　　　　　I want to see/eat ….
　　　　　　Where do you want to go?
　　　ALT：I want to go to ….
　　　HRT：Why?
　　　ALT：I want to see/eat ….

HRT：That's nice.

②自分が行きたい場所とその理由を考え，ペアで伝え合う。

③発表したい児童から，ALTとのやり取りで発表する。友だちの発表を聞き，自分と同じ場所に行きたい友だちを見つける。

ALT：Where do you want to go?

S1　：I want to go to (Italy).

ALT：You want to go to Italy. Why?

S1　：I want to eat (pizza).

ALT：Enjoy eating pizza.

・Listening問題（スピーチを聞き，行きたい国とその理由を選ぶ問題）
・読むこと

★行きたい場所やしたいことが思いつかない児童には，第1時や第2時で触れた国や地域の情報を想起させ，活かせるようにする。

2.7　本時について

（1）目標

・行きたい国を尋ねたり，「I want to go to (国名).」の表現を使って答えたりすることができる。

・行きたい国を表す表現を読んで，書き写すことができる。

（2）言語材料

【表現】

Where do you want to go? / I want to go to ….

【語彙】

国名（France, China, Australia, Egypt, the USA, Russia など）

（3）教具

・各国の映像動画，国旗カード，ワークシート

（4）展開（3／5時）

Time	児童の活動内容と使用する表現	・指導上の留意点　○評価の観点
0	**挨拶** T：Let's start our English lesson. 　　Good morning, everyone. S：Good morning, Ms. Shinkai. T：How are you? S：I'm fine, thank you, and you? T：I'm fine, too, thank you. 　　How is the weather today? S：It's (sunny, fine, cloudy, raining) today. T：What day of the week is it today? S：It's (Thursday) today. T：What is the date today? S：It's (November 12th). T：What time is it now? S：It's (10:45). T：Let's start the English lesson.	・「How are you?」は，健康観察ではなく，日常の挨拶として尋ねているので，「I'm fine, thank you.」のような，相手に心配させない答え方を勧めている。 ・挨拶だけでなく，天気，曜日，日付，時刻など既習表現を使ったやり取りも行う。 ・天気，曜日，日付，時刻を答える際に，It's のあとに間が空かないように気をつけさせる。（とりあえず It's と言ってから考えることをさせない。）
2	**Warm-Up** ♪ Pease Porridge Hot ・手遊びをしながら歌う。 　　Pease porridge hot, 　　Pease porridge cold, 　　Pease porridge in the pot, 　　Nine days old. 　　Some like it hot, 　　Some like it cold, 　　Some like it in the pot, 　　Nine days old.	・歌で英語の世界の雰囲気に引き込む。 ・正しく歌えることは求めない。 ・手遊びをしながら歌うことで，強勢の位置を自然に身につけられるようにする。 ・ペアでの手遊びも行い，楽しい雰囲気を作る。 ・コロナウイルス感染予防のため，お互いの手には触れないように指示する。

4	活動①	
	「今朝食べた朝食は?	・次時，食べ物名を扱うので，触れ
	Sit Down Game」	ておく。
	・今日の朝食で，自分が食べた物が	
	聞こえたら手を挙げて反応し，座	・時間を見計らって，bread, rice な
	る。	どの主食を言い，座れるようにす
	・先に座った児童は，友だちが食べ	る。
	た物を予想し，アイデアを出す。	
10	活動②	
	「どの国に行きたい?」	・仰々しい目的は設定せず，「外国
	・外国の様子がわかる映像動画を視	の紹介動画を流します。どの国に
	聴する。	行きたいかを考えながら見ましょ
	Hi, friends! 1　pp.20-21	う。」というくらいの指示を出し
	(1) France（p.20 Let's listen）　2'40"	ておく。
	(2) China（p.21 Activity）　2'10"	
	(3) Australia（p.21 Activity）　2'05"	・国旗を提示し，どの国のことを紹
		介するのかを知らせる。
	We Can! 1　pp.42-43	
	Let's Watch and Think 1	・やり取りを始める前に，どの国が
	(4) Egypt　21"	人気あるかな？　と投げかけるこ
	(5) the USA　30"	とで，友だちの発表を聞きたくな
	(6) Russia　30"	るようにさせる。
		・発表した児童と目を合わせ，共感
		する recast，修正する recast など
		で確認するとともに，インプット
		量を増やす。
	・視聴した動画の中から1か国選ん	・児童とやり取りをし，国旗のとこ
	で，行きたい国を言う。	ろに人数を記入していくことで，
	T：I want to go to Egypt. How	各個人が発表したことが活かさ
	about you?　Where do you	れ，目で見えるようにしていく。
	want to go?	
	S：I want to go to (France).	
	T：You want to go to France.	

	・後半，慣れてきた頃には，別の質問にも答える。 T：Where do you want to go? S：I want to go to (France). T：You want to go to France. 　　Do you want to eat escargot? 　　Do you want to see the Eiffel Tower? S：Yes, I do. / No, I don't.	・後半の児童は慣れてくるので，次時に学習する表現 want to see / want to eat も使いながらやり取りをする。 ○行きたい国を伝える表現「I want to go to (国名).」を使って言うことができている。 《発表・行動観察》
25	活動③ 「本当に行きたい国はどこ?」 ・自分が本当に行きたい国を考える。 ・やり取りをしながら行きたい国を言う。 T：I want to go to Canada. Where do you want to go? S：I want to go to China. ・ペアで伝え合う。 ・発表する。 T & S：Where do you want to go? S1　　：I want to go to Italy. T　　　：You want to go to Italy. That's nice. Do you want to eat pizza? ・学びを音と文字で整理する。	・数人の児童とやり取りをし，伝え合いの仕方を見せる。 ・活動②でうまく言えなかった児童と意図的にやり取りをし，言えているかを確認する。 ・個別指導をする。 ・児童の発言を正しい英文にして聞かせたり，感想を言ったりする。 ・行きたい国を尋ねる役を，全員→班→個人などと，徐々に人数を減らしていき，最終的に児童1人と児童1人のやり取りをみんなで見届ける学習形態にする。 ・声に出しながら板書する様子を見せ，音と文を結びつける。
36	活動④ 読んでみようタイム ・ワークシートの英文を指で追いな	・児童がわかりやすい速さで，手本となるように読む。

		がら，Tが読むのを聞く。 ・先生のあとに続いて読む。 ・先生に合わせて一緒に読んでみる。	・リズムが崩れないように読む。そのために，指追いで1語1語が分かれないように読めているか，机間を巡りながら様子を見ていく。
40		活動⑤ **なぞってみよう，書いてみようタイム** ・自分が発表した文をなぞる。 ・自分が行きたい国を書いてみる。 ・自分がなぞった文や書いた文を，指で追いながら読む。	・個別指導をする。 ・文を書き写す活動は初めてなので，単語と単語のスペースに気づき，書き写せていればよいとする。 ・書き終わった児童には，なぞった文を読ませることで，合っているかを確認したり，書き写した文を見て You want to go to (Italy). と読むことで，書けていることを認めたりしていく。 ・書いたものは必ず読ませ，音声化させたい。 ○行きたい国を表す表現を読んで，書き写すことができている。 《行動観察・ワークシート》
45		**挨拶** T：That's all for today's English lesson. Stand up. See you next time. S：See you.	

参考資料

【本時のワークシート】

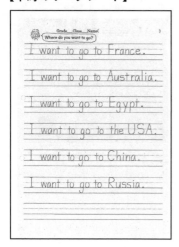

【第5時のワークシート】

例1

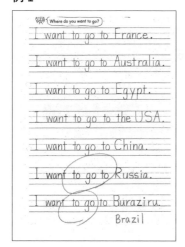

gやjではなく，zの音を表そうとした
児童。

例2

前出のzの音を表そうとした児童。第2時で見
た「虹がかかったイグアスの滝」の写真でブラ
ジルに興味をもった。

例3

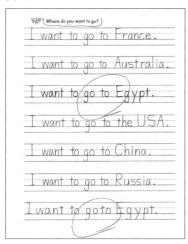

例4

第2時からずっと，エジプトに関心をもっていた児童。第5時では，以下のような内容を発表していた。

S：I want to go to Egypt.（T：Why?）I want to see Pyramid(s). I want to えーっと camel.

T：Do you want to ride a camel?

S：Yes.

例5

ペア活動後，内容を追加して発表した児童。

I want to go to Kyoto.

I want to see 清水寺.

I want to eat 宇治抹茶パフェ.

I want to buy 八つ橋.

例6

ペア活動後，内容を追加して発表した児童。

I want to go to Shizuoka.

I want to see Mt. Fuji.

I want to eat orange(s).

I like orange(s).

5 年生
Welcome to Japan.

平山伸正

1. 授業について

北海道札幌市立宮の森小学校　第5学年　外国語科

　本単元は，日本の四季や文化（「日本のすてき」）について，外国の方に紹介する単元です。単元終末の言語活動では，ALT の「日本文化について知りたい」という願いに応えるようにして，児童は発表への意欲を高めていくことになります。単元序盤から中盤にかけては，日本の文化に関する英語の音声に触れ，知識も深めながら進めていきます。「日本のすてき」を外国の方（今回は ALT）に紹介するという単元のゴールを設定することで，児童の興味・関心が大きく広がっていくと予想されますが，その際は使用する語彙量が児童の理解可能な範囲に収まるように配慮します。児童の思いや考えがあっても英語で伝え合うことができなければ，学習指導要領の目的を果たすことはできませんので，よい意味で「見切り」をつけていくことが大切になると考えています。

　また言語材料を指導者側で想定するにあたって，既習事項について洗い出しました。まず *Let's Try!* 2 の Unit 5 の Do you have a pen? で「I have（数＋文房具）.」の表現に慣れ親しみました。5年生の Unit 3 What do you want to study? で触れるはずだった「I have（教科名）.」については言語習得状況に応じて触れていません。そして，5年生の Unit 4 の He can bake bread well. では，「I can ….」の表現について，その人の能力を表現するものと捉えた形で児童はイメージすることができています。本単元では，「We have ….」（日本人一般としての "we" と物理的な近さを表す "have"）や，「We can enjoy ….」（潜在的な性質を表し，単なる能力ではない "can"）など，日本語訳に頼ることのできないような丁寧に扱うべき英語表現が含まれています。そこで既習としての "have" や "can" と本単元で扱う表現との意味合いの

違いがイメージできるような目的・場面・状況の設定をするよう留意していくことにしました。さらに，本教科書で想定されている「I usually play ….」などの英語表現はその行事が自分ごとになりやすい一方で，「日本のすてき」を紹介する表現としては使用しにくい側面があると考えました。そのため「I usually play ….」などの英語表現を児童全員の目標言語とせず，6年生のUnit 2における言語体験で触れることにしました。

　本単元のみならず，外国語科の授業を行うにあたっては，児童の外国語学習の観点から「指導者がどのような言語習得感をもち，どのような指導法を行ってきたのか」をよくふり返り，確認しています。当該児童はまず3年生の時から「音を大切にした」活動に積極的に励みました。文字情報との出合いのためには，中学年からの「聞くこと」「話すこと〔やり取り〕」「話すこと〔発表〕」の領域での豊かな活動が欠かせないと考えているからです。また児童全員に対する教師からの語り掛け（訂正フィードバック）を中学年から続けています。特に単元序盤は，リキャストによる自然な会話，中盤から後半にかけては児童の発話を引き出すような教師のかかわりを大切にすることで，単元終末の言語活動が，暗記を中心とした記憶を再生するだけの活動にならないように留意しています。

　その次に，音声から文字へと学習内容を発展させていきます。「読むこと」「書くこと」も含めた5領域に広がった5年生の取り組みでは，活字体で書かれたアルファベットを見て識別したり，文字の読み方が発音されたりするのを聞いて，アルファベットを書く活動を行っています。4月当初から，「聞くこと」「話すこと」の活動に十分取り組むことで，児童自ら話したことの音とその意味が児童の心と頭でつながっています。そこでUnit 4 He can bake bread well. では，児童自身の得意なことをワークシートで読んだり，なぞったり，そして書き写したりする経験をしました。本時で取り組むような「読むこと」の活動の準備段階，すなわち「音から文字への円滑な学びの橋渡し」の活動をするために，児童は十分に音声に慣れ親しんでいる状態だといえます。本来単元8時間のところを10時間にしたのも，こうした橋渡しを丁寧かつ円滑に行うための工夫です。

1.1　豊かな言語経験の積み重ね

　単元終末の言語活動の課題設定は，単元序盤には行わないこととしました。児童の状況をよく観察して「ここまでできたから，ALTにも伝えられそう

だね。」という指導者のかかわりを6・7時間目に行うことができるような単元構成を意識しています。これは序盤に課題設定をすることで，単元終末まで児童の意欲維持が困難なことや，中盤の活動が毎回同じ目的・場面・状況で使う表現の繰り返しになり，味気のないリハーサルになってしまった指導者としての経験によるものです。単元終末の言語活動に直接関係のないような場面設定でも「こんな時にも使えるのか。」と児童からの声があがるような豊かな言語経験を積ませたいと考えています。当然バックワードデザインを意識しながらも，終盤の活動に内容を詰め込みすぎないようにすることで，音声の丸暗記や文字情報による暗記活動が設定されないような工夫にもつなげています。大切なことは言語活動で児童の話したい気持ちを大切にしながら，同時に児童が音声の特徴や文構造に気づく（noticing）場面を仕掛けていくことです。

1.2 ICT の活用場面（必要な場面のみの使用）

本実践での ICT の活用場面は以下の通りです。

①児童アンケート（Google フォームまたは学習支援ソフト）

児童の興味・関心を調査して，必要な語彙を知ります。必要な時に5分以内で行いました。

②ヴォイス・バンク（Google スライドまたは学習支援ソフト）

「We have ....」の入れ替え部分について，音声を忘れてしまった時に支援するための方法です。1文の音声と入れ替え部分の単語のみの2つの音声を入れ，即時性のあるフィードバックができるようにしました。

③スライド（学習支援ソフト）

イラストや写真を入れただけのスライドづくりを行いました。スライドづくりを10分程度にすることで，ICT 活用による時間短縮のメリットを利用し，十分に聞いたり，話したりする活動を取り入れることができました。

④紹介カード（学習支援ソフト）

③のスライドを活用して紹介カードを作る際に，書き写したり，なぞったりしたワークシートを撮影し，トリミングしてカードに反映させました。

⑤ふり返り（Google フォームまたは学習支援ソフト）

1.3 音を大切にした「読むこと」の言語経験

　一貫して,「聞くこと」「話すこと」の活動を中心に据え,「読むこと」「書くこと」の活動を急ぎませんでした。本時1時間の中では,単元4時間目ということで,「聞くこと」「話すこと」に加えて「読むこと」の活動をバランスよく配置することにしました。また児童に話したことを想起させる時には,英語の文字なしのキューカードを使用し,音と表現の意味との一致を意図的に試みています。どの単元でも「読むこと」「書くこと」の活動は,後半から少しずつ取り組んでいます。これは単元序盤から,指導者が児童に話すための原稿を書かせてしまうと,単なる線の写し書きになってしまうためです。

2. 授業の構成

2.1 単元名

NEW HORIZON Elementary 5　Unit 7　Welcome to Japan. 日本の四季や文化を紹介しよう（東京書籍）

2.2 単元の目標

　ALT の願いに応えて,日本のよさを知ってもらうために,行事・場所・食べ物・自然などの自分が実感を込めて話せる事項について紹介する。それまでに音声で十分に慣れ親しみ,紹介した英語表現について読んだり,書き写したりできる。

2.3 言語材料

【表現】
What's your "Wonderful Sapporo / Hokkaido / Japan?"　—　We have ….
How is it? —　It's good.
What can we enjoy? —　We can（enjoy / eat / see / go to / get）….
【語彙】
・様子　good / great / nice / fantastic / wonderful / beautiful / cool / cute / interesting / exciting / famous / popular / international / fun
　（その行事内で）
・楽しめること　（We can enjoy）dancing / the shooting game

- 食べられるもの　（We can eat）rice cakes / odango / osechi / soba
- 見ることができること　（We can see）the first sunrise / the Milky Way / snow statues / the fireworks
- そのほかのできること　（We can go to）a shrine / （We can get）a New Year's gift

2.4　単元の評価規準

（1）聞くこと

知識・技能	思考・判断・表現	主体的に学習に取り組む態度
〈知識〉【日本文化を紹介する（し合う）英語表現】（What's your "Wonderful Japan?" / We have …. / It's …. / We can enjoy / eat / see / go to / get ….）及びその関連語句などについて理解している。 〈技能〉【日本文化を紹介する（し合う）英語表現】を用いた友だちや外国人講師の紹介を聞き取る技能を身につけている。	友だちや外国人講師が紹介している文化の魅力を知るために、簡単な語句や基本的な表現から、気持ちや考えなども含めて聞いている。	友だちや外国人講師が紹介している文化の魅力を知るために、簡単な語句や基本的な表現から、気持ちや考えなども含めて聞こうとしている。

（2）話すこと（やり取り）

知識・技能	思考・判断・表現	主体的に学習に取り組む態度
〈知識〉【日本文化を紹介し合う英語表現】及びその関連語句などについて理解している。 〈技能〉【日本文化を紹介し合う英語表現】及びその関連語句などを用いて、お互いの考えや気持ちを含めて、紹介し合うための話す技能を身につけている。	友だちに日本の魅力を伝えるために、日本文化についての簡単な語句や基本的な表現を用いて、お互いの考えや気持ちなどを含めて伝え合っている。	友だちに日本の魅力を伝えるために、日本文化についての簡単な語句や基本的な表現を用いて、お互いの考えや気持ちなどを含めて伝え合おうとしている。

（3）話すこと（発表）

知識・技能	思考・判断・表現	主体的に学習に取り組む態度
〈知識〉【日本文化を紹介する英語表現】（What's your "Wonderful Japan?" / We have .... / It's .... / We can enjoy / eat / see / go to / get ....）及びその関連語句などについて理解している。 〈技能〉【日本文化を紹介する英語表現】及びその関連語句などを用いて、自分の考えや気持ちを紹介するための話す技能を身につけている。	外国人講師に日本の魅力を伝えるために、日本文化についての簡単な語句や基本的な表現を用いて、自分の考えや気持ちなどを含めて話している。	外国人講師に日本の魅力を伝えるために、日本文化についての簡単な語句や基本的な表現を用いて、自分の考えや気持ちなどを含めて話そうとしている。

2.5 単元計画 (全10時)

※4が本時

時	◆目標　・主な学習活動　★単元構成の工夫
1	◆指導者のまとまった話を聞き，身近にあるものを表現する「We have ….」の表現を何度も聞き，「I have ….」との違いについての言語経験をする。(「札幌自慢をしよう！」) ・Small Talk Which season do you like? ・教師のまとまった話を聞き，反応する。 「もし外国の方に自慢するなら…」 T：We have the Sapporo Snow Festival. Do you like snow statues? S：Yes, I do. T：I like them, too. In summer, we have the Yosakoi Soran Festival. Do you like dancing? S：Yes, I do. / No, I don't. ★児童の様子を観察し，できそうであれば黒板上に貼ってある「北海道の有名なもの」のカードから選んで言ってみる。 ★次時の Dumbo Time のために，アンケートをとる（ICT 活用）。
2	◆指導者のまとまった話を聞き，児童自身も「もし外国の方に自慢するなら…」という想定のもとに，「札幌や北海道のすてき」について，「We have ….」の表現を用いて伝える。 ・Small Talk「We like the Clock Tower!」　仲間探し 好きな札幌の有名な行事や場所を I like … で伝えたあと，同じ行事や場所を言った仲間と「We like ….」で学級全体に伝えてみる。 ★「I have ….」と「We have ….」を混同する児童が数人いることが予想されるため，"We" の言葉のイメージができるようにする。 ・Dumbo Time ①気に入っている北海道の有名な行事や場所を言ってみよう。 ②気に入らない行事や場所も言ってみよう。

・指導者のまとまった話を聞き，反応する。
「もし外国の方にオススメするなら…」

・児童も一人ひとりが学級の全員に向けて伝える。
S1：We have the Goryokaku Fort.
T ：Yes! We have the Goryokaku Fort.
S2：We have the Blue Pond.
T ：Yes! We have the Blue Pond.
⋮
T ：What's your "Wonderful Hokkaido"?
S20：We have Lake Toya.
T ：Yes! We have Lake Toya.
★3年生時から児童一人ひとりが伝える時は，全体に問いかけたり，黒板
　に言ったことが伝わるよう構成を工夫したりすることを続けている。意
　欲のある児童から当てて，最後の方は質問も指導者側から聞かせるよう
　にしている。

・質問文は入れない形でのペア活動
S1：We have Mt. Yotei.
S2：We have lavender fields.

3	◆答えだけでなく質問も含めたペア活動で「北海道のすてき」をより多く 　の友だちに伝えられるようにする。 ・Small Talk　先生たちの「宮小」自慢 担任の先生が紹介するつもりで… We have the entrance ceremony. We have the sports day. We have the drama festival. We have the field trip. We have the school trip. We have the graduation ceremony. ・質問文を入れた形でのペア活動 S1：What's your "Wonderful Hokkaido"? S2：We have Lake Shikotsu. What's your "Wonderful Hokkaido"?

S1：We have Mt. Hakodate.

・Dumbo Time
みんなの「日本のすてき」はどんなものがあるのかな？
★次回は "Wonderful Japan" であることを黒板上で暗に示しつつ，単元前にとったアンケート結果から作ったカードで Dumbo Time をする。
★2時間目から週が変わったことで，児童のペア活動が思うように進まない可能性を考慮する（焼き直しの時間）。

| 4 | ◆「もし ALT に紹介するなら…」という想定のもとに，「日本のすてき」について，「We have ....」の表現を用いてペアで伝え合う。

・Dumbo Time
気になっている「日本のすてき」"Wonderful Japan" を言ってみる。

・指導者のまとまった話を聞き，反応する。
「もし ALT に紹介するなら…」

・児童も一人ひとりが学級の全員に向けて伝える。
S1：We have the Star Festival.
T ：Yes! We have the Star Festival.
S2：We have a fireworks festival. It's beautiful.
T ：Yes! We have the beautiful fireworks festival.
★ペア活動に入る前に，もし不安そうな場合は列ごとに言わせてみる。

・質問を入れたペア活動
・担任の先生の「北海道のすてき」は何だろう？
★「読むこと」につなげるために，すでに音と意味のイメージとつながっているイラストから文字へ移り変わるのを見せ，クイズを当てるように Dumbo Time をする。 |
| 5 | ◆指導者の描いた絵についての感想を「It's ....」を用いて伝える。

・Nobu 先生（指導者）が描いた「棒人間」(a stick figure) の評論会をしよう。
★ここでは指導者の Unit 4 で「できること」「できないこと」の時に行った Teacher Talk を想起させて行う。
T ：I can draw pictures well. How is it? |

	S1：It's fantastic.
	T ：Yes! It's fantastic.
	S2：It's interesting.
	T ：Yes! It's interesting.
	・担任の先生はどんな感想をもつのかな？
	★「読むこと」につなげる活動
6	◆行事や場所についての感想を，写真を見ながら「It's ….」を用いて伝え合う。
	・ペア活動をしよう。
	S1：How is it?
	S2：It's great. How is it?
	S1：It's fun.
	・教頭先生はこのあと，何と感想を言ったでしょうか？
	★「読むこと」につなげる活動
7	◆行事やお店の中で，自分たちができることについて，「We can eat / drink / see / enjoy ….」の英語表現を使って伝える。
	・Small Talk　マクドナルドで食べられるものについて話そう
	T ：I want to go to MacDonald's. We can eat French Fries. We can eat hamburgers.
	S1：We can eat chicken nuggets.
	S2：We can drink Coke.
	・選んだ日本の行事や場所でできることを話そう。
	T ：(We have New Year's Day.) We can eat rice cakes.
	・紹介したい内容について書いてみよう。
8	◆ ALT の話を通して，単元終末の言語活動の設定を行うことで，それまでの学習を活用できることに気づき，友だち同士で伝え合う。
	「ALT が家族を連れて，日本旅行ができるように『日本のすてき』を紹介しよう。」（家族がカードを読んでくれるかもしれないよね。）

	・ペアで伝え合ってみよう。 S1：We have a moon-watching party. We can see a full moon. It's beautiful. S2：We have a summer festival. We can eat ice cream. It's delicious. ・紹介したい内容について書いてみよう。 ★ここでは「We have ….」のみを書き，撮影→トリミングする。ICT で作った紹介カード上に位置づける。
9	◆パフォーマンステスト ◆ふり返り
10	◆パフォーマンステスト ◆ふり返り（CAN-DO）

2.6　本時について

（1）目標

　「もし ALT に紹介するなら…」という想定のもとに，「日本のすてき」について，「We have ….」の表現を用いてペアで伝え合うことができる。

（2）言語材料

【表現】

・We can enjoy ….

・We have ….

【語彙】

・（We can enjoy）hiking / cooking / talking with friends / dancing / the campfire.

・（We have）New Year's Day / the Snow Festival / Bean-Throwing festival / Doll Festival / Star Festival / the fireworks festival / the moon-watching party / old temples / New Year's Eve / Mt. Fuji.

（3）教具

教科書，板書用掲示（目標やプロジェクト掲示），英語文字なしのキューカード，4 線黒板 ，ヴォイス・バンク（音声確認のために ICT 活用）

（4）本時の展開（4／10時）

Time	児童の活動内容と使用する表現	・指導上の留意点　○評価の観点
0	**挨拶** 活動① **Dumbo Time** **気になっている「日本のすてき」** **"Wonderful Japan" を言ってみる。** （Doll Festival / Children's Day / the fireworks festival / the summer festival / the moon-watching party / the Snow Festival / Bean-Throwing Festival / Star Festival / New Year's Day / New Year's Eve / old temples / Mt. Fuji）	・最初にタブレットをいつでも使えるように指示する。
10	活動② **指導者のまとまった話を聞き，反応する。** **「もし ALT に紹介するなら…」** 活動③ **児童一人ひとりが学級の全員に向けて伝える。** S1：We have the Star Festival. T ：Yes! We have the Star Festival. S2：We have a fireworks festival. It's beautiful. T ：Yes! We have the beautiful fireworks festival. 活動④ **質問を入れたペア活動**	・Teacher Talk から児童の発言を引き出していく。 ・必要に応じてヴォイス・バンクを使うよう指示する。 ・ペア活動に入る前に，もし不安そうな場合は列ごとに言わせてみる。 ○日本の行事や建物，「日本のすてき」について尋ねたり，答えたりする表現が身についている。 《やり取り・行動観察》
35	活動⑤ **担任の先生の「北海道のすてき」は**	・「読むこと」につなげるために，

254　実践編

	何だろう? We have the Snow Festival.（正解） We have New Year's Day. We have Mt. Fuji.	すでに音のイメージとつながっているイラストから文字へ移り変わるのを見せ，クイズを当てるように Dumbo Time をする。 ・イラストをとって書いている場面を見せていく。 ・指追いで読むよう示す（ICT）。

（5）実際の当日の流れ

Time	児童の活動内容と使用する表現	・指導上の留意点　○評価の観点
0	**挨拶** 活動① **Dumbo Time** 「担任の先生のお気に入りの学校行事を当てよう。」 We have the entrance ceremony (the sports day / the school trip / the field trip / the drama festival / the graduation ceremony).	・最初にタブレットをいつでも使えるように指示する。 「We have ….」が学校行事でも使える表現であることがわかるようにする。
10	活動② **Dumbo Time** 「もし 4 年生に滝野宿泊学習の楽しみを伝えるなら?」 We can enjoy hiking / cooking / talking with my friends / dancing / the campfire. 活動③ **Dumbo Time** We have New Year's Day / the Snow festival / Bean-Throwing	・Teacher Talk から児童の発言を引き出していく。 ※児童にとって身近な話題を取り上げ，ここでも既習が使えることを想起させる。 ・必要に応じてヴォイス・バンクを使うよう指示する。

	festival / Doll Festival / the Star Festival / the fireworks festival / the moon-watching party / old temples / New Year's Eve / Mt. Fuji. 活動④ **質問を入れたペア活動** S1：What's your "Wonderful Japan"? S2：We have the Star Festival. What's your "Wonderful Japan"? S1：We have the fireworks festival.	○日本の行事や建物，「日本のすてき」について尋ねたり，答えたりする表現が身についている。 《やり取り・行動観察》
35	活動⑤ **担任の先生の「北海道のすてき」は何だろう？** We have the Snow Festival.（正解） We have New Year's Day. We have Mt. Fuji.	・「読むこと」につなげるために，すでに音のイメージとつながっているイラストから文字へ移り変わるのを見せ，クイズを当てるように Dumbo Time をする。 ・イラストをとって書いている場面を見せていく。 ・指追いで読むよう示す（ICT）。

（6）改善案

授業後のふり返りを基に，指導案を改善しました。

Time	児童の活動内容と使用する表現	・指導上の留意点　○評価の観点
0	**挨拶** 活動① **Dumbo Time** **担任の先生が紹介したい「日本のすてき」を当てよう。**	・最初にタブレットをいつでも使えるように指示する。 ・学校行事の表現が負担であったことから，前時を想起させるにとどめる。
10	活動② **Dumbo Time** **「もし4年生に滝野宿泊学習の楽しみを伝えるなら?」** We can enjoy hiking / cooking / talking with ※friends / dancing / the campfire. ※ my をとり，負担を下げる。 活動③ **Dumbo Time** We have New Year's Day / the Snow festival / Bean-Throwing festival / Doll Festival / Star Festival / the fireworks festival / the moon-watching party / old temples / New Year's Eve / Mt. Fuji. 活動④ **児童一人ひとりが学級の全員に向けて伝える。** S1：We have the Star Festival.	・Teacher Talk から児童の発言を引き出していく。 ・必要に応じてヴォイス・バンクを使うよう指示する。 ○日本の行事や建物，「日本のすてき」について尋ねたり，答えたりする表現が身についている。 《やり取り・行動観察》 ・後 半 に か け て「What's your

	T : Yes！We have the Star Festival. S2：We have a fireworks festival. It's beautiful. T : Yes! We have the beautiful fireworks festival. 活動⑤ **質問を入れないペア活動** S1：We have the Star Festival. S2：We have the fireworks festival.	"Wonderful Japan"?」と指導者から問いかける。 ・一足飛びにならないように，ペアでは質問なしで取り組ませる。
35	活動⑥ **担任の先生の「日本のすてき」は何だろう?** We have the Snow Festival.（正解） We have the Star Festival. We have the fireworks festival.	・「読むこと」につなげるために，すでに音のイメージとつながっているイラストから文字へ移り変わるのを見せ，クイズを当てるように Dumbo Time をする。 ・イラストをとって書いている場面を見せていく。 ・「話すこと」の活動では多くの場面で the を話していることから，音と文字を一致させる。

6 年生
I want to be a vet.

神村好志乃

1. 授業について

沖縄県浦添市立港川小学校　第6学年　外国語科

神村好志乃（専科）オアリカン マリー（AET）

　本単元は将来の夢について，就きたい職業やその理由などに関する表現を用いて自分の夢について伝え合うことをねらいとしています。小学校6年生の児童にとって，自分が将来何をしたいかなど，明確に決まっていないかもしれませんが，他者のさまざまな考えを聞いたり，自分の好きなこと，得意なことを考えたりすることで将来の夢に結びつくことが期待できる教材です。

　本単元において，主となる表現は新出の「What do you want to be? I want to be ....」となります。理由などを伝える表現は好きなことや得意なことなどの既習表現を使用することができます。さらに，児童の中には憧れの人と関連させ第三者の紹介なども理由に挙げることが予想され，これまで学習した既習表現を用いた内容が多く，豊かに自分の考えや気持ちを表現できるのではないかと考えます。併せて，将来の夢の理由から自分のよさや友だちのよさに気づくことができ，自己肯定感を得られたり相互理解が深まったりとお互いを応援したくなる教材です。

　そこで，本単元のゴールを「将来の夢をクラスの友だちに伝え合い，お互いを応援しよう」と設定し，将来のことを考えることを通して自分のことを見つめたり，友だちがどのような夢を抱いているのかと興味関心を高めたりしながら，相互理解を深められるようにしていきます。まだ将来の夢が決まっていない児童へは，得意なことや好きなことなどから仕事へつなげたり，さまざまな職業を紹介したりしながら支援していく予定です。

　本単元において，上記に示したように将来の夢を伝え合う表現は新出であ

りますが，その理由を伝える表現はこれまでに学習した表現で伝えることができます。そこで，Oral Introduction や職業クイズなどにおいて既習表現を意図的に使用し，児童が既習表現を想起し，自分の表現に生かせるようにしていきます。

　第1時では「将来就きたい職業ランキング」を紹介しながら，将来の夢について考えるきっかけを与え，専科の夢を聞かせることで，これからの学習の見通しをもたせます。

　第2時では，スリーヒントクイズや AET の将来の夢を聞かせ，表現へ慣れ親しませます。その際には，既習表現を十分に取り入れ，職業や就きたい理由についての表現への意識を高め，さらに，言語活動を通し，自分の将来の夢について伝え合えるようにしていきます。

　第3・4時は将来の夢やその理由を伝える表現を学習します。ここでは AET やデジタル教材を活用し，まとまりのある内容を多く聞かせることで，自分の得意なこと，興味がある分野など内容について伝えたいことを整理できるようにしていきます。併せて，言語活動と中間指導を通して表現を定着させることで，児童が自信をもって伝えられるようになるのではと考えています。

　第5時では，より言語に焦点を当て，将来の夢の理由についてよりよく伝えるための表現を意識した学習を行います。特に，Oral Introduction や中間指導では，児童とのやり取りを通して既習表現を引き出せるような質問をしたり，より詳しくなる表現をクラスで共有したりしながら，自分の表現をより豊かにできるようにつなげていきます。

　第6時では将来の夢とその理由について書かれた文章を読む活動へ取り組みます。音声で十分に慣れ親しんだ表現を1人で読んだり，ペアで確認したりしながら進めていき，内容を把握できるようにしていきます。また，読む活動のあとには発表に向けて，表現の正しさや伝え方の工夫などを意識させるために動画撮影を行い，客観的に自分の発話を見る時間を設定します。そうすることで，よりよく伝わるために，自己調整が図れると考えます。

　第7・8時はこれまでの学習の評価として，話すこと（発表）と聞くこと・読むことに取り組む予定です。

【児童の実態】
　本学級は英語の学習に意欲的に取り組む児童が多く，話される英語を聞き

取ろうとしたり，英語の発問に対して自分の考えを伝えようとしたりする児童が多く見られます。さらに，学習している単元の表現や簡単な既習表現を使用し，自分の考えや気持ちをより詳しく伝えようとする姿も多く見られます。

　本単元に関して，児童は第5学年で自分の得意なことやできること，第三者の得意なことや人柄などの紹介を学習してきています。しかし，好きなことなどの簡単な表現については即興的に伝えることができますが，既習表現であっても，少し難しい表現を使用し自分の考えや気持ちをよりよく伝えようとする姿が少ないと感じます。これは児童のお手本となる教師のInputが学習単元で取り上げている表現や簡単な表現だけになってしまい，児童がさまざまな既習表現を想起できずにいるのではないかと考えました。

　そこで，5月頃よりOral IntroductionやSmall Talkの際に教師が関連する既習表現を意図的に使用し，表現を想起させたり，児童が既習表現を使用した際には価値づけたりすることで，さまざまな伝え方を認識できるようにしています。併せて，ふり返りの時間などにCAN-DOリストを確認させることで，学習単元以外の表現を繰り返し確認できる場面を設定しています。そうすることで，児童が自分の考えや気持ちを既習表現も含めながら，より豊かに表現できるようになると期待しています。また，外国語への苦手意識がある児童もいるので，伝える内容や表現などについてAETと分担しながら支援を行っています。

2. 授業の構成

2.1 単元名

Blue Sky 6　Unit 7　I want to be a vet.（啓林館）

2.2 単元の目標

　自分のことを知ってもらったり，友だちのことをよく知ったりするために，将来の夢や理由などを伝え合い，その具体的な情報を聞き取ったり，相手に伝わるように話したり，書き写したり，読んだりすることができる。

2.3 言語材料

【表現】

・What do you want to be? I want to be a/an ....

・I like .... My favorite ... is ○○ . I can .... I'm good at .... I want to ....

【語彙】

・職業（a florist, a cook, a fashion designer, a vet, a farmer, a scientist, a soccer player, a doctor, a nurse, a game creator, a comedian, an astronaut, a baker, a flight attendant など）

2.4 関連する学習指導要領における領域目標

聞くこと	ウ	ゆっくりはっきりと話されれば，日常生活に関する身近で簡単な事柄について，短い話の概要を捉えることができる。
読むこと	イ	音声で十分に慣れ親しんだ簡単な語句や基本的な表現の意味がわかるようにする。
話すこと（やり取り）	ウ	自分や相手のこと及び身の回りの物に関する事柄について，簡単な語句や基本的な表現を用いてその場で質問したり答えたりして，伝え合うことができる。
話すこと（発表）	ウ	身近で簡単な事柄について，伝えようとする内容を整理した上で，自分の考えや気持ちなどを，簡単な語句や基本的な表現を用いて話すことができるようにする。
書くこと	イ	自分のことや身近で簡単な事柄について，例文を参考に，音声で十分に慣れ親しんだ簡単な語句や基本的な表現を用いて書くことができるようにする。

2.5 単元の評価規準

（1）聞くこと

知識・技能	思考・判断・表現	主体的に学習に取り組む態度
〈知識〉将来の夢やその理由など，I want to be a .... / I like .... / I'm good at .... / I can .... などの表現について理解している。 〈技能〉将来の夢やその理由など，具体的な情報を聞き取る技能を身につけている。	友だちや他者の将来の夢やその理由を知るために，好きなことや得意なことなどを含むまとまった話を聞いて，概要を捉え，必要な情報を聞き取っている。	友だちや他者の将来の夢やその理由を知るために，好きなことや得意なことなどを含むまとまった話を聞いて，概要を捉え，必要な情報を聞き取ろうとしている。

（2）話すこと（発表）

知識・技能	思考・判断・表現	主体的に学習に取り組む態度
〈知識〉将来の夢やその理由など，I want to be a .... / I like .... / I'm good at .... / I can .... などの表現について理解している。 〈技能〉I want to be a .... / I like .... / I'm good at .... / I can .... など将来の夢を表す表現を用いて，自分の考えや気持ちなどを含めて話す技能を身につけている。	自分のことをよく知ってもらうために，将来の夢やその理由について自分の考えや気持ちなどを含めて話している。	自分のことをよく知ってもらうために，将来の夢やその理由について自分の考えや気持ちなどを含めて話そうとしている。

（3）読むこと

知識・技能	思考・判断・表現	主体的に学習に取り組む態度
〈知識〉将来の夢やその理由など，I want to be a .... / I like .... / I'm good at .... / I can .... などの表現について理解している。 〈技能〉I want to be a .... / I like .... / I'm good at .... / I can .... など将来の夢を表す表現を用いて，自分の考えや気持ちなどを含めて読んで意味がわかるために必要な技能を身につけている。	相手のことを知るために，将来の夢やその理由について，音声で十分に慣れ親しんだ語句や表現で書かれたものを読んで意味がわかる。	相手のことを知るために，将来の夢やその理由について，音声で十分に慣れ親しんだ語句や表現で書かれたものを読んで意味をわかろうとしている。

2.6 単元計画と評価方法 （全8時）

◎記録に残す評価　※2が本時

時	◆目標　・主な学習活動	評価			
		知	思	態	評価方法
1	◆将来の夢やその理由を伝える表現がわかる。 ・夢ランキングから，単元めあてを確認し学習の見通しをもつ。 ・T1の将来の夢について聞く。 ・Let's talk　（pair）	1〜6時では，記録に残す評価は行わないが，目標に向けて指導を行う。児童の学習状況を記録に残さない活動や時間においても，教師が児童の学習状況を確認する。			
2	◆自分が就きたい職業を伝えることができる。 ・スリーヒントクイズ（職業の名前） ・めあての確認 ・Oral Introduction：AETの将来の夢について聞く。 ・Let's talk ・Writing				
3	◆自分が就きたい職業とその理由について伝え合うことができる。 ・Oral Introduction ・めあての確認 ・Listen and Do①　p.78 　その職業について理由を予想する→聞く ・Let's talk				
4	◆自分が就きたい職業とその理由について伝え合うことができる。 ・Listen and Do②　p.78				

	・めあての確認 ・teacher's talk ・Let's talk ・Writing				
5	◆自分が就きたい職業とその理由をクラスの友だちに伝え合うことができる。 ・めあての確認 ・VTR ・Let's talk ・Writing				
6	◆将来の夢について，読んだり伝えたりすることができる。 ・めあての確認 ・Listen and Do p. 80 （読む） 　①自分で読んでみる 　②ペアで読む 　③AET の音を聞いて 　④AET のあとについて 　⑤自分で読む ・Let's talk 　ペアで VTR を録りながら，自分のよさや改善点，友だちのよさを確認する。				
7	◆将来の夢について伝えることができる。 ・発表（話すこと）	◎	◎	◎	行動観察
8	◆将来の夢について，聞いたり読んだりすることができる。				
	・単元テスト（聞くこと）	◎	◎	◎	単元テスト
	・ワークシート（読むこと）	◎	◎		ワークシート

2.7 評価基準表

（1）聞くこと

評価方法…第8時単元テスト, ワークシート記述, 行動観察, ふり返りシート

知識・技能	思考・判断・表現	主体的に学習に取り組む態度	評価
〈知識〉将来の夢やその理由など, I want to be a …. / I like …. / I'm good at …. / I can …. などの表現について正しく理解している。 〈技能〉将来の夢やその理由など, 具体的な情報を正しく聞き取る技能を身につけている。	友だちや他者の将来の夢やその理由を知るために, 内容を整理しながら好きなことや得意なことなどについて, 必要な情報を聞き取っている。	友だちや他者の将来の夢やその理由を知るために, 内容を整理しながら好きなことや得意なことなどについて, 必要な情報を粘り強く聞き取ろうとしている。	A
〈知識〉将来の夢やその理由など, I want to be a …. / I like …. / I'm good at …. / I can …. などの表現についておおむね理解している。 〈技能〉将来の夢やその理由など, 具体的な情報をおおむね聞き取る技能を身につけている。	友だちや他者の将来の夢やその理由を知るために, 好きなことや得意なことなどについて, 必要な情報を聞き取っている。	友だちや他者の将来の夢やその理由を知るために, 好きなことや得意なことなどについて, 必要な情報を聞き取ろうとしている。	B
〈知識〉将来の夢やその理由など, I want to be a …. / I like …. / I'm good at …. / I can …. などの表現について理解することがまだ難しい。	友だちや他者の将来の夢やその理由を知るために, 好きなことや得意なことなどについて, 必要な情報を聞き取ることがまだ難しい。	友だちや他者の将来の夢やその理由を知るために, 好きなことや得意なことなどについて, 必要な情報を聞き取ろうとしていない。	C

〈技能〉将来の夢やその理由など，具体的な情報を聞き取る技能がまだ身についていない。		

（2）話すこと（発表）

評価方法…第7時発表，ふり返りシート

知識・技能	思考・判断・表現	主体的に学習に取り組む態度	評価
〈知識〉将来の夢やその理由など，I want to be a …. / I like …. / I'm good at …. / I can …. などの表現について正しく理解している。 〈技能〉I want to be a …. / I like …. / I'm good at …. / I can …. など将来の夢を表す表現を正しく用いて，自分の考えや気持ちなどを話す技能を身につけている。	自分のことをよく知ってもらうために，将来の夢やその理由について内容を整理し，自分の考えや気持ちなどを含めて話している。	自分のことをよく知ってもらうために，将来の夢やその理由について内容を整理し，自分の考えや気持ちなどを含めて相手に伝わるように話そうとしている。	A

〈知識〉将来の夢やその理由など，I want to be a .... / I like .... / I'm good at .... / I can .... などの表現についておおむね理解している。 〈技能〉I want to be a .... / I like .... / I'm good at .... / I can .... など将来の夢を表す表現をおおむね正しく用いて，自分の考えや気持ちなどを話す技能を身につけている。	自分のことをよく知ってもらうために，将来の夢やその理由について，自分の考えや気持ちなどを含めて話している。	自分のことをよく知ってもらうために，将来の夢やその理由について，自分の考えや気持ちなどを含めて話そうとしている。	B
〈知識〉将来の夢やその理由など，I want to be a .... / I like .... / I'm good at .... / I can .... などの表現について理解することがまだ難しい。 〈技能〉I want to be a .... / I like .... / I'm good at .... / I can .... など将来の夢を表す表現について，自分の考えや気持ちなどを話す技能をまだ身につけていない。	自分のことをよく知ってもらうために，将来の夢やその理由について，自分の考えや気持ちなどを含めて話すことがまだ難しい。	自分のことをよく知ってもらうために，将来の夢やその理由について，自分の考えや気持ちなどを含めて話そうとしていない。	C

（3）読むこと

評価方法…第8時ワークシート

知識・技能	思考・判断・表現	主体的に学習に取り組む態度	評価
〈知識〉将来の夢やその理由など，I want to be a …. / I like …. / I'm good at …. / I can …. などの表現について正しく理解している。 〈技能〉I want to be a …. / I like …. / I'm good at …. / I can …. など将来の夢を表す表現を用いて，自分の考えや気持ちなど，読んで正しく意味がわかるために必要な技能を身につけている。	相手のことを知るために，将来の夢やその理由について，音声で十分に慣れ親しんだ語句や表現で書かれたものを読んで十分に意味がわかる。		A
〈知識〉将来の夢やその理由など，I want to be a …. / I like …. / I'm good at …. / I can …. などの表現についておおむね理解している。 〈技能〉I want to be a …. / I like …. / I'm good at …. / I can …. など将来の夢を表す表現を用いて，自分の考えや気持ちなど，読んでおおむね意味がわかるために必要な技能を身につけている。	相手のことを知るために，将来の夢やその理由について，音声で十分に慣れ親しんだ語句や表現で書かれたものを読んでおおむね意味がわかる。		B

〈知識〉将来の夢やその理由など，I want to be a …. / I like …. / I'm good at …. / I can …. などの表現についてまだ理解していない。 〈技能〉I want to be a …. / I like …. / I'm good at …. / I can …. など将来の夢を表す表現を用いて，自分の考えや気持ちなど，読んで意味がわかるために必要な技能をまだ身につけていない。	相手のことを知るために，将来の夢やその理由について，音声で十分に慣れ親しんだ語句や表現で書かれたものを読んでまだ意味がわからない。		C

2.8 本時の学習（2／8時間）

（1）目標

自分が将来就きたい職業を伝え合うことができる。

（2）本時の指導の工夫

スリーヒントクイズや Oral Introduction において，将来の夢の理由を伝える内容に関連する既習表現を使用し，さまざまな表現を想起させる。また，AET とのやり取りから自然な形で児童とのやり取りへ広げ，将来の夢を尋ねたり，答えたりする表現を身につけさせる。

（3）展開

<table>
<tr><th></th><th>児童の活動内容と使用する表現</th><th>・指導上の留意点</th></tr>
<tr>
<td rowspan="2">導入</td>
<td>

活動①

挨拶

T：How is the weather today?
S：It's sunny.
T：What day is it today?
S：It's Wednesday.
T：What's the date today?
S：It's October 26th.
T：What time is it now?
S：It's 1:35 p.m.

</td>
<td>

・天気，曜日，月日，時刻を確認する。

・聞いて思考させるために，質問の順番は毎回変える。

</td>
</tr>
<tr>
<td>

活動②

Small Talk

T1：What character do you like?
T2：I like superman.
T1：Oh, superman. Why?
T2：He can fly. He can help many people. He is kind. How about you? What character do you like?
T1：I like Doraemon. Because, he has a magical pocket. We can

</td>
<td>

・本単元において，児童が内容を詳しくするために必要であろう表現を聞かせたり，使わせたりする。

・前時にも同じトピックでやり取りをしていることから，前時よりもキャラクターについて詳しく伝えることを意識させる。

</td>
</tr>
</table>

	fly with *Takecopter*. We can go everywhere with *Dokodemo* door. He is my hero.	
展開	活動③ **3 Hints Quiz（職業の名前）** ・3つの絵からどの職業について話しているのかを考える。（スライド） ① I use my voice. I want to make people happy. I'm good at singing and playing the guitar. S：A singer! T：Do you want to be a singer? S：No. T：What do you want to be? S：Game creator. T：Oh, you want to be a game creator, that's good. ② I like sports. I can run fast. My hero is Hachimura Rui. S：Basketball player! T：Do you want to be a basketball player? S：Yes. T：Nice! ③ My favorite subject is science. I like space. I want to go to the moon. S：宇宙飛行士って何だっけ。 S：Astronaut? T：Yes, That's right. Good job.	・本時には使用しないが，本単元においてこれから児童が使う既習表現を聞かせる。（好きなものや得意なことなど） I like .... My favorite .... I can .... I'm good at .... My hero is ....　She/He can .... など，多様な伝え方を聞かせる。 ・クイズを聞いて答えるだけではなく，クイズを活用しながら児童へ質問することでインタラクションを行う。 ・質問の表現に聞き慣れてきたら，児童も一緒に質問をする。 ・夢が決まっていない児童へは，その気持ちを伝える表現を全体で考え，AET に正しい表現を最終的に確認をする。（なるべく既習表現で伝えるようにする）

So do you want to be an astronaut? S：No. T：What do you want to be? S：まだ決まってない S：Not dream. T：I don't have a dream yet.	・「将来，就きたい職業を伝え合おう」
活動④ **めあての確認**	・単元のゴールに合せた本時のめあてを確認し，自分の考えをしっかり伝える意識をさせる。
活動⑤ **Oral Introduction** **AET の将来の夢について聞く** T1：Marie sensei, what do you want to be? T2：I want to be a cook. T1：Oh, you want to be a cook. Good. Why? T2：Because, my favorite subject is home economics. I like cooking. I'm good at cooking. I want to have own restaurant. T1：That's great. You want to be a cook. T2：Yes, I want to be a cook. T2：What do you want to be, Yoshino sensei? T1：I want to be an athlete food Meister. Do you want to be an food Meister, too? S ：No. T ：What do you want to be? S ：I want to be a CA.	・聞く前に AET の人柄などからどのような職業に就きたいのか推測させる。 ・Oral Introduction となるため，理由までしっかり聞かせる。 ・ここでも，児童とやり取りを行い，将来の夢を伝える表現を確認する。

	T：That's good.	
	活動⑥ **Let's talk（ペアでの活動）** S1：Hello. S2：Hello. S1：What do you want to be? S2：I want to be …. What do you 　　want to be? ※中間指導では，言えなかった表現 について尋ね，正しい表現を共有す る。	・①横ペア　②中間指導　③縦ペア ※中間指導や個別に支援が必要な児 童の手立てを行う。
	活動⑦ **Writing**	・やり取りをした内容（伝えたこと） 　をワークシートに記入する。 ・ワークシートにはI want to be ま 　でしか書かれていないので，a/an 　の違いに気づかせる。
ま と め	活動⑧ **書く活動（帯）** T2：b, b, banana.	・アルファベットの音や単語を聞い 　て，推測したり，書いたりするこ 　とができるようにする。
	活動⑨ **本時のふり返りをする**	・アンケートのポイントは形成的評 　価につながる活動内容を評価させ 　る。

2.9　本時の感想

　授業で意識していることの１つに，単元に関連する既習表現を多く取り
入れた言語活動を設定しています。本時の Small Talk では好きなキャラク
ターについて話しました。これは，キャラクターの理由を伝える際に「… is
strong. … is good at …. She/He can ….」など，あまり言い慣れていない表現
を意図的に話す場面を設定することで，職業や自分の夢の理由を説明する表

現につながると考えたからです。前時では「She is nice. She is cool.」と様子を説明するだけだった児童も本時では教師や友だちからの Input を通して「She is cool. She can dance well.」と特徴を付け加えて伝えることができるようになっていました。

　また，授業で特に意識していることは，文脈のある流れの中で単元のターゲットとなる表現を取り入れることです。本時では，スリーヒントクイズにあたります。クイズをしながら，児童へ質問を行うことで，児童が英語を聞くだけの活動だけで終わらず，ターゲットセンテンスを聞いたり使ったりすることができるようにしました。そうすることで，自分のことを伝えたいという気持ちや友だちのことを聞きたいという自然な言語活動の中でターゲットセンテンスの練習ができます。

　前時から Oral Introduction や児童のやり取りなどを重ね，Input を多く取り入れてきましたが，本時のペア活動ではまだ質問の表現が十分でない様子が多く見られました。そこで，中間指導で質問の表現を再度確認し，2 回目はグループでやり取りを行いました。そうしたことで，児童が互いに表現をアドバイスする姿が見られました。また，相手の内容を聞き，「〜さんに，その職業，似合っている。本が好きだからね。」と反応している姿が見られました。別のグループでは，夢がまだ決まっていないという児童へは「スポーツ得意だからスポーツ関係は？」「ゲームが好きなら，プロゲーマーはどう？」などその児童に合わせたアドバイスをしている様子も見られました。まさに，相手を知っているからできるアドバイスであり，自分のよさや友だちの温かさに気づくことができた場面になったのではないかと感じました。中間指導での反省は，児童が理由を伝えたいという気持ちを本時のめあてに沿っていないということで，受け止めることができなかったことです。理由まで伝えたいという児童には，その気持ちを受け止め，自分の考えをしっかり伝えられるように表現を導入することが大切だったと思います。そうすることで，伝わった自信や達成感が得られたり，聞く相手も次のステップを意識したりと，互いに学びが高まったのではないかと考えます。

3．事後の指導

　次時からは，夢の理由について言語活動を主に行いました。本時では，まだ十分でなかった質問や職業を伝える表現を繰り返し使用したことで児童は表現をしっかり伝えられるようになりました。言語活動は「漆塗り」に例え

られており，繰り返しを重ねながら欠けている箇所を補い，使いながら学ぶことで表現の定着を図っていきますが，正にそうだと実感しています。

　本時の授業動画にもありましたが，当初，夢がまだ決まっていないという表現を「I don't have a dream.」にしようと児童と共有していましたが，授業が進むにあたり，夢がまだ決まっていない理由に「やりたいことがたくさんあって，1つに決めきれない」「医療関係に進みたいけど，仕事は決めていない」と挙がってきました。その内容から「I don't have a dream.」は適切ではないと考え，「I don't decide yet.」と伝えようと修正しました。さらに，まだ学習していない表現なので無理なく伝えられるように「Not yet.」という表現も取り入れて，児童にどちらで話すかを任せました。

　発表の練習では，単元ゴールが「将来の夢をクラスの友だちに伝え合い，お互いを応援しよう」ということで，応援したくなる内容や伝え方を児童と確認しました。ここでは，タブレットで自分の発表している姿を録画し，客観的に自分をふり返ることで内容面や言語面において，よりよく伝わるように改善点を見つけたり，友だちからアドバイスを受けたりしながら進めていきました。

4. 本単元で使用したワークシートとふり返りシート

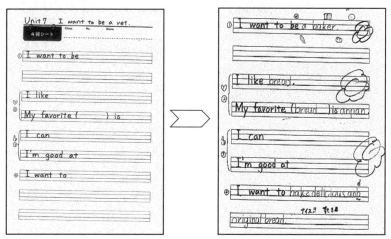

　単元で使用したワークシートです。授業の言語活動で伝えたことを書き，単元を通して，ワークシートを完成させていきます。書く際には，文の始めから声に出しながら書かせています。

本時では，職業を伝えたので，①のみを書きます。ほかは理由を伝える言語活動のあとに，使用した表現を書きます。自分が伝えた表現を書くようにしており，すべての表現を使うということは指導していません。

　ふり返りシートには単元ゴールのほかに自分のゴールを書くようにしています。これまでの学習をふり返ったり，自分の状況を考えたりしながら，この単元でどのようなことを自分なりに頑張りたいかを書いてもらいます。そうすることで，自分に必要な学習を知る手立ての１つとなるのではと考えています。さらに，自分のゴールの達成に向けてどのように学習を進めたのかを単元のふり返りに書くようにしています。効果的だった学習方法や難しかったことに対しては次どのようにしていきたいか等を視覚的に残せるので，次の単元につなげることができます。このような積み重ねをしていくことで，児童が自立的に学びを進めるようになってくるのではと期待しています。

　併せて，毎時間アルファベットの練習ができるようにしています。このアルファベットは教科書の単元末に出てくる練習ページから抜き取っています。１時間に１つの単語だけを書かせることで，苦手意識のある児童へ少ない負担で大文字・小文字の練習ができます。

5. オンラインセッションでの質疑応答

【質問1】

既習表現を子どもがふり返られるような工夫は何かありますか。掲示物以外でよいアイデアがあれば教えてください。

【回答】

独自で作成したCAN-DOリストを児童がいつでも見返せるようにしています。英語のファイルに貼り付け，学習の見通しをもたせる際，やり取りの前後やふり返りなどで声かけを行いながら，児童が自分で確認できる時間を設けています。

- -

【質問2】

writingが授業の後半10分程度あったと思うのですが，writingをどのように捉えていますか。

【回答】

今回は指導案の中で活動内容の区別をつけるために，「writing」と「書く活動」と2つの言葉を使わせていただきました。小学校段階では「書く活動」であり，学習指導要領にあるように，私自身は2つの内容を意識しています。1つ目は「文字の読み方が発音されるのを聞いて，活字体の大文字，小文字を書くことができる。」2つ目は「相手に伝えるなどの目的をもって，身近で簡単な事柄について，音声で十分に慣れ親しんだ簡単な語句を書き写す活動。」になります。授業の中で書く活動の時間を設ける際には，4線やスペースなど，ゆっくり丁寧に書き写すことを意識させるために，十分に時間を取るように心がけています。

6年生
My Best Memory

岩切宏樹

1. はじめに

宮崎県宮崎市立西池小学校　第6学年　外国語科

　児童は，6年生にもなると知識や技能さえ身につければよいような授業の展開において，特に何かを期待することもなく，無難にやり過ごす態度を身につけていきます。そこには主体性もなく，単元を終えたあとの達成感もありません。

　そんな児童の姿を見て，指導者は焦ります。「なぜもっとやる気を出してくれないのか。」「もう少し内容のあるコミュニケーションが図れないのか。」1単元8時間という時間を時にもてあましたり，計画した内容を学習し終えなかったりします。私自身，そんな苦い経験を重ねてきました。

　そこで，課題を解決するために以下のような点について，意識して取り組むようにしてきました。

1.1　授業全般において

　まず，授業を行う際に，次のようなことを基本的に大切にするように心がけています。

①評価計画，評価規準の設定を行う

　私たち指導者は，授業の前にともすると教科書の指導書の指導例に目を通すだけになることがあります。児童が「何ができるようになるのか」を明確に設定しておかなくては，授業全体がぼやけてしまいます。黒板にめあてとして「自己紹介をしよう。」とは書かれていても，その活動の中で児童が「何ができるようになるのか」が児童も指導者も具体的でないことがあります。

②児童が授業の単元及び本時の計画（タイムマネジメントも含める）やゴールを自分たちのものとして把握する

　「何ができるようになるのか」を学級全体でめあてにしても，個々が自分事にしていないことがあります。授業の冒頭で，本時の終わりに，個々がどうなっていなければならないのかをイメージさせる必要があります。「グループの全員が，一番伝えたい情報を1文書き終えている。」などのように，できるだけ現実的で具体的に把握することが大切だと考えます。さらに，自分たちの責任の下に，時間配分等設定させるといっそう主体的な取り組みとなります。

単元・本時のゴール等の板書

単元計画表

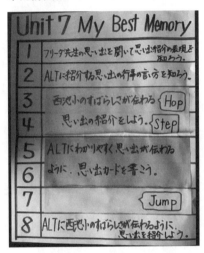

③常に学び合いを基本とする

　ペア，グループでわからないことを尋ね合い，自分だけでなく友だちもできているかを確認し支え合える環境にします。

④児童も指導者も前時までの成果や課題を本時の学びや指導に生かすことを意識できるよう，言葉かけを行ったり，ふり返りシートに工夫をしたりします。

1.2 外国語科の本単元の授業において

　右図（児童の思い出カード）のような「西池小の素晴らしさが伝わる思い出紹介となるための工夫」を粘り強く主体的に取り組めるような学び合いが展開できるようにします。

（1）目的意識をもたせるためのデモンストレーションの工夫

　児童が発表する目的として、「ALTに西池小の素晴らしさが伝わるように」を設定させることにしました。この目的を設定するために、ALTが自らの子どもの頃の思い出を「出身校ならではの素晴らしさ」を伝

児童の思い出カード

えるような工夫を意識したデモンストレーションにして児童に示しました。また、その際に、本単元の書く活動に対する目的意識ももたせるための工夫を行いました。

「書く活動」における目的意識をもたせるための
ALT デモンストレーション掲示

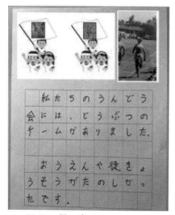

ALT の思い出カード よい例

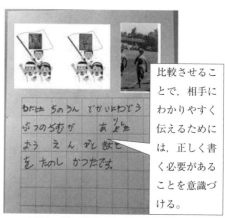

比較させることで、相手にわかりやすく伝えるためには、正しく書く必要があることを意識づける。

ALT の思い出カード 悪い例

ALT のデモンストレーションスクリプト

My best memory is our sports day.

We have animal teams.

Do you have animal teams at *Nishiike sho*?

I think you have color teams. What color teams do you have?

I enjoyed cheering and running with my friends. I can run fast.

We saw high jump and long jump. It was exciting.

I loved our school sports day.

このような目的意識を，単元を貫いて児童に意識させることで，1時間1時間の児童の思考・判断・表現する姿が見られました。「難しさ」を感じながらも自分の発表をブラッシュアップできたことへの達成感を感じ，粘り強く意欲的な活動が展開されました。

単元終末の児童のふり返り

ふつうの遠足ではなく，西池小ならではの遠足だと気づいてもらえるために，どこに行くかや全校生徒で行くということを話しました。情報をたくさん入れて，つながり情報になるよう，公園で遊んだり，昼ご飯が食べれるということを話しました。絵にもALTが分かりやすいように英語を取り入れました。フリーダ先生がいろんな情報を取り入れたことをほめてくださったので，とてもうれしかったです。これからは，つながり情報をもっと使えるようになりたいです。

児童の発表（書き起こし）

My best memory is our sports day.

We went to *Nishiike* elementary school ground.

Nishiike elementary school is color teams.

My team is yellow team.

We got a cheering trophy.

I tried dancing *Soranbushi* hard.

We put on the uniform.

My favorite *kanji* was on the uniform.

（2）中間指導の工夫

　評価規準をもとに，それらが達成されている具体的な姿，工夫が必要な具体的な姿を全体に可視化し，学級全体を深い学びに導きます。そのためにも指導者が評価規準を具体的にイメージし，評価を指導改善に生かそうとする意識が大切になってきます。

（3）ふり返りシートの工夫

　児童が1時間1時間の活動で，自己評価をしたり他者評価をしたりして，次時間にどんなことに挑戦したり改善したりするかを意識化できるようなふり返りシートの工夫をします。

ふり返りシート
（前時の学びを生かすための工夫）

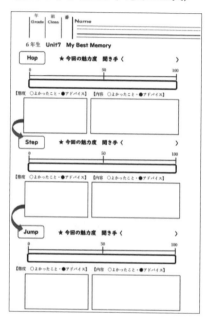

　語句をアルファベットのかたまりと捉え，語順を意識しながら正しく書くことができるように，ICT を効果的に活用します。評価規準をもとに，音声に十分慣れ親しんだ語句や表現を正確に書くことができるような，丁寧な個別最適な指導をねらいます。

Writing 5 Steps（書く指導の際に，児童に 5 段階を意識させた）

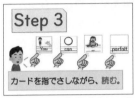

先生チェックを受けましょう。

最後は，リズムよく，先生の
真似をして読んでみましょう。

1.3 児童の実態

　本校の 6 学年児童は，低学年から英語に触れる機会が設けられてきていま
す。目的や場面，状況を意識し，自分のことをよく知ってもらうために，つ
ながりのある情報を加えようとする態度も育ってきています。一方で，ある
程度話せれば満足してしまい，目的をよりよく達成させようとする粘り強さ
に欠ける傾向もあります。活字体の文字については，5 年生までにおおむね
識別し，その読み方を発音できるようになってきています。語句をかたまり
として捉え，語順を意識しながら例を参考に書く活動を丁寧に行ってきてお
り，継続した積み重ねの大切さが感じられます。

1.4 指導のポイント

・西池小の素晴らしさが伝わる思い出紹介となるための工夫を，粘り強く主
　体的に取り組めるような学び合いが展開できるようにする。（デモンスト
　レーション，中間指導，ワークシートの工夫）
・語句をアルファベットのかたまりと捉え，語順を意識しながら正しく書く
　ことができるように，ICT を効果的に活用する。

2．授業の構成

2.1　単元名

New Horizon Elementary 6　Unit 7　My Best Memory（全8時間）

2.2　単元の目標

　小学校生活の思い出の魅力を外国人講師に詳しく伝えるために，行った場所や見たもの食べたもの，楽しんだことなどについて自分の考えや気持ちを含めて話したり，例文を参考に音声で十分に慣れ親しんだ語句や表現を用いて日記に書いたりすることができる。

2.3　言語材料

【表現】

My best memory is ….／We went to ….／We saw ….／We ate ….／We enjoyed …. 及びその関連語句など
【語彙】

・学校行事（went, ate, saw, enjoyed）
・感想を表す語句（fun, delicious, exciting など）

2.4　教具

教科書，Picture Dictionary（以下 PD と表示），デジタル教科書，板書用掲示（画像・アルファベット），各種ワークシート（以下 WS と表示），タブレット

2.5　関連する学習指導要領における領域別目標

話すこと（発表）	ウ	身近で簡単な事柄について，伝えようとする内容を整理した上で，自分の考えや気持ちなどを，簡単な語句や基本的な表現を用いて話すことができるようにする。
書くこと	イ	自分のことや身近で簡単な事柄について，例文を参考に，音声で十分に慣れ親しんだ簡単な語句や基本的な表現を用いて書くことができるようにする。

2.6 単元の評価規準

（1）話すこと（発表）

知識・技能	思考・判断・表現	主体的に学習に取り組む態度
〈知識〉[My best memory is …. We went to …. We saw …. We enjoyed …. 及びその関連語句など] について，理解している。〈技能〉小学校生活の思い出などについて，[同上] を用いて，話す技能を身につけている。	小学校の学校の思い出の魅力を外国人講師に詳しく伝えるために，小学校生活の思い出について，簡単な語句や基本的な表現を用いて自分の考えや気持ちなどを含めて話している。	小学校の学校の思い出の魅力を外国人講師に詳しく伝えるために，小学校生活の思い出について，簡単な語句や基本的な表現を用いて自分の考えや気持ちなどを含めて話そうとしている。

（2）書くこと

知識・技能	思考・判断・表現	主体的に学習に取り組む態度
〈知識〉[同上] の表現について理解している。〈技能〉小学校生活の思い出などについて，[同上] を用いて，書く技能を身につけている。	小学校の学校の思い出の魅力を外国人講師に伝えるために，小学校生活の思い出について，例文を参考に音声で十分に慣れ親しんだ語句や表現を用いて書いている。	小学校の学校の思い出の魅力を外国人講師に伝えるために，小学校生活の思い出について，例文を参考に音声で十分に慣れ親しんだ語句や表現を用いて書こうとしている。

2.7 ゴールの活動・中心となる言語活動

　西池小学校の思い出が最高だと外国人講師に思ってもらえるように，日記をもとに思い出について ALT に発表する。

2.8　単元計画と評価方法（全8時）

※5が本時

時	◆目標　・主な学習活動	評価			
		知	思	態	評価方法
1	◆ ALT の小学生時代の思い出を聞いたり，修学旅行の思い出をふり返ったりして，思い出を話す表現を知る。 ・Small Talk（修学旅行）「思い出」の表現や様子や感想を表す語句を想起する。 行ったところ（We went to ….） We saw/ate/enjoyed …. It was fun/delicious.　など ・ALT の My Best Memory について聞く。 ・単元のめあてを確認する。	1〜3時では記録に残す評価は行わないが，目標に向けて指導を行う。			
2	◆ My Best Memory について，行った場所や見たもの，食べたもの，楽しんだことなどを聞いたり言ったりすることができる。 ・Small Talk My winter vacation ・ALT の My Best Memory について聞く。 ・My Best Memory を決めて言う。				
3	◆ My Best Memory について，行った場所や見たもの，食べたもの，楽しんだことに自分の考えや気持ちなど含めて話すことができる。 ・Small Talk events ・My Best Memory について，詳しく伝える。1回目→中間指導→2回目				
4	◆ My Best Memory について，行った場所や見たもの，食べたもの，楽しんだことに自分の考えや気持ちなど含めて話すこ	話（発）			行動観察・提出データ分析

	とができる。 ・ALT の My Best Memory を聞く。 ・My Best Memory について，詳しく伝える。1 回目→中間指導→2 回目 ・（No.1 情報）を録音し提出する。				
5	◆My Best Memory について，行った場所や見たもの，食べたもの，楽しんだことなど自分の考えや気持ちなど含めて話すことができる。また，例文を参考に書くことができる。 ・My Best Memory について，詳しく伝える。1 回目→中間指導→2 回目 ・My Best Memory について，1 文を書く。 We saw/ enjoyed/ ate ….	書			シートの分析・行動観察
6	◆My Best Memory について，行った場所や見たもの，食べたもの，楽しんだことなど自分の考えや気持ちなど含めて話すことができる。また，例文を参考に書くことができる。 ・My Best Memory について，詳しく伝える。 ・メモリーカードを作る。	書	書	書	シートの分析・行動観察 「知」については前時において C と評価された児童についてのみ，再度評価。
7	◆西池小学校の思い出が最高だと相手に思ってもらえるように，思い出について行った場所や見たもの，食べたもの，楽しんだことに自分の考えや気持ちなど含めて話すことができる。 ・Small Talk My favorite picture ・メモリーカードを使って，友だちに My Best Memory を発表する。 ・よかった点，アドバイスを全体で共有する。	話（発）	話（発）	話（発）	行動観察・提出データ分析 「知」については前時において C と評価された児童についてのみ，再度評価。

8	◆西池小学校の思い出が最高だと外国人講師に思ってもらえるように，日記をもとに思い出について ALT に発表することができる。	話（発）	話（発）	話（発）	行動観察・提出データ分析
	・友だちや ALT に My Best Memory を発表する。 ・ふり返りをする。	「知」については前時においてCと評価された児童についてのみ，再度評価。			

2.9 本時の目標

　小学校の学校の思い出の魅力を外国人講師に詳しく伝えるために，小学校生活の思い出について自分の考えや気持ちなどを含めて話したり，行った場所や見たもの，食べたもの，楽しんだことなどを，例文を参考に書いたりすることができる。

※「話すこと（発表）」については，目標に向けて見届けながら指導は行うが，記録に残す評価は行わない。

2.10 展開

Time	児童の活動内容と使用する表現	・指導上の留意点　○評価の観点
0	活動① **単元計画を確認する。** **ALT の My Best Memory を聞く。** **My Best Memory について，詳しく伝える。**	・単元のゴールに向けて，目的意識を高めながら思い出を話すことができるように，ALT のモデルの工夫について全体で話し合わせる。 ・前時の評価をもとに，慣れ親しみの補充が必要な語句や表現を全体で確認する。 ・態度面への工夫に偏らないよう，ワークシートを参照させ，内容面への工夫を促す。
20	活動②	

	ALT の思い出カードを見て，本時のめあてを確認する。	・正しく書く目的意識をもてるよう，正しくない思い出カードを提示し，正しく書かれている思い出カードと比較させ書く目的を考えさせる。 〈本時のめあて〉 ALT に思い出についてわかりやすく伝えるために，正しく思い出カードを書こう。
25	活動③ **思い出カードを書く。**	・アルファベットを詰めて書いたり，語と語の文字間やスペース，語順を意識させたりしながら書くよう，ICT を活用し，手順を示す。
	①書くフレーズを言える。 ②（例文を参考に）語句を並べる。 ③書き写す。 〈ポイント〉 ・語は文字と文字を詰める。 ・語順を意識し，語句と語句の間にはスペースを空ける。 ・4線上に正しく書く。 ・大文字小文字，ピリオドを意識する。 **書いたシートを提出する。**	A：前置詞など品詞，語順などについての児童の間違いについては，特に文法の解説をせずに訂正する。 A：適宜，絵カードにない語句で，児童が書きたい語句のつづりを示す。 ・中間指導では，ポイントについて確認し，再度自分の書いた文や友だちの文を確認させる。 ○思い出と行った場所や見たもの，食べたもの，楽しんだことなどの中から1文を，例文を参考に正しく書いている。 《シートの分析・行動観察》
43	活動④ **本時の活動をふり返り，次時の見通しをもつ。** **挨拶をする。**	・前時よりも自分のことをわかりやすく伝えられる工夫をしていた児童や語順を意識して丁寧に書くことができていた児童を紹介する。

2.11 評価基準表

（1）話すこと（発表）

評価方法…提出データ分析・パフォーマンス評価

知識・技能	思考・判断・表現	主体的に学習に取り組む態度	評価
《知識》 My best memory is .... We went to .... We saw .... We enjoyed .... 及びその関連語句などの表現を十分正しく用いて，小学校生活の思い出について話している。	小学校生活の思い出の魅力を外国人講師に詳しく伝えるために，小学校生活の思い出について，行ったことを詳しく話したり，自分の考えや気持ちなどを含めて話したりしている。	小学校生活の思い出の魅力を外国人講師に詳しく伝えるために，小学校生活の思い出について，行ったことを詳しく話したり，自分の考えや気持ちなどを含めて話したりしようとしている。	A
《知識》 My best memory is .... We went to .... We saw .... We enjoyed .... 及びその関連語句などの表現をおおむね正しく用いて，小学校生活の思い出について話している。	小学校生活の思い出の魅力を外国人講師に詳しく伝えるために，小学校生活の思い出について，行ったことを詳しく話している。または，自分の考えや気持ちなどを含めて話している。	小学校生活の思い出の魅力を外国人講師に詳しく伝えるために，小学校生活の思い出について，行ったことを詳しく話そうとしている。または，自分の考えや気持ちなどを含めて話そうとしている。	B
Bの状況に達していない。	Bの状況に達していない。	Bの状況に達していない。	C

（2）書くこと

評価方法…ワークシート記述分析

知識・技能	思考・判断・表現	主体的に学習に取り組む態度	評価
「My best memory is …. We went to …. We saw …. We enjoyed …. 及びその関連語句など」の表現を語順を意識しながら，正しく書き写している。	小学校生活の思い出の魅力を外国人講師に伝えるために，小学校生活の思い出について，例文を参考に，音声で十分に慣れ親しんだ語句や表現を十分適切に用いて書いている。	小学校生活の思い出の魅力を外国人講師に伝えるために，小学校生活の思い出について，例文を参考に，音声で十分に慣れ親しんだ語句や表現を十分適切に用いて書こうとしている。	A
My best memory is …. 及びその関連語句などの表現を語順を意識しながら，正しく書き写している。	小学校生活の思い出の魅力を外国人講師に伝えるために，小学校生活の思い出について，例文を参考に，音声で十分に慣れ親しんだ語句や表現をおおむね適切に用いて書いている。	小学校生活の思い出の魅力を外国人講師に伝えるために，小学校生活の思い出について，例文を参考に，音声で十分に慣れ親しんだ語句や表現をおおむね適切に用いて書こうとしている。	B
Bの状況に達していない。	Bの状況に達していない。	Bの状況に達していない。	C

3. 対談

　授業後にふり返りとして，北海道教育大学の萬谷隆一先生と対談を行いました。その内容を以下に掲載します。

3.1 「書く活動」を意識した本授業について

萬谷：本日の授業は，子どもたちが学校生活をふり返って一番何が思い出かということを伝える，という My Best Memory の授業でした。この授業の前提として，意図したこと，配慮されたことは何でしょうか。

岩切：今回は特に「話すこと」の発表と，「書くこと」を重視しました。特に評価計画の中では，これまでの学習を書いてしっかりと残そうと計画をしました。

萬谷：5，6年生の学習を全体的にみた時に，すべての授業で書く活動は行っておられるのでしょうか。

岩切：今回のように，いくつかの文をまとめて書くという活動は，評価計画の中で限られています。また，普段から書く活動をすべて評価しているわけではありません。各学年の後半で書く活動は多くはなりますが，毎回行っているわけではありません。

萬谷：8時間という制限の中で，音声の活動と書く活動を入れていくことに難しさはありましたか。

岩切：書く活動には時間がかかりました。かといってそれを雑にすると，活動として本当に成果があるのか自分でも疑問を感じるところがあります。まず「言えるようになったことを書く」ということを子どもたちとも確認して行っています。音声で十分に慣れ，自分が言いたいことが生まれて初めて，それは書くことにつながるのです。8時間という制限の中でそれらをすべて行うことはハードルが高いなと感じています。

萬谷：中学校ですと，いきなりこう書きなさいと指示することも可能かもしれませんが，小学校の場合は，「聞く」「話す」が基礎にあって，そのあとに，「書く」，文字になっていくという流れとなる，ということですね。では，書くに至る前の「聞く」「話す」のところで大切なポイントは何でしょうか。丁寧な橋渡しをどうするかということが大きなことかと思いますが，その辺をどのようにお考えでしょうか。

岩切：書くとなると子どもたちは作文をイメージしてしまうところがあります。もし作文を書こうとすると，当然そこまでの書くスキルもないですし，

しかも一旦何か文字に起こしてしまうと，それ以上にこんなことを話してみようかとか，こうやって話すとより目的・場面・状況に応じたメッセージになるんだというような工夫がそれ以上に生まれてこないことが多いんです。ですから，あくまでも書くことはイメージせずに，まずはどんな目的の中で自分がどんな工夫を凝らして，相手に伝えるかということを，のびのびと考えさせます。そのあとで，その内容を相手に伝えるために，今回の場合は ALT がわかりやすいようにという目的を明確にして，カードを書かせました。

萬谷：いきなり書かせないというところはもちろん大事ですね。書きたい内容がはっきり整理されていて，かつしっかりと音声で入っていないと，いきなり書けといっても難しいですよね。

岩切：1年生のひらがなを教えるイメージをやっぱり忘れてはいけないなと思っています。低学年に文字を教える時には本当に丁寧に，1語1語書いているんですよ。

　ですから，5年生のアルファベットの出合い直しも丁寧に指導する必要があります。文を書く際に提示していた "Writing 5 Steps"（本章1.2）は書く活動中ではほぼ毎回見せているんです。あれは，もうそろそろ端折りたいという思いもあるんですが，仮にそこを端折ってもいい児童が7割いても，まだ3割の児童はそこで確認をする必要があると感じています。4線の高さや，スペース，詰めて書いたり，間隔をあけるということは，視覚的に具体的に示していくようにしています。1年生にひらがなを教えていくような感覚を忘れてはいけないなと思っているところです。

萬谷：小学生には，非常に丁寧にその文字の世界，読み書きに入っていくように手解きしないといけないということですね。大事なポイントですね。ありがとうございます。

　ここから「書く」に移行するわけですけど，その間に何かこの文字はこんな音だとかこういう意味なんだという認識や，読んでみて単語の意味がわかるような，書くところに行く途中の指導として何か意識されていることはありますか。

岩切：今日の授業の中では，私が事前に準備したカードを，子どもたちがちょっと認識する時間を取りました。あの時間は読んだり音を確かめたりする時間でした。子どもたちは話したことをいきなり書く活動に移すと，やはり文字では意味がわからないわけです。ですから，子どもが書きたい

語句にまず慣れ親しんで，次にそれを使って書くという順が大事になります。

　しかし，子どもには，言いたいことがものすごくたくさんあります。教科書教材の語句だけでは足りない時に，毎回毎回私がその場でそれに対応することは不可能です。ですから，この評価計画を見ていただきたいんですが（2.8　単元計画と評価方法参照），この中で私は，第4時に「話すこと」の知識・技能の評価を入れています。子どもがまず「My best memory is ….」という1文と，一番に伝えたい情報をタブレット端末に録音して提出します。その音声を分析して評価を行います。これは何のための評価かというと，もちろん子どもに技能が身についてるかどうかを評価するという目的もあるのですが，同時に子どもがどんな語句や表現をこの単元で必要としているのかということを，私が把握して，次時からの指導に生かすためでもあります。そうすると，子どもが必要とする語句や表現は結構まとめられます。そのカードをタブレット上に文字と，可能であればイラストで載せておきます。子どもはその語句をすでに話してるので，読むことに大きな抵抗は感じません。話してもいないカードを出しても子どもは読めないんですけれども，話しているカードについては文字が添えられると，子どもは推測しながら読みます。さらにそのカードに，ALTの音声が入っていると，自身や友だちと一緒に確認ができます。

　「話すこと」から「書くこと」の間に，子どもたちが読んだり聞いたりしながら音を文字に変換するワンクッションを設け，ゆるやかに「書くこと」に移る工夫のつもりです。

萬谷：時々，子どもが文字を書いて，自分で何を書いているのかわからないみたいなことがあるみたいなんですけれども，丁寧につなげていくと，意味がわからないで書くということがない感じになるんでしょうね。

岩切：学習指導要領に示されている目標では，例を参考に書くとあります。例を参考にといった時に，例えば「I went to 鹿児島．」という例文を挙げたとします。でも，思い出を伝えるために，みんながどこかに行ったことを話したいわけではないこともありえます。しかし，例文は「I went to …」だから，全員とりあえず「I went to ….」を書き写しなさいと指導するのは，意味を考えなくてもできることなので，それはもうドリル的な練習であって，言語活動とはいえないのではないかと考えます。

　しかし，必要な語句をこちらが例で挙げておけば，それを子どもが自分

の目的に合った語句や表現を，自分の意志で選びます。そんな風な例の示し方もあり得るのではないでしょうか。

萬谷：文を作りなさいという時に，単に和文英訳のように「これを書きなさい」というのではなくて，あくまで自分が言いたいことがそこにあって，この単語，あの単語と理解を伴った選択ができて，文字できちんと表現できるということが大事だということですね。

岩切：高学年は，書きたいことが「本物」でないと，飽きてしまうんですよ。なんでこれ書かなきゃいけないの，と1時間が苦痛の時がある。でも，自分の書きたいという意図がある時には，時間があっという間に終わってしまうというか。質問がものすごく多い姿が見られるのは，それだけ意識して，何が言いたいのか，書きたいのかということをそれぞれの子どもがもっていることだと感じています。

3.2　中間指導について―子どもの「言いたいこと」にどう対応するか

萬谷：小学校の英語教育が始まってから，言いたいことをどう表現させるかということを英語教育の中心に置くということが，徐々に意識され始めてきていますね。あまり批判してはいけないけれども，中学校以上の英語教育では，そこが欠けていたところがあったと思います。ですが，岩切先生の授業なんかを見ていると，言いたいことを大事に育てつつ，表現もきちんと教えてくってところがしっかりしていて素晴らしいなと思います。

　子どもは言いたいことは無限にあると思います。しかし使える表現も語句も限られていて，言いたいけど言えないという壁に，いつもぶつかると思います。中間指導などでは，いろいろと疑問が出たりすると思うんですけども，言いたいことと限られた言語材料のバランスを，先生はどのようにされていますか。

岩切：そこは，自分としても指導者としての力を鍛えなければならないと思っているところです。言語材料は子どもたちに示されているのだからその言語材料に慣れ親しんでほしいなと思っている一方で，子どもたちがどんなことを言いたいのかということを知っておかないと，子どもたちのいわゆる思考力・判断力のような力は育っていきません。既習の語句や表現を使って，言い換えられないかどうか子どもに考えさせたり，無理な時にはこちらから提供したりするような支援が大切だと考えます。今日の授業だったら，運動会で自分はスターターをやったことが思い出だとい

う子がいました。「スターターをやった」という表現にこだわっていると
きりがないのですが，いかに本時の言語材料である「I went to ….」や「I
enjoyed ….」,「I ate ….」などの語句で言い換えられないかを問い直します。

萬谷：スターターっていうのは例えば…。

岩切：新しい語句を子どもに示すとなってはきりがないので，今日の場合
は，運動会の係っていうのを「My job」にまとめて指導者から示しました。
それだったら，放送の役でも，ゴールテープの役でも，何でもそこに入る
ので，自分の仕事を楽しんだんだよねと子どもにふって，「I enjoyed my
job.」と，ALTはその子に説明しました。さらに，その子どもは写真を用
意していたので，それを指しながら説明できるので，そこにはスターター
に代わる語句を与える必要もありません。非言語を駆使するというのもコ
ミュニケーションの技能というか…。

萬谷：その単語が言えないからといって諦めないで，いろんな方法で伝えら
れるよと。そういう意味ですね。

岩切：例えばいろんな食べ物が食べられるっていうのも，「many kinds」と
か，そんな新しい語句を与える方法もありますが，新しい語句を与えなく
ても，具体的に，「I ate …, …, … and ….」と例を挙げればすむことです。自
分が言えることで，どうやって伝えていくのかを思考するのが実際のコ
ミュニケーションの力だと思っていますし，そこを子どもたちと一緒にど
う伝えたらいいかな，最善策を練ろうねと考えることが私はすごく大事な
ことかなと考えます。そして，その難しさを感じるっていうのもとても大
切なことかなと私は感じています。

萬谷：頭を柔らかくしてこういう風にも言えるんだということがわかるとい
うことですね。

　今，中間指導にあたる話をしておられたわけですけども，中間指導をす
る時に配慮していることはありますか。

岩切：思考力，判断力，表現力を育てるために，どんな子どもの姿を目指す
のかを指導者が明確にもっていたら，実際にそのモデルとなる例を示すこ
とができます。そうすれば，子どもはあんな工夫をすればよいのだと具体
的にイメージすることができます。特に英語の学習を苦手とする子どもは，
明確に例を示してあげないとわからないのです。今日の場合だったら，話
すことの中間指導で，「My best memory is 西池フェスティバル.」の次の
メッセージに，例文通りに「I went to 西池フェスティバル.」と入れてい

る子どもが事前に何人かいたことを指導者は把握していました。この文は，相手に西池小の素晴らしさを伝えるための思い出紹介として，意識して書かれていないですよね。そういう情報が「よい情報」なのかということを今日子どもたちに問い直す必要があると感じていました。問い直して終わるのではなく，どんな情報をどんな英語で言えば，目的に応じた話になるのかと，子どもと一緒に作ってみるところまでが中間指導では大事かなと思います。今日は，「話すこと」がメインではなかったので，時間的に限られていたのですが，本来ならもう1回子どもに考えさせて，中間指導を入れ，そこでやったことをもう1回やってごらんって返したいところなんですが，それをすると書く時間がなくなるので，一旦中間指導の時点で今日はここまで，と切ってしまいました。チャレンジして，1回考えて，またチャレンジするというのが better ですが，いつもそれができるとは限りません。そこは本時に何をメインにもってくるかということが重要になります。Small Talk でも一緒かなと考えます。フルで Small Talk をやると，下手すると10分以上かかってしまいますが，そこがメインではない日には，ショートバージョンにすることもあります。

3.3 ICT を活用した「書く活動」について

萬谷：先生がおっしゃったように，中間指導も一番役に立つポイントが何かっていうことを取捨選択して，共有するということが大事だということですね。ありがとうございます。

　　今日の授業の後半は，子どもたちがタブレットを参考にしながら自分で書くということを一生懸命やっていました。その時にたくさん手が挙がりましたよね。あの時は先生とALTの先生と机間巡視をして相談を受けていたわけですけども，あそこで受けた相談というのはどういう相談だったのでしょうか。

岩切：これまで，書く活動をずっと重ねてきた上で，"Writing 5 Steps"（本章1.2）を子どもたちに大事にしなさいと指導してきました。

　　Step 1 は，言えないことは書けないよと伝え，スラスラ言えることを指導します。スラスラ言える必要はないのですが，子どもたちにはそう言っています。

　　Step 2 として，語句のカードを並べます。語順を子どもたちに意識させます。

Step 3で，カードを指でさしながら読みます。Step 2で並べたカードを必ず子どもに指でさしながら読むように指導します。ここで先生チェックを受ければ，清書をした時に，書き直すことも少なくなります。ここで間違えているのに清書してしまうと，せっかく書いたものを訂正しなくてはならなくなり，めんどくささがつのります。決してここで文法的なものを教えるのではなく，もしここに前置詞だったり，品詞の間違いがあれば，そこもこちらがカードを入れ替えてあげればよいだけなのです。今日は，そのチェックをしてもらうために子どもたちは必死に手を挙げていました。また，私が準備したカード以外に知りたいものがあれば，「How do you spell …?」と4線カードに書いてほしいと尋ねる子どももいました。主に手を挙げていた子たちはそういう子たちです。

Step 4では，先生からOKをもらったら，デジタルからアナログになり，丁寧に書き写します。

Step 5では，清書が終わった人から文を指でさしながら，読んで確認をします。

萬谷：タブレットで確認をして，音声的にOKかどうかのチェックをした上で，タブレットを見ながら書き写すという段取りなんですね。非常に丁寧ですね。素晴らしい。ぜひ参考にしたいところだと思います。

最後に評価の方は，ルーブリックを準備されていると思うんですけども，それはどんな場面で，どう活用するのかをちょっと聞かせていただきたいんですが。

岩切：評価計画に沿って，この評価基準を活用していこうと思っています。今日の場合は，第5時にこの知識・技能の姿を子どもが達成できたかを記録に残す評価とする計画でした。本当は書いたものを子どもたちに提出してもらうつもりでしたが，ちょっと時間が間に合いませんでしたので，このあと提出してもらいます。「My best memory is ….」っていうのがおおよそ正しく書けていればB，そのほかに「I went to ….」などと2文目を書いていれば，それについても見て，そこも正しく書けていれば，Aです。思考・判断・表現についての評価基準は，このあと第6時，7時，8時で使っていきます。私は評価基準をALTと共有していくことがすごく大事だなと思っています。少なくとも今日ALTに知識・技能で「We went to ….」や，「We saw ….」，「We enjoyed ….」が正しく書けることがめあてだと共有していたので，ALTは机間指導しながら，ちゃんとその過去形の

部分を正しく使って語順を正しく並べて書けているかどうかをチェックしてくれていました。今後の話す活動でもこの評価基準を ALT にちゃんと把握してもらうところが聞く時のポイントにもなるので，そういう意味でもこの評価基準はとても大切だなと思います。

萬谷：ありがとうございます。今日は「My Best Memory」ということで，子どもたちがいきいきと自分の思い出を言えるようになり，書けるようになることに向かっての指導として常に参考になる授業だったと思います。特に "Writing 5 Steps" を通して丁寧に音から文字につなげるプロセスをきちんと取られてるところが大変印象的な授業でした。

　総じて，子どもたちがしっかり目的意識や伝えたいという気持ちをもちながら最後まで話してきたことを書くというところに向かっているところがよいなぁと思いました。やはり聞いてわかる，意味がわかった上で言えるという音声の基礎がない状態で突然書かせるというのは，子どもたちにとって非常に厳しいことだと思います。中学校で一番問題なのが読み書きでつまずく子が多いことですから，先生のように丁寧に小学校でやるべき音声の基礎があって，文字の世界にいざなっていくことはとても大事だなと感じました。「書くこと」というのはゴールの一部ではありますが，ただ書かせればいいということはせず，「書くこと」はすべての基礎に基づいて発展していくところであるということをぜひ認識していただければと思います。

6年生
I want to join the brass band.

武村美香

1. 授業について

沖縄県浦添市立内間小学校　第6学年　外国語科

　浦添市では令和2年度から教科書 *Blue Sky* を使用して5・6年生の授業を行っています。本教科書の構成は，全単元で7時間計画となっており，「聞くこと」と「話すこと（発表）」の活動が多いことが特徴です。1～4時目までは基本表現を繰り返し聞き，友だちとやり取りをする活動を行い，5～7時では学んだ表現を使って発表したり，書いたりする活動で自分の思いを相手に伝えることを通してコミュニケーション力を育てられるよう授業を行っています。

　第1時では，Small Talk やデジタル教材のアニメーション，自作の教材等で単元全体の目標を確認し，目的意識をもたせて学習に向かえるようにしています。この単元目標は，中間と最終に確認をして児童の学習意欲が継続できるようにもしています。この目標がなければ，児童はただ何となく授業に参加してしまいがちになり，学習の達成感も感じられなくなってしまうと考え，特に重視している点です。

　語彙や表現の知識を身につける手立てとしては，AET やデジタル教材の音声を何度も聞かせるようにしています。語彙の review をする際は，単元前半では listening 中心ですが，後半では "What's this?" と問いかけ，児童にアウトプットさせるようにしています。また，帯活動としてペアでの Small Talk をとり入れ，既習表現を実際に使って話すことができるかを確認しています。Small Talk のテーマは，どの児童でも話せる身近なものであること，既習表現が多く使えること，本時の内容に応用できそうな表現であることを意識して決めています。語彙や表現の定着度は個人差があるので，粘り強く指導を行い，「真似て言ってみよう」「今は2時目なので，7時目までには言

えるようにしっかり聞こう」など具体的な目標をもたせるようにしています。本単元で不十分であっても，次時やまたその次の単元で同じ表現が出てくることもあるので，あせらずに指導をすることも大事だと思います。

　「話すこと（発表）」では，多くの経験をさせることで児童に自信をつけさせるようにしています。初めは人前で発表することに抵抗感がある児童が多かったのですが，回数を重ねていくことで，ほとんどの児童が発表に慣れてきました。短い，基本文を真似るような発表から始めていき，最後の単元では自分の伝えたいことを加えさせ，より自分の思いに近づけるようにしています。さらに，常に巻末の Word List や前に学習したところを使って自分で調べ，学習中の表現に言い換えながら表すことを意識させています。わからない表現は AET や友だちに尋ねながら発表を組み立てていくようにさせています。また，原稿を見ながら「読み上げる」のではなく，聞き手に伝えようと意識することの大切さを指導しています。

　発表する際は，ペア→グループ→全体のように段階を踏んで自信をつけさせ，発表後には具体的によかった点を伝えるようにしています。その結果，児童のふり返りシートにも「もっと声をはっきりさせたい」「原稿を見ずにできたので，次はもっとスラスラ言いたい」「質問をするなど工夫をしたい」など自分なりの反省点や目標のコメントが見られるようになりました。

　「書くこと」では，4線の使い方やスペース，ピリオドなど基本的なルールを確認してから行うようにしています。まだ単語を書くことに慣れていないため，スペルミスが多く見られました。そこで，ゆっくり丁寧に書き写すことや，書いたあとに，1文字ずつ指で確認することなどを意識させるようにしています。個々のワークシートには，間違っているところを1つ1つチェックし，改善できるように丁寧な指導を心がけています。

　授業で特に大切にしていることは，「音声を中心とした言語活動」をたっぷりと行うこと，「相手を意識させる」こと，「達成感を味わわせることで自信をつける」ことです。児童の感想に，「普段はあまり話さない友だちとも授業で話すことができ，もっとほかの人とも話してみたい」という意見が時々見られ，外国語を通してさまざまな人とコミュニケーションを取ろうとする態度を育てたいと考えます。また，さまざまな活動を通して「聞けた」「話せた」「だいたい意味がわかった」など小さな成功体験を積み重ねていくことで，英語を使ってできることが増えたという自己肯定感を高めていきたいと思います。そして，英語を学ぶことの大切さや楽しさを味わわせていける

よう授業改善をしていきたいと思っています。

2．授業の構成

2.1　単元名

Blue Sky 6　Unit 8　I want to join the brass band.（啓林館）

2.2　単元の目標

　中学校で入りたい部活動ややってみたい行事について，相手に伝わるように，伝えようとする内容を整理した上で，自分の考えや気持ちなどを発表したり，書かれた例文を参考に，音声で十分に慣れ親しんだ語句や表現を用いて書いたりすることができる。また，中学校の先生や先輩にお礼の手紙を書くために，音声で十分に慣れ親しんだ語句や表現で書かれた例文を推測しながら読んで意味がわかる。

2.3　単元について

（1）教材観

　本単元は6学年の最終単元であり，4月から中学生となる児童にとって関心の高い題材を取り上げています。教科書で馴染みのある登場人物たちが中学校へ見学に行き，部活動や学校行事について見聞きしたあと，単元の最後には案内してもらった生徒へお礼の手紙を書くという展開になっています。実際に2月には「中学校入学説明会」へ参加し，中学校へ向けて準備をしていく児童にとって橋渡しとなる単元であるといえます。この学習を通して中学校生活の様子に触れることで不安感を少なくしたり，さまざまな活動への期待感をもたせたりできるようにしたいと思います。

　また，学習で扱われる言語材料は，既習表現を多く取り扱っているため，これまで学んできたことを活用しながら，話したり，書いたり，発表したりすることができます。例文を参考にしながら，既習表現を加えて自分なりに考え，より自分の言いたいことを伝えられるよう指導していきたいです。

（2）児童観

　アンケートによると「英語を使って友だちと話すことは楽しいですか？」の問いに76%の児童が「楽しい」と答えており，「Small Talk などで知って

いる英語を使おうとしていますか？」では82％の児童が「している」と答えています。このことから，多くの児童は会話を楽しんでいる一方で，既習表現の定着が弱いため，考えながら自分の気持ちを英語で伝えることが苦手としている児童もいることがわかりました。児童の興味を引く題材で，繰り返し「聞くこと・話すこと」の活動を通して自信をつけさせていきたいと思います。また，「英語を使った活動でもっとやってみたいことは何ですか？」の問いに対し，5領域の中で「読むこと」「書くこと」と答えている児童が多く，「英語をスラスラ読み，書いてみたい」「英語のスペルを覚えたい」「短文で物語を書いてみたい」など，これまで慣れ親しんできた表現を文字で表そうとする意欲が高まってきていると考えます。

（3）指導観

　本単元は全7時間扱いですが，3つの段階で構成しています。第1段階は中学校の部活動について知り，入ってみたい部活動を伝え合います。第2段階は学校行事を話題にやってみたいことを伝え合います。ここまでは，聞くことと話すこと（やりとり）を中心とした活動を行い，第3段階ではこれまでの情報や既習表現を用いて，中学校でやってみたいことを整理しながら発信していけるようにします。自分のことを考えながら発表し，手紙の例文を読んだあと，お礼の手紙を書く活動を行います。

　各段階の導入で，多くの児童が進学する中学校のAETや生徒からの紹介ビデオを視聴することで，学習への意欲を高め，最終目標でお礼の手紙を書こうという目的意識をもたせたいと思います。

　知識・技能の観点では，Unit 7で学習した「I want to ＋ 動詞」で伝えられることや，理由として「I like ....」「I can ....」「I'm good at ....」などで伝えられることに気づかせ，既習表現を深めさせたいと思います。思考・判断・表現の観点では，発表の聞き手を意識して工夫することや手紙を送る相手を意識しながら書くことを指導していきたいです。

2.4　関連する学習指導要領における領域別目標

聞くこと	ゆっくりはっきりと話されれば，日常生活に関する身近で簡単な事柄について，短い話の概要を捉えることができるようにする。

話すこと （やり取り）	自分や相手のこと及び身の回りの物に関する事柄について，簡単な語句や基本的な表現を用いてその場で質問したり質問に答えたりして，伝え合うことができるようにする。
話すこと （発表）	身近で簡単な事柄について，伝えようとする内容を整理した上で，自分の考えや気持ちなどを，簡単な語句や基本的な表現を用いて話すことができるようにする。
読むこと	音声で十分に慣れ親しんだ簡単な語句や基本的な表現の意味がわかるようにする。
書くこと	自分のことや身近で簡単な事柄について，例文を参考に，音声で十分に慣れ親しんだ簡単な語句や基本的な表現を用いて書くことができるようにする。

2.5　単元の評価規準

（1）話すこと（発表）

思考・判断・表現	主体的に学習に取り組む態度
相手に，中学校への期待感を示すために，中学校でやってみたいことについて，簡単な語句や基本的な表現を用いて自分のことを相手に伝えている。	相手に，中学校への期待感を示すために，中学校でやってみたいことについて，簡単な語句や基本的な表現を用いて自分のことを相手に伝えようとしている。

（2）読むこと

思考・判断・表現
他者の考えを知るために，中学校でやってみたいことが書かれた文の簡単な語句や基本的な表現を読んで，意味がわかっている。

（3）書くこと

思考・判断・表現
中学校を紹介してくれた人にお礼の手紙を書くために，中学校でやってみたいことについて，見本を見ながら簡単な語句や基本的な表現を書き写したり，自分のことを書いたりしている。

2.6　単元計画と評価方法（全7時）

◎記録に残す評価　○教師の指導改善に生かす評価　※5が本時

時	◆目標　・主な学習活動	評価			
		知	思	態	評価方法
1	◆中学校で行われている部活動を聞き取る。 ・Small Talk: 小学校のクラブや好きなスポーツ ・部活動を表す語句を確認する。（Listen and Guess） ・部活動の紹介を聞き取る。（Listen and Do ①） ・進学する中学校生徒の部活動紹介ビデオを視聴して単元のめあてを確認する。	聞くこと ○	本時では記録に残す評価は行わないが，目標に向けて指導を行う。児童の学習状況を記録に残さない活動や時間においても，教師が児童の学習状況を確認する。		テキスト記述・行動観察・ふり返りシート
2	◆中学校でやってみたい部活動を伝え合う。 ・Small Talk: 指導者の中学校の頃の部活動 ・登場人物の入りたい部活動を聞き取る。（Listen and Do ②） ・何人かとペアになり入りたい部活動を尋ね合う。 ・自分が答えた内容を1文で書く。	聞くこと ○	話すこと（やり取り） ○	話すこと（やり取り） ○	テキスト記述・行動観察・ふり返りシート

時	内容				評価方法
3	◆中学校で行われている行事を聞き取る。 ・進学する中学校の行事紹介ビデオを視聴する。 ・中学校の行事やテストについての紹介を聞き取る。 （Listen and Do ①・②） ・小学校との共通点や相違点を共有する。	聞くこと ○		聞くこと ○	テキスト 記述・ 行動観察・ ふり返り シート
4	◆中学校でやってみたいことを伝え合う。 ・何人かとペアになり，入りたい部活動を尋ね合う。 （Activity ①） ・自分が答えた内容を1文で書く。（Activity ②）	聞くこと ○	話すこと （やり取り） ○	話すこと （やり取り） ○	テキスト 記述・ 行動観察・ ふり返り シート
5	◆お礼の手紙に書く内容を整理して発表する。 ・前時の中学校の紹介ビデオを再度視聴する。 ・中学校で入りたい部活動ややりたいことを発表する。 ・例文を指でたどりながら音読する。（Listen and Do ①）	読むこと ○	話すこと （発表） ◎	話すこと （発表） ◎	行動観察・ ふり返り シート
6	◆発表した内容を含む手紙を書く。 ・単元のめあてを確認する。 ・紹介してくれたAETに対してお礼の手紙を書く。	書くこと ◎	書くこと ◎		テキスト 記述・ ふり返り シート
7	◆物語を楽しむ。Let's Read 2 ・音声を聞いて，物語の概要や表現の意味を推測する。	聞くこと ○			テキスト 記述・ ふり返り シート

8	・単元テスト		聞くこと 読むこと ◎		単元テスト

2.7 評価基準表

(1) 話すこと（発表）

評価方法…第5時行動観察，ふり返りシート

思考・判断・表現	主体的に学習に取り組む態度	評価
聞き手を意識しながら自分の考えや気持ちなどを話している。	聞き手を意識しながら自分の考えや気持ちなどを話そうとしている。	A
相手にわかってもらえるように話す順番を考えて話している。	相手にわかってもらえるように話す順番を考えて話そうとしている。	B

(2) 読むこと

評価方法…第7時行動観察，ふり返りシート，単元テスト

思考・判断・表現	主体的に学習に取り組む態度	評価
お礼の手紙の意味がわかっている。	内容を推測したり，必要な情報を読み取ったりしようとしている。	A
ヒントを得ながら，必要な情報を読み取っている。	ヒントを得ながら，必要な情報を読み取ろうとしている。	B

(3) 書くこと

評価方法…第6時テキスト記述，行動観察，ふり返りシート，単元テスト

思考・判断・表現	主体的に学習に取り組む態度	評価
中学校でやってみたいことについて見本を見ながら自分のことを書いている。	中学校でやってみたいことについて見本を見ながら自分のことを書こうとしている。	A
目的に沿ってお礼の手紙を書いている。	目的に沿ってお礼の手紙を書こうとしている。	B

2.8 主な言語材料

・部活動名（baseball team, judo club, chorus, science club, computer club, dance club, swimming club, art club, brass band, newspaper club, tennis team, track and field team, soccer team, basketball team, table tennis team, badminton team）
・中学校の行事名（the field trip, the chorus contest, the sports festival, career day, term test）
・中学校生活に関する表現（study English, make many friends, sing in the chorus contest, dance in the sports festival）
・What club do you want to join?　I want to join (the badminton team). That's great!
　What do you want to do in junior high school?　I want to (study science).

2.9 本時について

（1）目標
・中学校の紹介をしてくれた AET へお礼の手紙を書くために，考えを整理しながら中学校でやりたいことを発表することができる。（読むこと・話すこと［発表］）

（2）指導の工夫
・発表の場面では，既習表現を想起させて，自分の伝えたいことを発表できるようにさせる。
・発表の際，質問から始めるなど相手を意識した発表の工夫を示す。

（3）本時の展開（5／7時）

Time	児童の活動内容と使用する表現	・指導上の留意点　○評価の観点
0	活動① **挨拶**	・日直が月日，曜日，天気，時刻の確認をする。

	活動② **Small Talk** 「行ってみたい場所」	・本時の基本表現である「What ○○ do you want to …?」を使って Small Talk を行う。 「What place do you want to go?」 「I want to go to Karaoke.」
	活動③ **めあての確認** 「お礼の手紙を書くために，中学校でやってみたいことを伝えよう」	・前時で見た中学校の紹介ビデオを再度視聴し，最終目標であるお礼の手紙を書くために，考えをまとめて発表することを確認する。

15	活動④ **Chant ①②**	・リズムに合わせて，「どんな部活動に入りたいか」や「どんなことをやってみたいか」を聞き合う表現に慣れる。
	活動⑤ **Activity**	・中学校でやってみたいことについて，話す順番に工夫をする，理由を加えるなど考えを整理しながらグループ内で発表させる。

		・AET のデモンストレーション を聞いて，Unit 7 で学習した「I want to ....」の表現で活用した動 詞（enjoy, study, sing, make）が 使えることに気づかせる。
		・まず，ペアで話したあと，中間評 価 で「I like ....」「I can ....」「I'm good at ....」などの表現を使って 理由も含めると効果的であること に気づかせる。
		・発表する工夫として「What club do you want to join?」や「Do you like sports?」の質問から始めるな どの例を示す。

		○聞き手を意識しながら自分の考え や気持ちなどを話している（話そ うとしている）。 ○思《発表》 ○態《行動観察，ふり返りシート》
30	活動⑥ **Listen and Do ①**	・グループ発表後，友だちのよかっ た点を出し合い，全体で共有する。 お礼の手紙の例文を読む。

		・1回目・・・ペアで協力して音声なしで文を読むことに挑戦させる。 2回目・・・文字を指でたどりながら AET の音声を聞かせる。 3回目・・・1文ずつ AET のあとから繰り返させる。 4回目・・・再度，自力読みに挑戦させる。
40	活動⑦ **本時の学習をふり返る** 活動⑧ **次時予告**	・これまで行ってきた発表と比べながらふり返らせるようにする。 ・本時で発表したことを，次時では文字で表し，手紙を書くことを確認する。

（4）使用する教材

Listen and Do ①　p. 90

　Sakura と Taiga が書いたお礼の手紙を読む活動に取り組んだ。音声で聞き慣れた表現を文字と合わせながら読んでいた。"Dear" や "Sincerely" の意味や使い方も指導した。

（5）文字による交流

第6時に使った児童が書いたお礼の手紙。前時で発表したことを文字で表し，中学校の紹介をしてくれた AET へ中学校でやってみたいことを伝えました。

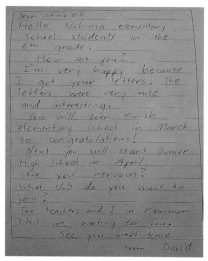

第7時に使った中学校 AET からの手紙。児童が書いたお礼の手紙を受け取った AET からの返礼の手紙を読むことに挑戦した。直筆の手紙に興味をもって読もうとしていました。

3．事後の指導

3.1　発表（全体）

　第5時（本時）では，グループ内で発表を行ったので，事後指導として全体の前で発表を行いました。ふり返りではこれまでの発表と比べてよかった点を書かせました。評価（話すこと・発表）

3.2　単元の復習

　教科書の Review ③で本単元で学習した表現の「聞くこと」「話すこと」の活動を行いました。「卒業の思い出にクラスで行ってみたいところ」について伝え合いました。

3.3　パフォーマンステスト

　AET と児童が1対1で会話を行いました。事前に質問の内容と評価規準を児童と指導者で共有して行いました。実際の面談では，AET から「How are you?」や簡単な質問などもなされ，返答できるかも見取りました。評価（話すこと［やり取り］）

6年　Unit8　I want to join the brass band.
パフォーマンステスト（話すこと［やり取り］）

評価の観点	知識・技能	思考・判断・表現	主体的に学習に取り組む態度
評価規準	中学校でやってみたいことを尋ねたり答えたりする表現について理解し，それらを用いて，自分のことを伝え合う技能を身につけている。	友だちと，中学校への期待感を共有するために，中学校でやってみたいことについて簡単な語句や基本的な表現を用いて質問したり，答えたりしている。	友だちと，中学校への期待感を共有するために，中学校でやってみたいことについて簡単な語句や基本的な表現を用いて質問したり，答えたりしようとしている。
A評価	正確な文や単語を用いて伝え合うことができている。	目的に沿って，その場で質問をしたり，相手に伝わるように工夫して質問したり答えたりしている。	目的に沿って，その場で質問をしたり，相手に伝わるように工夫して質問したり答えたりしようとしている。
B評価	少々誤りはあるが，伝え合うことができている。	目的に沿って質問したり，質問に答えたりしている。	目的に沿って質問したり，質問に答えたりしようとしている。

Q1 What club do you want to join? （知識・技能）

A 評価	B 評価	C 評価
・I want to join the <u>brass band.</u> と正確に答えている。 ・理由も加えて言っている。	・brass band など単語のみで答えている。 ・言いたい部活動の表現が少し間違っている。	・質問の意味がわからない。 ・質問はわかるが，答え方がわからない。 ・返答がない。

Q2 Why do you want to do in junior high school? （思考・判断・表現）

A 評価	B 評価	C 評価
・中学校でやってみたいことを2つ以上答えている。 ・理由も加えて言っている。	・中学校でやってみたいことを1つ答えている。 ・言いたい表現が少し間違っている。	・質問の意味がわからない。 ・質問の意味はわかるが，答え方がわからない。 ・返答がない。

4．児童の感想

A さん

第4時	友だちにやってみたいことを聞いたら，自分と同じことの人もいるし，違う人もいたので，意外でした。
第5時	今日は，中学校でやりたいことは言えたけど，気持ちが伝わりにくかったと思うので，次は理由もちゃんと言えるようにして，手紙にも中学校で担任になる方へもちゃんと伝えたいです。
第6時	最後の単元で，中学校での部活動の単語がほとんど覚えられたし，中学校へ行く楽しみが増しました。中学校でも David 先生の英語を頑張りたいです。
第7時	最後の発表で，いつもより少し緊張しました。今まで言えなかった「Do you like …?」から始めることが今回できたので，ちょっとした成長だけど，これからの成長につながるんだと思うとうれしいです。

Bさん

第4時	中学校でやってみたいことを言うのは難しかったけど，前より言えたのでよかったです。
第5時	グループの人に中学校でやってみたいことを少しだけ伝えることができました。次は，ちゃんと伝えられるようになり，お礼の手紙も書けるようになりたいです。
第6時	お礼の手紙を書く時，教えてもらいながら書いていたから，いつかは自分の力で書けるようになりたいです。
第7時	みんなの前で初めて発表した時よりは，ちゃんと発表が言えていたけど，声を出してなかったのがまだまだだと思いました。

Cさん

第4時	自分の中学校でやりたい行事がスラスラと言えました。最後のテストまで頑張りたいです。
第5時	グループ活動の中で，自分のやりたいことが言えたので，次はお礼の手紙に自分のやりたいことや気持ちを書けるようにしたいです。
第6時	この1年間いろいろなことが知れました。Unitが変わっても，前に習ったことを使えました。中学校ではもっと英語を頑張りたいです。
第7時	しっかり自分の考えをクラスに伝えることができた！　もっと気持ちや理由を加えた方がいいと思いました。

5．成果と課題

5.1　成果

　AET や中学校の生徒からのビデオメッセージを教材にすることで，児童が中学校への興味や期待感をもつことができました。また，普段とは違う英語を聞くことで「聞くこと」への意欲が高まりました。また，単元の目標を明確にしたことで，全単元を通して統括的に学習することができ，終末ではAET からの手紙を読み，文字での交流をすることができました。児童が自分なりに成長や課題を感じ取り，毎時間の目標をもちながら授業に参加する態度が身についてきたと思います。

5.2　課題

　話すこと（やり取り）の活動や Small Talk では，何を話そうか自分の考えをすぐに考えられず，話し出すまでに時間がかかる児童や既習表現がすぐには出てこない児童もまだまだいます。例を多く示すなど指導の工夫や話す回数を増やすなどの改善が必要だと思います。また，自分の本当にやりたいことを文で表そうとする時に，日本語で考えたことを英語にしようとする児童が多く，難しく考えてしまう様子が見られました。既習表現の中で表すことを伝えても納得がいかない児童もおり，どのように指導していけばよいかが課題であると考えます。

編著者紹介

萬谷隆一

兵庫教育大学助手，北海道教育大学函館分校講師，北海道教育大学札幌校教授を経て，現在北海道教育大学名誉教授，北海道教育大学附属札幌中学校校長，小学校英語教育学会常任理事，社団法人 Yoroz House 代表理事。専門は英語教育学，特に小学生の英語習得分析・指導方法研究。（理論編第1・4章）

志村昭暢

旭川実業高等学校教諭，北海道教育大学札幌校准教授を経て，現在北海道教育大学札幌校教授。北海道英語教育学会副会長，全国英語教育学会理事。専門は英語教育学と第二言語習得，特に授業分析・教材分析・TBLT による指導法。（理論編第1・3章）

内野駿介

北海道教育大学札幌校准教授。東京学芸大学大学院博士課程連合学校教育学研究科単位取得満期退学。修士（教育学）。小学校英語教育学会事務局員，北海道英語教育学会役員。専門は英語教育学と第二言語習得，特に日本人小学生の文法知識の発達。（理論編第1・2章）

著者紹介

粕谷恭子	東京学芸大学教授	理論編第5・6章
大城　賢	琉球大学名誉教授	理論編第7・8章
堀田　誠	山梨大学准教授	理論編第9章
Knoepfler Christpher Alan	北海道教育大学釧路校講師	理論編第10章
柏木賀津子	四天王寺大学教授	理論編第11章
新海かおる	春日部市立藤塚小学校教諭	実践編第1・3・5章
中島次郎	知内町立知内小学校教諭	実践編第2章
相馬和俊	室蘭市立蘭北小学校教諭	実践編第4章
平山伸正	札幌市立宮の森小学校教諭	実践編第6章
神村好志乃	浦添市立港川小学校教諭	実践編第7章
岩切宏樹	宮崎市立西池小学校教諭	実践編第8章
武村美香	浦添市立内間小学校教諭	実践編第9章

表紙・本文デザイン	キガミッツ
DTP	株式会社コーヤマ
編集協力	株式会社スリーシーズン

小学校英語教育の理論と実践

令和 6 年（2024 年）1 月 30 日　初版第 1 刷発行

編著者	萬谷隆一／志村昭暢／内野駿介
発行者	開隆堂出版株式会社 代表者 岩塚太郎
印刷所	三松堂印刷株式会社
	〒 101-0065 東京都千代田区西神田 3-2-1
	電話 03-6823-5364（代表）
発行所	開隆堂出版株式会社
	〒 113-8608 東京都文京区向丘 1-13-1
	電話 03-5684-6115（編集）
発売元	開隆館出版販売株式会社
	〒 113-8608 東京都文京区向丘 1-13-1
	電話 03-5684-6121（営業），6118（販売）
	https://www.kairyudo.co.jp/

定価はカバーに表示してあります。

ISBN 978-4-304-05228-6